# 2016—2017
装备工业蓝皮书

隆学武 邓继跃 管清友 编著

中工联创国际装备制造研究中心 出品

北京联合出版公司
Beijing United Publishing Co.,Ltd.

图书在版编目（CIP）数据

2016—2017装备工业蓝皮书/隆学武,邓继跃,管清友编著.
-- 北京：北京联合出版公司，2017.8
ISBN 978-7-5596-0638-9

Ⅰ.①2… Ⅱ.①隆… ②邓… ③管… Ⅲ.①装备制造业－工业发展－研究报告－中国－2016-2017 Ⅳ.①F426.4

中国版本图书馆CIP数据核字（2017）第162909号

Copyright © 2017 by Beijing United Publishing Co., Ltd.
All rights reserved.
本作品版权由北京联合出版有限责任公司所有

2016—2017装备工业蓝皮书

作　　者：隆学武　邓继跃　管清友
责任编辑：宋延涛
装帧设计：聯合書莊　bjlhcb@sina.com

北京联合出版公司出版
（北京市西城区德外大街83号楼9层　100088）
北京联合天畅发行公司发行
北京京都六环印刷厂印刷　新华书店经销
字数270千字　710毫米×1000毫米　1/16　16印张
2017年9月第1版　2017年9月第1次印刷
ISBN 978-7-5596-0638-9
定价：49.80元

版权所有，侵权必究
未经许可，不得以任何方式复制或抄袭本书部分或全部内容
本书若有质量问题，请与本公司图书销售中心联系调换。电话：（010）64243832

中工联创专业服务模块

金属制品业
通用设备制造业　专用设备制造业
电气机械及器材制造业
通信设备　计算机及其他电子设备制造业
办公用机械制造业
仪器仪表及文化

- 发展战略咨询
- 集团管控咨询
- 营销战略咨询
- 品牌战略咨询
- 投融资咨询

产业专家　企业顾问

中工联创国际装备制造研究中心

联系地址：北京市西城区西直门南大街2号成铭大厦C座20层
联系电话：010-52872375　　联系传真：010-52872375
QQ 咨询：836940035
邮箱咨询：iem001@i-iem.com　　微信公众号：中工联创

WALTER
TITEX

新效能的标帜。

独特的外形 —— 更加可靠
开创性的刃带设计在切削刃后，从而确保硬质合金刀具在加工时更加稳定和精确。

更高的工艺稳定性，更长的刀具寿命使加工孔质量更高并且加工成本更低 —— DC170 赋予钻孔新面貌。

Walter Wuxi Co., Ltd.
中国江苏省无锡市新区新畅南路3号
电话：+86-510-8537 2199 邮编：214028
客服热线：400 1510 510
Email：service.cn@walter-tools.com

官方微信

DC170 —— 钻孔的标帜。

wintergerst & faiss

编委会

特别顾问

陆燕荪：原机械工业部副部长，国家制造强国建设战略咨询委员会委员，机械制造领域资深专家

顾　问

李佐军：国务院发展研究中心研究员、著名经济学家

海锦涛：机械研究总院原院长

屈贤明：国家制造强国建设战略咨询委员会委员、中国工程院制造业研究室主任

邢国均：装备工业研究专家，中工联创国际装备制造研究中心特邀专家

高　梁：国家发改委宏观经济研究院原研究员，装备工业资深专家

胡春力：国家发改委产业经济研究所原所长

董　峰：沈阳市铁西区区长、博士、高级工程师，装备制造业产业研究专家

文学国：中国社会科学院研究生院副院长、教授

文余源：中国人民大学经济学院区域经济研究所副所长、副教授，美国伊利诺伊州立大学博士后

何曼青：经济学博士后，商务部研究院跨国公司研究中心主任

傅志山：中国社会科学院中国产业与企业竞争力研究中心研究员、执行秘书长

张优怀：南方现代市场经济研究院常务副院长兼秘书长、广东省信用研究会执行会长，中工联创国际装备制造研究中心特邀专家

宗振华：河北省张家口市万全区副区长
董书礼：潍坊国家高新技术产业开发区党工委委员、管委会副主任
贾学良：山西省装备制造服务业促进中心主任，高级经济师

编 著
隆学武：中工联创国际装备制造研究中心主任，装备工业研究学者
邓继跃：装备工业研究专家，中工联创国际装备制造研究中心首席研究员
管清友：民生证券副总裁、研究院院长

编写组成员
刘雪梅　张　武　林志攀　张超妮　许晓莉　黄　培　刘振宇　丁　健　王　诚
任天辉　王桂民　党建秋　潘　飞　王鹏辉　周　航

出品单位介绍

中工联创（北京）国际装备制造研究中心（IEM）创办于中国北京，是中国首家专注于制造业的国际化专业研究与咨询服务机构，以发现全球装备制造业的产业价值、市场价值和品牌价值为目标，围绕装备制造业全产业链，组织开展研究和咨询服务。

中心汇聚了业内顶尖的研究专家和学者（有参与国家制造强国和《中国制造2025》研究的专家3人，博硕士多人），开展装备制造业的共性问题研究。针对各地区装备制造业不同发展阶段和实际情况，为政府和企业提供个性化的研究咨询服务。服务内容包括政府产业规划、园区规划及招商咨询服务，企业的发展战略、集团管控、营销战略、品牌战略和投融资上市咨询等。

中心致力于帮助中国制造业解决发展过程中遇到的瓶颈问题，实现良性、快速发展，助力制造强国战略的实施。中心服务过的地方政府，产业获得了快速发展，形成了良好的集聚优势和国际竞争力；合作过的企业，有些获得了国家重大专项、有些明晰了发展战略、有些拓展了新市场、有些提升了品牌、有些成功上市……中工联创也在为客户的服务中获得了良好发展，已经形成了咨询、投资和实业三足鼎立的发展趋势。

咨询聚智，实业兴国。产业之发展，智库需先行；中国之强盛，制造是根本。

咨询合作电话：010-52872375

序一

两化融合是装备制造业当前的主要任务

装备制造业在十年黄金期的快速发展,极大增强了我国的综合实力,为国民经济发展提供了坚强支撑。现阶段,装备制造业的发展进入了"新常态":装备制造业的发展由规模速度扩张转向质量效应的提升。我国装备工业正面临日益严峻的资源、能源和环境压力,实现科学发展的任务繁重而艰巨。而最大限度地发挥信息化在知识生产、应用、传播和积累方面的优势,是加快建设创新型国家、走新型工业化道路的战略性选择。

进入新世纪以来,信息技术发展势头更加迅猛。微电子技术向纳米级、集成系统方向发展;计算技术向超高性能、网络化方向演进;通信和网络技术向宽带、移动、融合方向发展;模拟信息技术全面向数字信息技术转变。同时,信息获取、处理、存储和传输能力持续跃升,信息技术与生物、空间、纳米等技术深度融合。信息技术的持续重大突破,孕育着生产力新的飞跃,正在开创技术创新和生产力发展相互促进的新局面。

两化融合有利于抢占产业发展制高点

中国装备制造业尽管取得了长足的进步,但与发达国家相比,在技术创新、产品结构、管理机制等方面仍存在较大的差距。如何在转型期准确把握战略机遇,有效应对各种风险和挑战,加快新旧产业发展动能和生产体系转换、提高供给体系的质量效益,对于新时期推动我国装备制造业转型升级、重塑国际竞争新优势具有重大的战略意义。

信息技术作为当今创新最活跃、带动力最强、渗透最广的技术，其发展和应用正以前所未有的广度和深度加快推进生产方式、发展模式的深层变革。而信息化与工业化融合是发展现代产业体系的基本途径。现代产业体系是与现代经济发展相互适应、相互协调、相互配套的产业结构。现代产业体系中的相当一部分产业是依托信息技术生存和发展的，要建立现代产业体系，必须扩大信息技术在各产业领域的应用，不断衍生出新兴产业，不断增强传统产业的生命力，不断提高各产业间的协调性，不断提高产业的成套能力。因此，只有在信息化与工业化融合的过程中，自觉建立和完善现代产业体系，才能最大化地实现稳增长、调结构、促转型、提质效的战略目标，更有利于我国抓住产业变革带来的历史机遇，抢占新一轮产业发展的制高点。

两化融合是开辟新经济增长点的重要手段

信息技术的广泛应用，可以推动信息产业的迅速发展，进而催生出大量的新技术、新产品，开拓新的市场，能够形成大规模的现代信息服务业。因此，必须利用好信息化与工业化融合的有力杠杆，在各产业、各领域推广应用信息技术，不断推动融合技术和产品的研发，不断推动业务模式和管理方式的创新，拓展和丰富装备工业内涵，培育和发展新兴产业门类，为我国经济发展创造新动能。

信息化向制造业的渗透不仅体现为通过信息技术在产业运行的各个环节进行嫁接，而且可以促进在现代信息技术基础上催生出新业态。首先，通过信息技术的应用可以优化制造企业的生产制造、经营管理的全过程。在产品设计、制造、测试、质量控制、销售等环节普及和渗透信息技术，可以实现管理高效化、生产精益化、流程精细化，摆脱"信息孤岛"的约束，实现不同业务的协同发展，在上下游产业链之间进行无缝对接，提高经营效益和效率。其次，数据的采集、挖掘和使用的价值非常大。通过传感技术等，以"数据"的采集和应用为纽带，可以实现对所有业务流程的感知和监控，不仅可以节约大量的成本、减少生产资源投入的风险，而且利用销售数据、产品的传感器数据和供应商数据库的数据等，也可以帮助企业准确地预测全球不同市场区域的商品需求。再次，信息化技术的应用能够催生制造业领域的新业态。在信息化技术融合的过程中，通过新技术的引进及资源配置和利用方式的转变，可以催生出远程诊断、协同生产、敏捷制造、个性化定制等新兴业态，推动制造业实现协同化、服务化发展，衍生新的经济增长点。

两化融合推进装备制造业数字化、网络化、智能化发展

两化融合推进新一代信息技术与装备制造业的重组融合和创新变革，融合后的装备制造业表现出数字化、网络化和智能化的特征。装备制造业创新发展为当前主题之一，装备制造业创新的内涵体现在产品创新、技术创新、产业模式创新三个层次上。数字化、网络化、智能化都是装备制造业创新的重要途径，可以从根本上提高产品质量、满足个性化的市场需求、增强需求侧的适应能力、加快品牌建设。

制造业数字化、网络化、智能化发展为推进我国装备制造业由大到强转变的巨大引擎，对于我国优化产业结构和转变经济发展方式也有深刻意义。制造业数字化、网络化、智能化是新一轮工业革命的核心，也是工业化和信息化深度融合的必然结果，通过工业化和信息化深度融合，推进装备制造业数字化、网络化、智能化发展，已经成为各国占领制造业发展制高点的重要举措。

陆燕荪
2017.8.8.

序二

装备工业如何贯彻"供给侧结构性改革"

我们的基本国情仍是发展中国家，与完成了工业化、处在后工业化时期，向高度信息化方向发展的发达工业国家相比，差别很大。但有一个巨大的优势是国内市场需求庞大。

改革开放以来，我国经济发展主要受到两个方面的影响，一方面，由于人口红利，劳动资源污染密集型、劳动技术密集型发展至技术劳动密集型产业，快速成长。另一方面，由于竞争力不强，产业产品大多处于世界产业链的中低端。经济发展由中高速向中高端，是一个漫长的过程，其根本动力源于创新。改革开放30多年来的经验教训表明，根本问题是人才、体制、政策的正确性。

经济发展是"供给侧发力"推动，还是"需求侧发力"拉动

资本主义发展经历了"上升—危机—再上升"的循环。在经济理论方面形成了不同的学派，其中法国萨伊成为供给学派鼻祖，而英国凯恩斯用加大"需求侧"，拉动经济取得成效，构成"需求学派"。我国过去一直执行"消费、投资、出口"三驾马车拉动发展的模式，属于"需求侧发力"阶段。特别在本世纪以来，又一波以基本建设及房地产开发为重点的投资拉动，其结果是产生了一些无效供给，造成了煤炭、钢铁、水泥、玻璃、电解铝等行业产能严重过剩。

我国能源利用率只有发达国家的七到五分之一，而一些以房地产业为代表的基本建设产业的超速发展，则是缺乏协调的无序发展，这些行业属于产能过剩的供给侧，需要淘汰落后产能与去库存。同时，钢铁业等高端产品又

序 二

靠大量进口，因此产生了"供给侧结构改革"的需要。那么经济发展到底靠"供给侧发力"还是靠"需求侧发力"或者是两者共同发力？

在我看来，这里还有一个"有效"的问题，即"有效供给侧发力""有效需求侧发力"，如果没有协调好，供给侧与需求侧都会变为无效劳动，浪费社会资源。

装备工业不同行业不同发展道路不同结果

作为全国经济"供给侧结构性改革"，靠"三去、一降、一补"，装备工业如何执行呢？具体情况需要具体分析。

装备工业高端产品大都依赖发达国家进口，技术受制于人。比如机床工具行业，国家及地方政府包括企业自身都投入了数百亿资金，给了很多优惠政策，但仍没有改变"高端失守"的局面，更没有形成高端有效供给。又比如汽车行业，30多年来的合资之路始终没有掌握核心技术，这个态势在最近或不远的将来也不可能改观。任何一个国家汽车工业的发展都拉动了本国机床工具行业的进步，但中国汽车工业却拉动不了中国机床工具行业，反而带动了发达国家机床工具行业的发展。这是"供给侧"还是"需求侧"问题呢？汽车工业及机床工业要不要"供给侧结构性改革"呢？

以仪器仪表行业为例，其近几年产值增速略高于机械工业平均水平，但高端产品如相机、办公设备、影视听摄录播设备行业几乎全军覆没，没有"供给侧"了，其他如高端实验室仪器、大型高端的医疗设备几乎全部依赖进口。据悉，政府有关部门已提出了合力解决"供给侧"与"需求侧"高端医疗设备部分自给的问题，实现"双侧"发力良好开始。之前工信部与国家文物局合作，双侧发力推进文物保护装备的发展，实施三年来，已取得阶段性效果。

我国电工行业的发电及输变电成套设备、铁路行业的高铁成套设备，都已接近或达到国际水平，是中国民用装备制造业两张耀眼的名片。两个行业的共同特点、指导思想是"以我为主,师洋而不唯洋",主机都没有采用合资的生产方式,技术路线上按照成套技术引进、合作生产、消化吸收、再创新,经过若干循环,始成今天态势。在工作方法上,都是脚踏实地,一点一点地国产化,对上游零部件不搞低质替代,要求上游供给侧方经过努力必须达到国外引进水平才采用。如高铁的配套件,其故障率每百万公里行驶少于0.2次。总体看,两个行业都是"供给侧"与"需求侧"进行协同创新与合作的良好示范。前者是原机械部与电力部的紧密合作,后者原来就在一个部门——铁道部。

几个供商榷的问题

装备工业中成套装备或重大主机是由千万个零件、经千万双工人的手,经过千百家产业链上游企业合作生产而成,只要有一个关键零部件出了问题,装备质量性能水平就会受到影响。在"两化"融合时代,这个问题将更为突出。现代装备与产业链的上下游是分不开的,其上游是"供给侧",自身是"需求侧",对下游又变成"供给侧"了。

不经过艰苦努力的"弯道超车"是不可能实现的。装备工业需要长期的经验积累,特别是科技人员、工人、管理人员等都要有实践知识与技能的积累,很多知识与诀窍都在人们的脑子里与手上(俗称手艺),可以缩短追赶的时间,但不可以为有捷径可以实现。这方面的例子比如新能源电动汽车,一直以来希望"弯道超车"超越欧美日车工业,然而现实是残酷的,虽然在国家大力推广及普及下,电动汽车取得了瞩目的成就,但普通乘用车核心技术仍被控制。

避免运动式推动新兴战略性产业发展。以新能源光伏产业、风电产业为例,政府在立项中需要反思的内容很多。现在机器人产业亦有步其后尘的迹象，据称全国已有几十个机器人制造工业园，数百家机器人制造企业（这一数字还在继续增加，已达2000多家），中国是否需要这么多的机器人产品？需要多少投入才能见到回报？依我看，中国只需要培养三四家制造工业机器人本体的企业，其他则根据不同部门需要进行应用，从事为用户解决自动化中需要应用工业机器人的最佳解决方案与实施。特别要注重减速器等少数关键环节的研制，不被国外少数企业所垄断。"引领技术，引领市场"是装备工业供给侧结构改革的目标。为什么苹果的乔布斯创造了iPhone及iPad，引起世界市场的关注与震动，每一款新型号产品出现都吸引众多用户排队抢购，这就是"苹果"智能手机"引领技术""引领市场""引领消费"，满足消费者购买的欲望。

当前企业生产能力是绝对过剩还是相对过剩？如何实现转型升级？

市场经济中如何实现装备工业有序发展是一个至今没有解决的难题。如低水平的重复建设发展到高水平的重复建设，工程机械有一些企业前几年四处圈地，名为布点扩大产能。又比如重型数控机床产业，政府项目支持的在搞，自筹资金也要搞，中国已成为名副其实的重型机床生产大国。这些巨大的投入，市场又在哪里呢？同样的，还有万吨以上锻压设备，估算全国已有20多台，而在法国也不过就是二三台而已。

在世界重化工时代已经过去，中国重化工时代即将过去的时候，这样的投入有什么意义？这是"供给侧"还是"需求侧"的责任呢？

对于这一类曾经是国家给予了大量投入的企业和行业，单独靠企业自身依靠市场经济的手段来解决，可能也不现实，在这次"供给侧结构性改革"中，应重新定位，实现转型升级。

装备工业属于名副其实的"供给侧"

装备工业的属性决定着机械工业的地位，它是为各行业提供现代化的劳动工具，真真正正属于"供给侧"。

机械工业有些行业存在生产能力绝对过剩，有些行业是相对过剩，有些行业则完全是短板，产品完全依赖进口。这就需要我们有针对性地、一对一地解决问题。

企业发展一靠自己努力，二靠市场即用户拉动，三靠行政部门解决无序发展。

就目前中国市场经济来说，仅靠市场取舍，所付出的代价太大。为什么只有中国才会出现运动式一哄而上的无序发展模式？需要认真探讨。

目前看来，同质化的发展还没有很好的解决办法，政府的权力在逐级下放，工业主管部门不管企业，无法协调；管企业的部门，又不管企业发展方向。从GDP构成看，民营及外资企业贡献率已占一大半，这些无上级主管，又属于新兴战略产业，政府部门的管理分散，形成不了合力，也因此造成了企业采取投机心理，获得政府支持。这种无序发展需要政府高级智库，深入实际调查研究，向最高层领导建言献策并且顶层设计才能解决。

目前兴起有条件的装备工业企业兼并工业发达国家的关联企业，这也是可能有利于装备工业的转型升级，提质增效，亦即有利于"供给侧结构性改革"，采取嫁接的办法，来增强自己的创新能力，问题在于国内企业能否驾驭被兼并企业的经营及技术，推动企业的继续发展。根据一些发达国家的相关法律，就是外资全资收购的本国企业，其技术及知识产权也不能流出国界。如何利用兼并国外企业为我所用，尚需研究总结。除联想集团兼并美国IBM的PC机和摩托罗拉手机制造业务，主业效果显著外，装备工业收购效果显著的案例并不多，如机床企业中北京第一机床厂兼并生产大型数控龙门铣的德国最有名的WALDRICH COBURG，沈机集团兼并著名重型机床的Schiess公司，

序 二

大连机床集团兼并美国Ingesullrand等，十余中国企业都有兼并的案例，但效果并不理想。没有想象中那样增强自己的创新能力，不知原因何在，应认真总结。

对于装备工业来说，需要在"继承"的基础上"创新"。国外很多"百年老店"是几代人"创新"才变为技术诀窍（know how）积累而发展的。到一定时候就可以量变到质变，这就是转型升级，发展成新一代的装备产品。装备类产品很少有像ICT创业，短期内就产生颠覆性的创新。

装备类创新包含两种"协同创新"，在全生命管理过程中，一种与下游的用户（即需求侧）的工艺要求结合，另一种是与上游的产业链上的供应商协同创新，这也是供给侧和需求侧协同创新，这样的创新方法，用多次PDCA循环才能保质保量地为用户提供好的产品。

创新需要宽容失败，失败是成功之母，在探索未知的道路上失败是正常的，"经验仍可贵，教训价更高"。如高铁之所以成为我国耀眼的名片，也是经过多次失败而成功的，特别是2011年"7·23"已通车两年的甬温线发生特大追尾事故，造成重大人员伤亡及财产损失，一时间全国议论纷纷，指责者有之，怀疑者有之。国务院及时组织了有各方面专家参与的事故调查组，随后将已安全运行几年的京津高铁时速从350km/h下调为300km/h，以增加安全系数。这说明本世纪头十年是高铁迅速发展的黄金期，技术水平迅速提高，产业化迅速扩大，但个别技术没有严格验证就用上，致使信号系统长期运行中遭电击后出现故障。更主要的是一套新的管理体系没有跟上，应变能力差及危机处置事故能力不到位，这些血的教训说明转型升级与形成的生产力，需要新的管理模式来保证质量、安全性和可靠性，但这绝不能抹杀高铁的创新精神与高铁取得的伟大成就。

沈烈初

2017.08.09.

序三

愿更多有情怀的人投身装备制造业

在中国，做实业难，做制造业尤其难。制造业的投资门槛高、融资难。没有抵押、没有授信，银行不会放贷；各类基金，几乎都钟情于发展稳定、利润好的企业，或者筹备上市的企业。产业类基金、股权基金在中国很不成熟，尤其是中早期类企业，希望通过股权融资，现阶段很难成功。

高新技术开发难度大，需要几十年如一日地坚持研发，发展过程中的风险很难控制。制造业企业能够发展起来，一般是获得了某项技术，在形成产品后，服务于客户。往往需要10年甚至20年坚持不懈地研发努力，才有可能达到技术上的领先，做成优秀企业。在这种数十年的坚持中，企业要克服种种艰难困苦，进行企业全方位的提升，比如管理、市场和品牌等，并随时关注竞争对手、发展趋势以及产业政策的变化。能够脱颖而出成为真正意义上优秀的高新技术企业的，实在是少数。而更多的企业则沦为普通企业，生产我能你也能的"大路货"，产品市场竞争激烈，导致企业利润比刀片还薄。

掌握众多资源、占据政策优势的国有企业，受体制机制和发展动力等限制，少有能真正将资源和效益最优化，并做强的。

放眼看去，尽管中国制造业已经成为全球第一大产业，有着巨大的量能，但真正优秀的企业实属凤毛麟角。受欧美和日韩等国家重回制造业，努力降低制造业发展成本，营造有利发展环境的大趋势的影响，中国制造业将面临更多竞争压力。当我们还在继续生产过剩产能，还找不到新的发展方向的时候，发达国家又在进行新的战略布局，通过引领方向、制定规则和标准、输出关键基础装备，满足市场个性化的需求，企图在未来30年，将中国制造业锁定在产业链中低端，继续充当世界加工厂的角色。

事实上，中国的产业结构调整和升级，已经喊了很多年，升级推动艰难，当前去传统过剩产能倒是成了一种"任务式行动"；产业政策所鼓励的"两化"融合，没有更多地被企业落到实处，许多企业则热衷于追捧还搞不清实质是什么的智能制造——美国、德国专家都说，智能制造离我们还有距离。

一些优秀从业者正从制造业撤出，而新从业者，实业似乎理所当然被选择边缘化。脱实向虚易，脱虚向实难！实体领域的各类管理者、从业者，除了清楚知道制造强国，而自身几乎并不明确发展方向和发展路径。30年前，你做什么，我也跟着学做什么，30年后，似乎要进入新的轮回。

国务院发展研究中心的一位专家说，未来中国的制造业，中端领域在全球依然将具备较强的竞争力，未来30年，需要保持这种竞争优势，并在高端领域大力突破，获得更多话语权。

继续保持中端领域的竞争优势，大力突破高端领域的技术障碍，由规模速度型转向质量效应型，是中国制造业未来发展的必由之路。质量效益，意味着产品技术、工艺、品质、品牌和利润的提高。

前30年，成千万的、大多生于五六十年代的装备制造人，用朴实勤劳的双手几十年如一日，建立了令世人羡慕的完整的工业体系，"打造"出了全球最大的产业（制造业占GDP的三分之一强），以及在中低端领域及部分高端领域的制造业的全球竞争力，为社会经济的发展和国家的强盛做出了突出的贡献。干着最苦最累的活，获得微薄的收益，是一种使命感和责任感，使得"制造人"几十年如一日地坚守和承担。

未来30年，制造业将朝向数字化、网络化、智能化方向发展，装备制造业的发展，呼唤更多有情怀的新时代的装备制造人，投身这一伟大事业。扎根装备制造业，不仅可以获得很高的社会价值、使命价值，也可以获得很高的经济价值。

中工联创专注于装备制造业已第八个年头。这些年，我们成功建立了制造业领域的资深专家团队和研究咨询团队，为政府和企业提供了大量有效的咨询服务。我们利用有限的资本和丰富的资源，开展了实业尝试，所投资企业成功研发出世界颠覆性的耐高温高压的新材料和新产品。在大家的共同努力下，成立仅一年半、只有10名员工的天鼎联创，被估值2亿元，并获得资本方的认可和投资。

中工联创熟悉的一家制造业企业宇环数控，开发出世界独一无二的供手机企业苹果等公司使用的"3D磁流抛光磨床"，目前产品供不应求，利润高达30%以上，截至今日，已通过证监会初审会；中工联创提供战略咨询服务的生产机器人减速器的宁波中大力德，2017年上半年业绩增长56%，并成功上市，市值突破30亿。

一位从政府部门出来的管理者与中工联创合作，成立制造业发展基金，并将制造业作为未来发展的重点领域。

一个个获得《中国制造2025》示范城市的地区，正在举全市之力，发展实业，做强制造业。

……

装备强则国强，我们欣喜地看到，国家对制造业，尤其是装备制造业的重视程度日益提升，工匠精神得到更多人的推崇，自《中国制造2025》发布以来，国人对于制造业的战略地位的认知日益提高。

情怀依旧，实业不死，制造强国。

2017.08.09

目 录

纵 览

低调中前行　失意中新机——2017年度装备工业市场机会分析 ······ 2
　一、行业分化，苦乐不均 ······ 2
　二、2017挑战中蕴含机遇 ······ 4
　　1. 锂电设备受益于行业整合 ······ 4
　　2. 投资规模支撑轨道交通设备市场 ······ 6
　　3. 节水灌溉技术构成农机市场增长中坚 ······ 8
　　4. 太赫兹打开千亿市场 ······ 10

装备制造成为国际产业竞争焦点 ······ 13
　一、技术格局 ······ 14
　二、政策因素 ······ 15
　三、竞争态势 ······ 15
　　1. 美国 ······ 15
　　2. 德国 ······ 19
　　3. 日本 ······ 22
　　4. 法国 ······ 24
　四、发展趋势 ······ 25
　五、借鉴和启示 ······ 26

以战略思维构建独特的中国智能装备体系 ······ 28
　一、不变的运行轨迹 ······ 29

二、智能化成为趋势 ………………………………………… 30
　　三、构建差异化体系 ………………………………………… 31

由产业政策及发展看政府修为 …………………………………… 34
　　一、产业政策全球通行 ……………………………………… 34
　　二、产业政策成败参半 ……………………………………… 35
　　三、产业政策是非之争 ……………………………………… 36
　　四、产业政策与发改委 ……………………………………… 37

关于智能制造内涵的系统思考 …………………………………… 38
　　一、智能产品（Smart Product）…………………………… 40
　　二、智能服务（Smart Service）…………………………… 40
　　三、智能装备（Smart Equipment）………………………… 41
　　四、智能产线（Smart Production Line）………………… 42
　　五、智能车间（Smart Workshop）………………………… 42
　　六、智能工厂（Smart Factory）…………………………… 44
　　七、智能研发（Smart R&D）………………………………… 45
　　八、智能管理（Smart Management）……………………… 47
　　九、智能物流与供应链（Smart Logistics and SCM）…… 48
　　十、智能决策（Smart Decision Making）………………… 49

中国装备工业转型升级新动能 …………………………………… 52
　　一、传统增长动能陷双杀，倒逼制造业转型升级 ………… 52
　　二、动能一：由解放人力到解放脑力，新兴技术重塑制造根基 …… 54
　　　　1. 工业机器人市场继续高增长 ………………………… 55
　　　　2. 核心零部件受限，国内机器人产业同质化严重 …… 56
　　　　3. 寻求工业机器人与下游产业结合点，催生巨大需求 …… 58
　　　　4. 单车智能化和车际网联化，重构智慧交通生态体系 …… 58
　　　　5. 从产业链到无人驾驶之眼，激光雷达潜力巨大 …… 59

  6. 3D打印市场持续爆发，预计2018年将超百亿美元 …………… 61

  7. 氢燃料电池或将成为终极发展方向 ……………………………… 64

 三、动能二：由内需刺激到外需接力，一带一路拓展企业脉络 ……… 69

  1. 一带一路进入实质性推进期，投资为主拉动装备需求 ………… 69

  2. 印度市场基础设施空间巨大，工程机械市场机会多 …………… 71

 四、动能三：由重资产到重服务，工业大数据重塑微笑曲线 ………… 73

  1. 互联网向工业渗透不可逆转 ……………………………………… 73

  2. 回归物理本原，数据重构工业 …………………………………… 74

  3. 工业大数据重塑制造业微笑曲线 ………………………………… 77

  4. 工业互联网应用领域广阔 ………………………………………… 79

迎接中国装备制造黄金十年 …………………………………………… 80

 一、中国正在进入"人才红利期" ……………………………………… 80

 二、中国制造的全产业链优势 …………………………………………… 81

 三、庞大的市场规模优势 ………………………………………………… 82

 四、军民融合优势 ………………………………………………………… 84

 五、混合所有制优势 ……………………………………………………… 85

 六、科技创新的后发优势 ………………………………………………… 86

专　题

国内机器人产业发展深度观察 ………………………………………… 88

 一、全球最大消费国 ……………………………………………………… 89

 二、跃进式扩张 …………………………………………………………… 92

 三、载舟与覆舟 …………………………………………………………… 94

 四、谁识真英雄 …………………………………………………………… 96

补贴无助农装提升有效供给 …………………………………………… 98

 一、永远的朝阳产业 ……………………………………………………… 98

 二、回望过去的风景 ……………………………………………………… 99

三、盘点行业的留存 ……………………………………………… 101
　　四、需求发生新变化 ……………………………………………… 101
　　五、改变是必然选项 ……………………………………………… 102

工程机械市场是否能够V型反转 …………………………………… 104
　　一、寒冬暖意 ……………………………………………………… 104
　　二、腊梅可寻? …………………………………………………… 107
　　　　1. 铁路建设 ………………………………………………… 108
　　　　2. 房地产 …………………………………………………… 109
　　　　3. 石油石化 ………………………………………………… 110
　　　　4. 可再生能源 ……………………………………………… 111
　　三、"长安米贵" ………………………………………………… 112
　　四、"居大不易" ………………………………………………… 112

并购重组：资源整合利器 …………………………………………… 114
　　一、并购的兴盛有坚实的宏观基础 ……………………………… 114
　　二、并购重组被越来越多企业玩转 ……………………………… 115
　　三、中小型企业是成立并购基金的主力 ………………………… 117
　　四、并购之于中国已渐轻车熟路 ………………………………… 118
　　五、并购重组已成政府提振经济的重要抓手 …………………… 120
　　六、并购重组快速普及的背后也存在一系列问题 ……………… 120
　　　　1. 企业层面的问题 ………………………………………… 120
　　　　2. 政府层面的问题 ………………………………………… 120

管理咨询与中国企业，谁辜负了谁？ ……………………………… 122
　　一、咨询行业起源 ………………………………………………… 122
　　二、咨询行业现状 ………………………………………………… 122
　　　　1. 国际咨询公司与本土咨询公司的比较 ………………… 123
　　　　2. 咨询的构成 ……………………………………………… 124
　　　　3. 行业梯队 ………………………………………………… 124

目　录

三、咨询公司与客户"恩仇录" ·················· 125
  1. 盲目迷信 ······························ 125
  2. 不屑一顾 ······························ 126
  3. 将信将疑 ······························ 126
  4. 要钱免谈 ······························ 126
四、一笑可否"泯恩仇"？ ·················· 127

中美制造业成本与税收比较研究 ·················· 129
一、中美两国制造业成本与税负比较及变化 ·················· 129
  1. 中美制造业成本对比 ······················ 129
  2. 中美制造业税负对比 ······················ 130
二、中美两国制造业成本差距变小的原因 ·················· 131
  1. 劳动力 ································ 131
  2. 能源 ·································· 131
  3. 技术 ·································· 132
  4. 政策 ·································· 132
三、变化带来的影响及政策建议 ·················· 133
  1. 对中美的影响与启示 ······················ 133
  2. 对中美两国制造业发展的政策建议 ············ 133

研　究

工程机械 ·················· 136
一、现状盘点 ································ 136
二、上市公司 ································ 140
三、热点事件 ································ 142

机床工具 ·················· 144
一、现状盘点 ································ 144
二、上市公司 ································ 147

三、热点事件 …………………………………………………………… 150

农机行业 ………………………………………………………………… 152
　　一、现状盘点 …………………………………………………………… 152
　　二、上市公司 …………………………………………………………… 155
　　三、热点事件 …………………………………………………………… 157

环保设备 ………………………………………………………………… 158
　　一、现状盘点 …………………………………………………………… 158
　　二、上市公司 …………………………………………………………… 160
　　三、热点事件 …………………………………………………………… 162

工业机器人 ……………………………………………………………… 164
　　一、现状盘点 …………………………………………………………… 164
　　二、上市公司 …………………………………………………………… 167
　　三、热点事件 …………………………………………………………… 174

案　例

均胜电子：不可能的并购 ……………………………………………… 176
　　一、命中注定 …………………………………………………………… 176
　　二、并购哲学 …………………………………………………………… 177
　　三、走向高端 …………………………………………………………… 177

潍柴集团：打造整体竞争力 …………………………………………… 179
　　一、并购法国博杜安公司 ……………………………………………… 179
　　二、重组意大利法拉帝集团 …………………………………………… 180
　　三、并购德国凯傲及林德液压 ………………………………………… 180

汉威：不只是传感器 …………………………………………………… 182
　　一、从做单一产品到做物联网生态系统 ……………………………… 182

目　录

　　二、强化核心产品技术优势　183
　　三、多途径培育系统服务能力　184
　　四、发展中构建创新与服务文化　185

盛瑞传动：以高端突破实现转型升级　187
　　一、整合各种技术资源为我所用　187
　　二、协同发展，形成产业链竞争优势　188

迈赫机器人在产业丛林中脱颖而出　189
　　一、多种形式，推动创新　189
　　二、吸引人才，用好人才　190

鑫泰轴承：升级要靠"破釜沉舟"　191
　　一、常规市场"消失"　191
　　二、破釜沉舟提升能级　192
　　三、积极推进成效显著　192

百年日企巨头剜心自救　194
　　一、剜心自救　194
　　二、财务造假　195
　　三、文化糟粕　196

附　录

附录1　装备制造企业排行　200
　　一、全球排行榜　200
　　二、中国排行榜　204

附录2　中国装备制造业相关数据　207
　　一、中国宏观经济数据　207
　　二、中国工业总体运行数据　209

三、中国装备制造业数据 ………………………………………… 212
    1. 分行业总体运行数据 ……………………………………… 212
    2. 分行业工业企业主要经济指标 …………………………… 214
    3. 主要产品数据 ……………………………………………… 221

参考文献 ………………………………………………………… 223
后　　记 ………………………………………………………… 227

纵 览
Overview

低调中前行　失意中新机
——2017年度装备工业市场机会分析

2016年国内装备行业显现出新的变化趋势，1—11月，全行业工业增加值增速为9.6%，明显高于全国工业平均水平的6.0%，且增速逐月上行；同时，行业优胜劣汰的进程明显加快；虽然全行业产销仍处于明显的相对困难时期，但总体而言，行业呈现出升级态势。这主要体现为以下五个方面：一是与实物产品产量弱势增长相比，行业的主营收入和利润实现了相对较高的增幅；二是提质增效、转型升级、由大变强的理念日益深入人心，正成为全行业的自觉行动；三是在进出口中，一般贸易增幅明显高于加工贸易，出口结构逐步优化，2016年前11个月的贸易顺差累计为936亿美元，表明行业国际竞争力在提高；四是**新能源汽车**、**可再生能源**产品、**节能减排**产品、机器人以及数字化、网络化、智能化技术产品的产量增长势头大大好于传统产品；五是民营企业的发展势头强于全行业平均水平。2016年前11个月，民营企业的产值占比已达到39.8%，再次提升1.2个百分点。民营企业是行业发展内生活力的重要体现。

尽管如此，装备行业主营活动所产生利润的增速明显低于利润总额增速，说明行业存在某种脱实向虚的倾向，固定资产投资增速下降。而且，投资结构欠佳，重基建、轻技改；重产能扩张，轻研发条件建设；反全球化思潮的蔓延，致使行业面临比较严峻的外贸形势。

一、行业分化，苦乐不均

在行业缓慢回升的过程中，呈现出一些新的态势。一是与消费民生紧密相关的子行业形势普遍好于投资类产品子行业。2016年1—11月，装备行业平均主营收入增速为7.41%，而汽车制造业的主营收入增速为13.73%，农副食品加工专用设备的增速为12.51%，光伏设备增速为11.07%，光纤光缆增速为14.21%，仪器仪表增速为8.52%，环保设备增速为7.70%；而服务于投资活动的行业增速普遍偏低，机床工具行业增速为5.42%，石化通用行业增速为2.74%，工程机械行业增速为1.22%，重型矿山机械行业也仅有1.74%的增速。二是专用设备制造业的发展形势强于通用设备制造业。2016年前11个月，专用设备制造业的工业增加值增速为6.5%，而通用设备制造业的增速为5.7%。三是零部件好于主机。2016年1—11月，通用机械基础件的主营收入增速为4.75%，而重型矿山机械的增速为1.74%，石化通用机械的增速为2.74%。

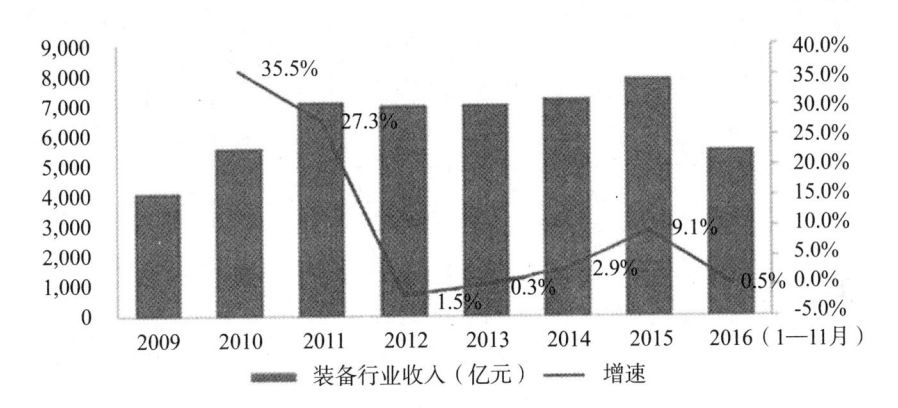

图1 装备行业历年营业收入及增速

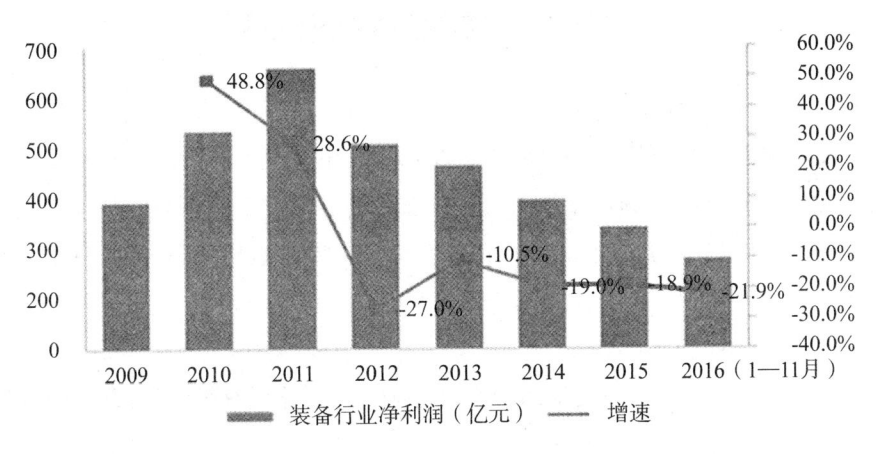

图2 装备行业历年净利润及增速

2016年，汽车和电工电气行业成为装备工业回升的两大板块，两个行业对全工业总体增长的贡献率达到了79%，两个行业的利润贡献率更是高达88%。扣除这两大行业，2016年1—11月，其余装备行业累计主营业务收入同比仅增长3.63%，利润总额仅增长2.19%。

表1 装备行业细分行业业绩表现

单位:亿元	营业收入 2015Q1-Q3	2016Q1-Q3	同比增速		2015Q1-Q3	净利润 2016Q1-Q3	同比增速
仪器仪表	38	48	21%	工程机械	-2	9	扭亏
自动化设备	991	1187	20%	环保工程设备	14	18	29%
环保工程设备	187	207	10%	仪器仪表	5	6	11%
公路养护	4	4	4%	通用航空	23	25	7%
通用航空	585	506	4%	自动化设备	104	103	0%
工程机械	1133	1142	1%	轨道交通	111	103	-7%
其他机械设备	164	165	1%	制冷设备	10	9	-10%
轨道交通	1850	1816	-2%	公路养护	1	1	-22%
制冷设备	90	78	-14%	其他机械设备	11	8	-25%
船舶海工	1276	1048	-18%	油腥及设备	9	-9	-152%
煤机	141	114	-19%	船舶海工	-4	-15	亏损扩大

二、2017挑战中蕴含机遇

汽车和电工行业2017年的增速将明显回落。尽管国家出台刺激车市政策仍继续，但优惠幅度将比2016年减半。2016年，电工电器行业中增速最高的是光伏和光纤产品。由于2017年国家对光伏发电的补贴有较大削减，致使光伏行业明显降温；加之电力供应过求日益明显，常规发电设备需求必将受到制约。这些都将导致2017年电工电器行业增速的回落。而这两个主力板块的降温，势必压低全行业对增长的预期。

尽管如此，轨道交通装备和新能源电池等子行业仍有足够的理由被看好。

1. 锂电设备受益于行业整合

动力电池是新能源汽车的核心部件。虽然短期产销量和预期下调，但经过一定时间的行业整合，到2020年整个行业的新能源汽车累计产销量仍有望达到规划的500万辆目标。由此测算出2016—2020年间新能源汽车产量的年均复合增速约为37.7%。考虑到未来对新能源汽车续航要求和对应电池容量密度的提高，按之后五年间每辆新能源汽车配套动力电池容量平均为40kW·h（现在平均为30kW·h）计算，则2017—2020年间累计的动力电池需求增量约为166.9GW·h。对于电池价格按2元/W·h（其中电芯1.4元，PACK和BMS系统0.6元）测算，2017—2020年间累计的动力电池增量市场规模约为3392亿元。可以说，动力电池的市场具有非常广阔的增长空间。

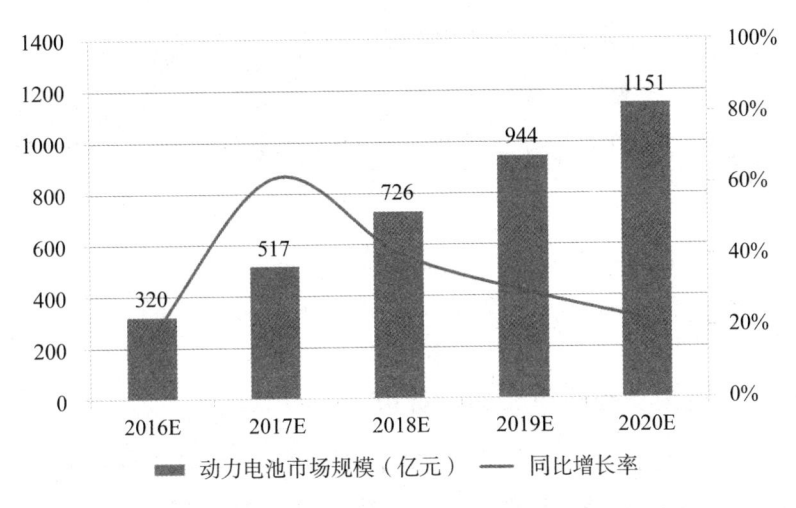

图3　2016—2020年国内动力电池市场规模及同比增长率

工信部于2016年11月22日公开发布了《汽车动力电池行业规范条件》（2017年，征求意见稿），对动力锂电池生产企业管理提出新的规范标准。其中，对企业的年产能力提出的要求明显提高，对大部分电池厂商现有资质与经营情况将是极大考验。目前，国内锂离子动力电池单体企业中，产能达到上述标准的企业仅比亚迪一家，而宁德时代产能已接近标准，预计2017年生产能力可以达标。这两家企业是国内动力锂电池厂产能最大的两家，其他企业如中航锂电、国轩高科、万向、力神电池等现有产能与标准相去甚远。在中、大型电池厂商尚无法达标的情况下，小型电池厂将更难以企及新的行业标准。因此，行业内部整合洗牌是必然趋势。

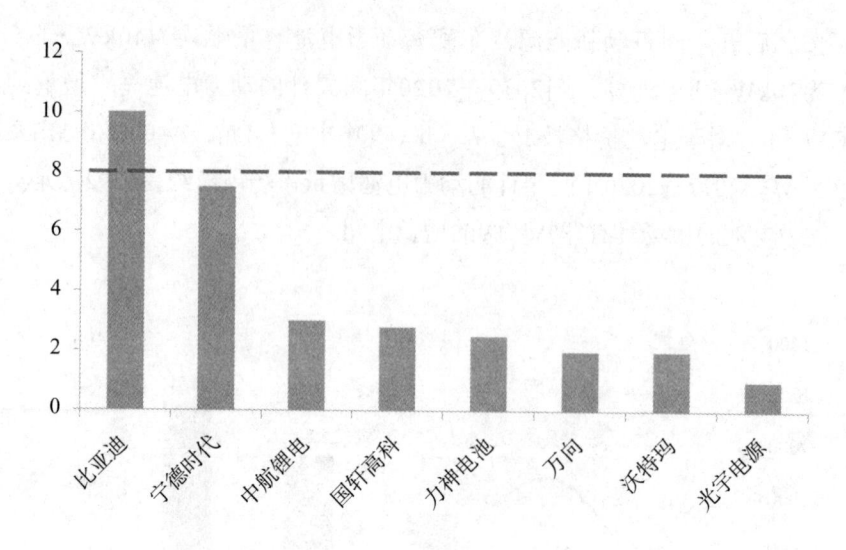

图4　2016年国内主要动力锂电池厂商产能（GW·h）

2. 投资规模支撑轨道交通设备市场

近年来，铁路投资已成为稳增长的重要手段，政府对铁路融资继续采取坚决支持的态度，尤其是最近两年，国家铁路固定资产投资额一直稳定在每年8000亿元的水平。"十二五"期间，国家铁路原本规划投资2.8万亿元，实际投资累计达到3.48万亿元。截至2016年10月，铁路固定资产投资达到6203亿元，同比增长11.8%，超出原有预期。按此测算，2016年铁路固定资产投资将超过8000亿元。

"十三五"期间，国内铁路固定资产投资规模将达到3.5万亿到3.8万亿元，其中基本建设投资约3万亿元，建设新线3万公里，至2020年全国铁路营业里程将达到15万公里，其中高铁营业里程将达到3万公里。

铁路投资周期性导致2016年是铁路竣工里程低谷，2017年开始铁路竣工里程将反弹。自2006年以来，铁路固定资产投资逐年增长，其中2011年和2012年，铁路固定资产投资出现了较大幅度下降。由于铁路项目建设期大约是3~5年，因此，2016年开通新线里程会受到较大影响。而后，随着铁路投资项目的增多，2017年之后铁路竣工里程将反弹。

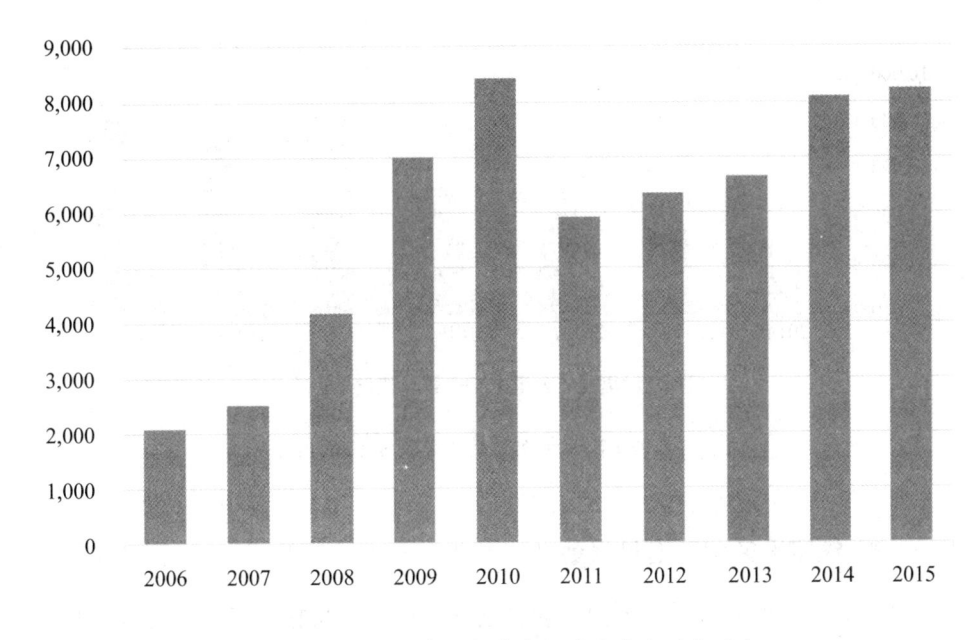

图5　国家铁路历年固定资产投资完成额（亿元）

（1）城市轨道交通市场空间广阔

2015年，国内39座城市正在建设城市轨道交通设施，城市数目未来仍然将不断增加。预计到2020年，这39个城市的轨道交通建成里程将达到9054公里。2015—2020年，国内城市轨道交通开通量会达到6047公里，年均复合增长率为21%。按照每公里投资7亿元，建设周期5年测算，建成需要投资4.2万亿元，平均每年投资规模为8500亿元。相比之下，近几年国内每年铁路投资规模约8000亿元左右。

2015—2020年，国内城市轨道交通开通量预计年均复合增长率为21%，加之既有线路客流量提升带来的车辆需求，国内城市轨道交通车辆市场的年均复合增长率有望达到25%以上。按照城市轨道交通6辆/公里的铺车密度，每辆600万元测算：2015—2020年，国内城市轨道交通开通量会达到6047公里，对应轨道交通车辆市场规模约3.6万辆，2170亿元。

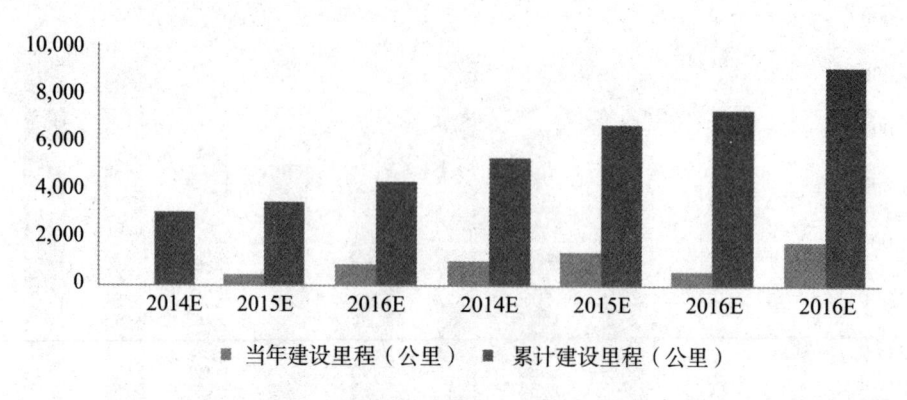

图6 39个城市轨道交通建设里程预测

（2）铁路设备出口增长强劲

相比于国外竞争对手，国内企业在技术、质量、价格、工期等方向形成综合比较优势，具有强大竞争力。与高铁出口的一波三折不同，近年国内机车、车厢和地铁车辆出口都保持了强劲增长的势头。

目前，我国铁路设备出口呈现出三个显著的特点：一是出口铁路设备实现了从低端到高端的转变。二是国内铁路设备出口市场从亚非到欧美，实现了六大洲的全覆盖。三是出口方式已由单纯的货物贸易出口转向产品、工程、技术标准的全方位输出。

从出口规模看，国内铁路机车车辆出口由2001年的不到8亿美元增长到2014年的37.4亿美元，年均增速34.7%，高于同期的全国外贸出口增速16.5个百分点。2014年，机车车辆出口同期增长19.3%，也是国内同期外贸出口增速的3倍。

基于铁路设备行业的竞争优势，国内铁路机车车辆出口将继续保持快速增长的势头，预计国内铁路机车车辆出口年均增幅将达到20%，到2017年出口规模有望达到65亿美元。

3. 节水灌溉技术构成农机市场增长中坚

《全国农业可持续发展规划（2015—2030年）》显示，中国将实施水资源红线管理，2020年和2030年农业灌溉用水量分别保持在3720亿立方米和3730亿立方米。确立用水效率控制红线，2020年和2030年农田灌溉水有效利用系数分别达到0.55和0.6以上，推广渠道防渗、管道输水、喷灌、微灌等节水灌溉技术，完善灌溉用水计量设施，到2020年发展高效节水灌溉面积2.88亿亩。

灌溉技术作为农业发展至关重要的一环，对产量增长具有较大影响，国外发达国家智能化灌溉设备较为普及，以荷兰为例，荷兰由于可供农业生产用地有限，大力发展设施园艺行业，所生产的农作物以高产高质量著称。2014年荷兰蔬菜温室每平方米产出54.6欧元，花卉温室每平方米产出70.8欧元，相比之下，中国温室产出具有较大优势。

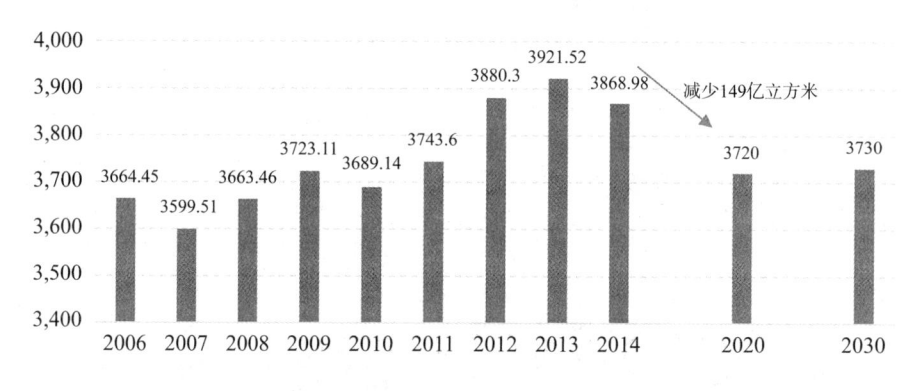

图7 农业用水量规模及计划（亿立方米）

从经济作物来看，河北省南宫县采用滴灌技术栽培棉花，节水54.8%，增产28.1%；甘肃省敦煌市棉花膜下滴灌技术示范区，节水48.7%，增产10.5%；新疆南北两地通过膜下滴灌技术栽培加工番茄，节水53.7%，增产41.6%；新疆兵团农八师142团以膜下滴灌种植线辣椒，节水14.8%，增产65.4%；内蒙古通辽市滴灌大豆，节水41.9%，增产32.0%；黑龙江大庆以膜下滴灌技术种植烤烟，节水54.9%，增产12.4%。

节水灌溉技术在主要粮食作物种植过程中表现同样优异，黑龙江大庆市膜下滴灌玉米种植，可以节水39.5%，增产86.5%；中心示范地膜下滴灌水稻，可以节水64.7%，增产约50%。

同时，蔬菜瓜果种植过程中节水增产效果明显。河北张家口种植的滴灌生菜和管灌相比，节水68.0%，增产47.8%，滴灌白菜节水69.4%，增产46.8%，滴灌白萝卜节水39.7%，增产61.7%；黑龙江种植的滴灌西瓜，节水49.6%，增产

58.5%；广西北海种植的膜下滴灌小金南瓜，比漫灌节水79.3%，增产24.8%。

伴随节水灌溉建设逐步向PPP模式转变，国家及地方政府层面对节水灌溉设备标准以及技术集成要求提高，具备丰富经验及技术实力雄厚的企业将率先搭乘政策东风，同时在PPP模式下市场份额及收益都将有所保证，为企业积累项目经验及技术应用带来更多机会，助力企业保持"强者恒强"的市场竞争优势。在多种节水灌溉系统中，滴灌因其显著节水率和精准性，已成为现代农业中设施园艺的主要灌溉趋势。滴灌系统中的零配件尤其是管材及滴头很大程度影响滴灌有效性，且滴灌系统应用需要较为专业的技术支持。

4. 太赫兹打开千亿市场

根据最新市场研究报告统计，全球太赫兹系统技术市场份额在2008年达到2.7亿美元，十年后将增加到23.3亿美元，年增长率约37.2%。太赫兹由于具备诸多优越特性，其下游应用极为广泛。随着太赫兹技术不断向小型化和规模化发展，其产品将渗透到各行各业。预计太赫兹技术将率先在工业检测、安检设备、无线通信领域崭露头角。

图8 太赫兹下游应用

（1）太赫兹颠覆无线网络技术

据美国研究机构Forrester预测，到2020年，全球范围内"物物相联"的业务量将是"人与人通信"业务量的30倍，全球物联网市场规模将增长至3.04万亿美元,将成为下一个万亿级产业。中国IDC市场规模2015年达到492.4亿元,并维持30%以上增速,至2017年将超过900亿元。

2010年,随着智能手机和平板电脑的迅猛发展,接入互联网的设备数量达到了125亿部,地球人口共有68亿,接入互联网的设备达到了平均每人1.84台。Cisco IBSG咨询公司保守预计:到2015年,接入互联网的设备将有250亿部,到2020年,这一数字将达到500亿部,届时网络中设备产生的数据流量可能会提高1000倍。加利福尼亚圣地亚哥大学的全球信息产业中心(GIIC)研究结论认为物联网带来的网络带宽问题的严重性还未得到完全重视,目前基本的网络基础设施提供的传输能力还能应对数据爆发性的增长,但是无线网络的承载能力还达不到这个标准。

北电网络有限公司(Nortel)首席技术官和网络事业部副总裁Phil Edholm早在2004年提出"EDHOLM'S LAW OF BANDWIDTH":三大网络技术,蜂窝移动数据(Wireless)、Wi-Fi(Nomadic)、以太网(Wireline)的传输速率沿着相似的指数曲线增长。以三者传输速度的对数为纵轴,时间轴为横轴划出三条直线,可以预期:到2020年,无线传输速度将追赶上有线传输速度。人眼每秒处理像素的帧数是有上限的,当无线网络技术达到人眼处理信息频率的上限时,有线网络技术最终将被无线技术淘汰。

从1984年无线遥感的1KB/s到2009年本地局域网的100MB/s,25年间无线短距离通信的带宽每18个月就翻一倍。按照这样的趋势预测,在2020年左右会出现对15 GB/s无线传输速率的需求。2012年日本东京工业大学预测利用太赫兹通信技术进行无线数据传输的速度,理论上可以高达100 GB/s,比当前的超宽带技术快几百甚至上千倍。太赫兹通信传输的容量大,太赫兹的频段比现有微波通信要高出3~4个数量级,这也就意味着它可以承载更大的信息量,轻松解决目前战场信息传输受制于带宽的问题,德国的研究人员预测在2017—2023年间,太赫兹通信技术将取代Wi-Fi技术。

(2)复合材料工业检测需要太赫兹

复合材料具有质轻、比强度和比模量高、耐腐蚀等特点,其在航天、航空、太阳能、高温热处理、汽车医疗、运动器械等方面有着广泛的用途,成为近年来最受注目的新型材料。

世界碳纤维市场需求将由2012年的4.1万吨发展到2020年的14万吨,其中增长最快的是产业用途，预计2020年比2012年将增长 4 倍以上，即11万吨以上。新一代飞机、大型风电叶片、土木建筑材料、高压容器、海洋工程和电子产业等是新市场的主力军，而2015年后汽车及轨道交通等将逐步成长为大型市场。其中风能行业的需求（按重量计）将由2011年的10440吨增加至2020年的54270吨，航空、国防领域的需求预计由2011年的7694吨增至2020年的18462吨。

（3）太赫兹开辟人体安检2.0时代

国内市场的安检设备主要包括 X光机行李安检仪、金属安检门、手持式金属扫描仪、液体探测仪和炸药探测仪。目前安检程序采取人物分检，整个安检过程耗时长效率低，造成安检通道拥堵，给人带来不愉快的体验。从技术角度上来说，因为 X 光机只能用于行李检查，严禁用于人体安检，用于人体安检的设备只能对人身上藏匿的金属物品作出响应，对种类更多的非金属违禁品，如炸药、腐蚀性液体、陶瓷刀具等的探测则无能为力，所以目前的设备在对人体的安检上存在着很大漏洞。因此现有安检、安防设备手段已无法满足反恐维稳新需求，采用并推广能够高效、准确探测各类隐匿违禁品的新型安检安防设备已经势在必行。太赫兹成像安检不需要人脱除衣物，也不会和人发生物理接触，并且对金属和非金属物质，包括液体、胶体、粉末、塑料、陶瓷等都能够检测，同时对人体不构成伤害，成为未来安检最理想的技术手段。

公安部在2017年召开的全国公安机关紧急会议上要求："要在每列地铁列车、每辆公交车上推广安装安检安防新技术、新产品，提高识别违禁物品等基本技能，强化违禁物品查控措施。"国内大中城市的机场、火车站等都配备人体安检设备，市场规模可达数百亿元。国内首部强制性邮政行业标准《邮政业安全生产设备配置规范》于2016年9月1日起施行，业内人士表示，2016年后所有快递企业必须按规定配备和使用X光安检机。一方面安检机使用范围进一步扩大，人体安检设备被运用到地铁、汽车站、政府大楼、海关、监狱等其他场所，另一方面THz安检机替代已配备的X光安检机。随着THz技术产业化条件的成熟，千亿级"人体安检2.0"市场已被打开。

总之，2017年，装备工业将延续上年趋稳向好态势，行业运行保持平稳增长，但增速将低于2016年。具体而言，预计全年装备工业增加值增速约为7%，实现主营业务收入和利润增速在6%左右，对外贸易出口总额降幅不超过上年水平。

装备制造成为国际产业竞争焦点

装备工业被称为整个工业的母机,是一个国家现代化的基础和经济实力的集中表现。其关联产业多,吸纳就业能力强,全球主要经济体均将之视为战略性产业。近年来,国际装备制造业发展呈现新趋势,协同创新正在重塑全球装备制造新格局。

装备制造业正从单个企业创新向跨领域多主体的协同创新转变。众所周知,装备产品由大量的子系统和元器件构成,其技术深度和宽度具有显著的关联性和集成性。随着科技进步,产业分工日益细化,产品复杂程度不断提升,装备制造企业的产品被嵌入复杂的技术网络中,传统创新活动中由单个企业独立研发并主导新技术的机会大大减少,单个企业难以也无法覆盖全部创新活动。供应商、产品用户、产品标准及行业监管机构均参与装备产品的创新和系统集成过程。这就要求企业能够善于利用外部技术资源,与不同创新主体联合,实现创新资源的优化配置。网络化的众包、众创、众筹、线上到线下等新型创新方式在装备制造业领域密集涌现,成为创新的主流模式。

在装备制造业的生产流程方面,智能制造成为创新突破的主攻方向。无论是美国的先进制造伙伴计划、德国的工业4.0,还是法国的新工业计划,发达国家制造业发展战略都将智能制造作为发展和变革的重要方向。美国推进信息技术与智能制造技术融合,建设智能制造技术平台,推进智能制造产业化和工程化。德国实施工业4.0战略,智能工厂和智能生产是两大主题,德国政府尤其重视工业标准和智能制造基础建设。日本发布的制造业白皮书提出要重视工业大数据和工业互联网的应用推广,其"机器人新战略"提出的目标是成为世界机器人创新基地、世界第一的机器人应用国家、迈向世界领先的机器人新时代。韩国以提升制造业的竞争力为目标,促进制造业与信息技术相融合。韩国政府计划在2020年之前打造1万个智能生产工厂,将韩国20人以上工厂总量中的三分之一都改造为智能工厂。

从一般意义上说,装备制造业的创新包括智能化的产品、装备、生产、管理和服务,主要载体是智能工厂和智能车间。国际领先企业开展了很多尝试,通过利用智能自动技术提升人机互动的效率。如英国航空发动机公司罗尔斯·罗伊斯与微软公司合作,利用后者强大的云计算软件和数据处理能力,推动航空发动机生产智能化。德国西门子公司凭借先进的装备制造能力,贯通信息化物理网络,其所属安贝格工厂的大多数制造单元都可以接入网络,自动组装零部件。大型跨国公司系统性地利用智能自动技术,推动了自身和本行业的产品、服务乃至业务模式转型,引领整个行业的发展。

绿色化和服务化是国际装备制造业创新发展的新趋势。随着新能源技术不断进步,清洁能源应用日渐成熟,制造业进一步向低能耗、低污染方向发展,国际范围内"绿色供应链"、"低碳革命"和"零排放"等新的产品设计和生产理念不断兴起,推动装备制造业的绿色发展。同时,装备制造业也正在向服务化转型,从以"硬件"生产为中心向以"软件"服务为中心的综合工程能力产业转型,其核心要求是投入和产出的服务化。企业将客户导向和需求导向贯穿整个生产过程,面向客户的主动协同成为企业运作的重要模式,实体价值和服务价值都成为企业的重要价值来源。

一、技术格局

技术和资本设备是发达国家和发展中国家制造业增长和经济总量增长的主要推动力。全球为了将知识前沿向前推进,投入了前所未有的资源。虽然金融危机使一些国家经济遭遇重创,但研发支出受到的影响却小于经济产出受到的影响。

富裕的发达国家拥有高水平的技术完善程度,科技投入(主要集中在研发)的绝大部分来自这些富裕的发达国家。《2015年世界知识产权报告》所作的一项研究表明,专利活动在地理分布上比较集中,高收入国家在3D打印、纳米、机器人等六个领域中的技术专利申请比重到达80%以上。在高收入国家中,专利申请集中在美国、日本、德国、法国、英国和韩国等国家,前五国首次专利申请量占全球的75%以上。

高收入国家在发展高技术产业上具有优势,更有可能在这些产业实现更快的增长。这一优势推动制造业的结构变革并在更高收入阶段向高技术产业转移资源。高端装备制造业的五个重点子领域,即航空装备、卫星制造与应用、轨道交通装备、海洋工程装备和智能制造装备,在全球的分布集中于欧美发达国家。美国、加拿大、欧洲、俄罗斯等在高端装备制造业上处于全面领先地位，韩国、新加坡等国正齐头赶上，除中国、巴西、印度等少数国家之外，大多数发展中国家装备制造业都比较落后。

二、政策因素

制定能够推动经济增长的政策对于各国政府势在必行。

各国已对解决公共产品市场失灵的政策达成广泛共识，其中最重要的是加强人力资源开发。紧密相关的是建立诸如支持研发的国家创新体系之类的体制。

其他方面的政策则具争议性，而且在实证方面存在广泛争议。各方对影响经济体中所有公司的横向政策和针对具体产业部门、技术甚至公司的选择性（权衡性、纵向）政策的相对重要性存在持续争论。

虽然各国对开放的贸易环境存在广泛普遍的承诺，然而，很多国家实际上继续制定贸易政策来支持其生产部门的特定需求。从保护产权的一个极端到为机械设备进口提供赠款的另一个极端，工业发展的政策工具取决于作为目标的技术和创新的类型以及国家发展水平。

三、竞争态势

全球制造业已基本形成四级梯队发展格局。第一梯队是以美国为主导的全球科技创新中心。第二梯队包括欧盟、日本。第二梯队中的德国、日本等国家在高端制造领域的强势地位逐渐巩固。第三梯队是中低端制造领域，主要是一些新兴国家，包括中国。第四梯队主要是资源输出国，包括OPEC（石油输出国组织）、非洲、拉美等。

1. 美国

美国是当今全球头号装备制造业大国。作为全球科技创新中心，美国在制造业基础及最前沿科技创新方面处于领先和主导地位。2008年金融危机给发达国家装备制造业带来了严重冲击，但美国的装备制造业反弹的速度和幅度甚至要超过德国，远超日本。这得益于美国积极布局新兴领域和高端环节，持续促进提高技术创新能力，同时，劳动力和能源成本的优势，进一步拉大了与西欧和日本等第二梯队之间的差距。

（1）装备制造不断向高端化、智能化发展

美国制造业发展重心的转移和产业结构升级，反映在美国制造业投资结构的变化上。一方面，从1979年开始，美国开始降低在有形资产上的投入，越来越多的投资侧重于软件、研究、开发、宣传、管理、培训等方面，无形资产投资比重持续加大。另一方面，美国近年来的投资IT化走势明显，在20世纪80年代，美国花在信息技术领域，如购买软件、计算机硬件和通讯设备等占总投资的比重仅为三分之一左右，但在2010年以后这一比重则增长至50%以上。有统计显示，销售额在1亿美元以上的美国制造商中，72%的企业表示已开始投资额外的自动化技术和先进制造技术。

高端产业是维持美国当前发展和持久繁荣的关键。美国高端制造业的发展一直依托其全球领先的研发基础、金融服务以及丰富的新技术产业化经验。美国的航空产业、卫星及应用装备、轨道交通装备、海洋工程和智能装备制造业目前在全球均处于顶端地位。高端装备制造产业基地主要分布在东部各州以及西部的加利福尼亚州。利用现代传感、网络、自动控制、人工智能等技术，实现制造装备的智能化，已成为21世纪美国制造业的重要发展方向和新工业革命的主要标志。

（2）智力资源成为提高竞争优势的关键

美国劳动力市场在发达经济体中最灵活。在全球前25位制造业出口国中，美国在"劳动力监管"方面排名首位，工人生产率也最高。美国生产的很多产品根据生产率调整后的劳动力成本约比西欧和日本低20%~54%。生产率方面，虽然美国装备制造业的工资是中国的6~7倍，但美国装备制造业的劳动生产率也是中国的6倍以上，两者相抵，中国装备制造业在综合成本上并不具备太大优势。高端制造业的劳动生产率，美国大约是中国的23倍。随着智能制造的发展，美国的汽车、高端精密仪器等产业效率将会提高40%。

（3）在发达经济体中形成低成本优势

从2004年到2014年，美国与其他高度发达的经济体之间的制造业成本差距

大幅扩大。目前，美国的平均制造成本估计比英国低9%，比日本低11%，比德国低21%，比法国低24%。在较大的发达出口经济体中，只有韩国的平均制造成本与美国接近，韩国的平均制造成本仅高于美国2%。事实上，正如波士顿咨询公司在之前的研究中讨论到，美国已经成为发达经济体中制造业成本最低的经济体。同时，美国实现制造业成本大致与东欧经济体持平。美国与中国的制造业成本差距也在快速缩小，如果这一趋势持续十年，那么这个差距将会在十年内消失。

自2005年美国正式开始重新开采地下页岩天然气资源以来，美国的天然气成本下降50%。美国一举实现能源自给并有余力出口，这导致发电成本急剧下降。目前，天然气成本仅占美国平均制造成本的2%，而电力成本仅占1%，而大部分其他主要出口国的天然气成本是美国的2.5倍至4倍，电力成本是美国的2倍至5倍。由于页岩天然气还是化工产业等产业的重要原料，这对钢铁和玻璃等能源密集型产业来讲就有巨大的成本优势。

（4）以技术创新支撑装备制造业发展

美国制造业规模占GDP总量仅为11%，但如果从产业链角度分析，由制造业所支撑起来的价值链的价值占到美国GDP的三分之一。此前美国政府测算，制造业领域1美元的产值会带动其他领域1.4美元的产出，但MAPI（机械及联合产品研究所）的测算显示，这一乘数效应达到了3.6。在工作岗位上的乘数效应，制造业达到了3.4。

美国政府反思工业空心化，重新认识到新一轮产业革命的重心仍然集中在制造业，制造业将成国家经济竞争力的关键所在。为促进本国装备制造业发展，美国政府采取了以技术进步战略为主，以资金、财税、贸易等相关支持政策为辅的策略，政府始终将技术作为支持的重点，通过促进提高技术创新能力来达到产业竞争力提升的目的。

美国2009年12月公布《重振美国制造业框架》，2011年6月和2012年2月相继启动《先进制造业伙伴计划》和《先进制造业国家战略计划》，2013年发布《制造业创新中心网络发展规划》，推动"制造业回归"。奥巴马的努力，相对过去似乎取得了成效，2011年美国制造业新增23.7万个就业岗位，制造业投资的增速也高于同期美国GDP。但这只是问题表象。表象背后的实质是技术创新为主。美国政府强调发展先进制造技术，将装备制造业的科技创新作为国家关键技术创新的前六大领域之一，并出台多项法律法规来支持科技创新。同时，美国政府改变技术政策，由政府出面组织、协调和支持产业技术的发展，重视"产业公地"建设，成立了国家制造业科学中心和制造信息资源中心，并相继出台了促进制造技术发展的"先进制造技术计划"和"制造技术中心计划"。

在鼓励出口方面，美国政府制定了各种出口计划，以提供贷款担保、出口补贴、允许制造商结成出口贸易联盟等方式，鼓励本国装备企业的出口。此外，美国政府按照"国家出口战略"的要求，成立的19个职能部门组成"贸易促进与协作委员会"、"出口援助中心"及"出口倡导中心"，为企业提供便捷、及时的商务查询和融资服务，以帮助企业占领国际市场；在财税政策方面，美国政府还尽可能降低机构的研发负担，税法规定，科研机构作为非营利机构免征各项税收，企业研究开发费用也实行税收优惠。

奥巴马政府强调"再工业化"，目的是为了保持美国在全球制造业竞争方面的领先地位。在战略新兴产业领域，美国更是浓墨重彩地规划，2009年出台了《美国创新战略：促进可持续增长和提供优良的工作机会》等，重点在纳米技术、高端电池、生物制造、新一代微电子研发、高端机器人、清洁能源、航空产业、电动汽车等产业布局。2012年，美国财政年度增加了国家科学基金、国家标准和技术研究院实验室等重要科学部门预算，开发先进制造技术，并启动先进制造技术公会项目。因此"再工业化"也好，"制造业回归"也好，本质上是抢占国际产业竞争制高点。

奥巴马政府把"再工业化"作为一种国家战略来策划和实施。第一任内，奥巴马政府先后推出"买美国货"、《制造业促进法案》、"五年出口翻番目标"以及"促进就业措施"等一系列政策措施及部署。从表面看，奥巴马政府是在扶持国内的制造业复苏，吸引美国制造业从国外回归。然而，"再工业化"战略的实质，就是要推动美国制造业的脱胎换骨，要催生一种新的生产方式，造就类似于信息革命那样的大趋势，掀起所谓的"第四次工业革命"。美国"再工业化"之后的低碳经济、下一代新能源、智慧地球等发展路线，意在锁定高端制造领域，谋求塑造新的竞争优势。不仅对中国高端装备的未来发展构成激烈竞争，而且还将对已经形成优势的产品造成市场空间挤压。

2015年9月，美国推出国家创新战略，提出利用国家制造业创新网络（NNMI）来恢复美国在高精尖制造业创新中的领先地位。

（5）加快制造业创新生态系统构建

当前，美国已形成以政府、高校及科研机构、应用研究机构、企业和服务机构为主体的完整的先进制造创新体系。政府是创新环境的提供者，通过资金投入、财税政策、基础设施建设等营造整体发展环境；高校及科研机构是创新技术引擎，通过多学科、跨领域的技术基础研究，为创新提供源头；应用研究机构对接科研机构与企业，是创新成果转化加速器；企业是创新技术产业化的主力军；服务机构为创新技术研发、应用研究及商业化提供咨询、协调、评估等服务，是供应链创新的重要力量。

2. 德国

德国凭借强大的机械和装备制造业、占据全球显著地位的信息技术能力以及在嵌入式系统和自动化工程领域具有的高技术水平，在工业制造方面一直处于欧洲领头羊的地位，是全球制造业中极具竞争优势的国家。为应对来自美国、日本和中国在未来制造业上的竞争，德国一直在寻求战略方案，并且提出了"智能工厂"、"工业4.0"等构想，希望在第四次工业革命的道路上起到引领作用。

2005年，德国人工智能研究中心（DFKI）启动了公私合作的"智能工厂KL"技术计划，这是欧洲首个专门面向信息与通信技术工业应用的演示验证工厂，目的是支持创新自动化技术的开发、应用与传播，并为科学与工业利用提供基地。该计划是工业4.0关键技术转化实践的一个先锋，通过几个模块化的试验工厂，相关的成熟技术和前沿研究结果能够得以实施和评估。

2006年以来，德国政府一直在努力推动德国的研究与创新工作，力图通过技术创新确保德国的强有力竞争地位。2009年，来自超过40家企业、研究机构和协会的代表共同制定了"嵌入式系统国家路线图"，进一步发展嵌入式系统技术，包括汽车、自动化技术、机械与装备制造等，与会工业部门将在未来十年内向六个领域投资超过25亿欧元。路线图认为嵌入式系统发展的下一阶段就是信息物理系统（CPS）。德国国家科学与工程院（Acatech）为此领导了"CPS综合研究议程"计划，为德国形成新的技术革命制定综合研究议程，确认2025年前的四个重大研究领域：能源、移动性、健康和工业。

2010年，德国发布"德国高技术2020战略"，聚焦了五个优先领域：气候/

能源，健康/饮食，移动性，安全和通信。该战略围绕一些战略计划展开，使工业-科研联盟能够瞄准10～15年的科学和技术发展目标实施具体计划，这些计划还制定了具体的创新战略和实施路线图。2012年3月，德国正式通过"德国高技术2020战略行动计划"，形成了十大"未来计划"投资方向，仅2012—2015年，该技术就将投入84亿欧元。2014年，"德国高技术2020战略"更新为"德国创新——高技术新战略"，政府当年便投入110亿欧元相关费用支持。

"工业4.0"在2011年11月被德国政府采纳为"未来计划"之一。"工业4.0"于2011年1月由德国科学研究联盟数字经济与社会促进组织发起，2012年1—10月间，"工业4.0"工作组在德国国家科学与工程院的协调下出台了初步实施建议，并于2013年4月出台了战略建议报告。2013年汉诺威工业博览会上，"工业4.0"的理念和计划由德国政府正式发布，描绘了制造业的未来愿景。目前，"工业4.0"计划已经从"德国高技术2020战略行动计划"获得2亿欧元投资，启动了包括"信息物理生产系统"（CPPS）在内的若干项目。此外，德国教育与研究部（BMDF）建立的"信息通信技术（ICT）2020——创新研究"计划以及德国科学研究联盟（FU）经济与社会促进组（原通信促进组）发起的"智能服务——基于网络的商业服务"也都在"德国高技术2020战略"框架下开展，并且与"工业4.0"紧密相关，其中前者属于"数字德国2015"ICT战略，后者则成为十大"未来计划"之一，2015年3月提出了终版的战略建议报告。

德国智能制造的工业基础强健，核心技术和部件基本都可以自主研发制造；德国工业4.0已成为"智能制造"代名词，软件密集型嵌入式系统的发展是其核心之一；政府颁布了耗资上百亿欧元的高科技战略，将工业4.0作为国家计划，聚集了顶尖的工业企业；依托强大的工业基础以及政府的有效组织，工业4.0的雏形已经在众多项目中显现。用一句话概括就是，德国具备独立发展智能制造的完整生态系统。

（1）智能制造工业基础

德国拥有强大的智能制造基础，一方面是健全的工业体系和产品链条，另一方面是强大的创新能力和市场能力，这体现在以下四个方面：机械装备、电气工程、自动化以及信息通信技术（ICT）。德国不仅拥有西门子、博世这样的多元化工业集团，在上述四个领域都具备不俗实力，能够提出集成的解决方案，更是拥有SAP、库卡、FESTO、哈挺、DMG、Belden、凤凰CONTACT、LAPP、proALPHA、WITTENSTEIN这样的专业化软硬件系统供应商，加之弗劳恩霍夫研究所、德国人工智能研究中心、亚琛工业大学这样世界领先的研究机构和大学以及戴姆勒、蒂森克虏伯、MTU发动机等终端产品制造商，使其具备全面研发与应用工业4.0的实力与环境。

（2）智能制造定位

德国提出的工业4.0被认为是"智能制造"概念的一个代名词，它即指代了第四次工业革命，也包含了信息物理系统（CPS）、物联网与服务网、机-机（M2M）通信这样前沿的技术领域。对于智能制造来说，工业4.0的意义在于通过充分利用嵌入式控制系统，实现创新交互式生产技术的联网并且相互通信（即CPS），将制造业向智能化转型。在工业4.0理念中，产品本身就是生产过程中的一个具有能动性的元素，在这些产品中，包含有全部必需的生产信息，这种"智能产品"的概念，是德国提出并推崇的。通过CPS，企业不仅可以清晰地识别、定位产品，还可全面掌握产品的生产过程、当前状态以及达到目标状态的可选路径。用德国提出的"智能工厂"概念来解释，也就是数字世界和物理世界无缝融合。

在工业4.0理念下的智能制造中，机器、存储系统和生产手段构成了一个相互交织的网络，信息在这个网络中实时交互、校准。同时，CPS还能给出各种可行方案，再根据预先设定的优化准则，将它们进行比对、评估，以选择最佳方案。这一切都是嵌入式系统发展所带来的。

（3）政府企业支持力度

德国政府对智能制造的支持不遗余力，即使从宣传角度也已经做到了极致。政府颁布了耗资上百亿欧元的"德国创新——高技术新战略"，提出了六大任务：数字经济与社会，可持续商业与能源，雇佣创新世界，健康生活，智能移动性，民用安全。其中，工业4.0计划即是属于"数字经济与社会"任务下的一项国家计划，由政府牵头，聚集了德国乃至世界顶尖的工业企业以及研究机构。

德国教育与研究部（BMDF）、德国经济与技术部（BMWi）、德国国家科学与工程院（Acatech）、德国科学研究联盟（FU）是核心，它们提出并支持了绝大部分的智能制造相关计划和项目；德国人工智能研究中心（DFKI）和弗劳恩霍夫研究所利用其自身优势和设施为智能制造发展提供关键的知识储备、试验环境和合作平台；工业4.0平台、"东威斯特法伦-利普"智能技术系统（it's OWL）尖端研究组等区域组织和行业协会是智能制造概念探索和技术联合的有力推动者；以西门子为代表的企业则将工业4.0带到了现实，推向了世界。

（4）工业发展应用现状

在各界的积极努力下，智能制造系统的雏形已经在DFKI的"智能工厂"试验环境中形成，智能产品、智能机床和增强的操作员这三个工业4.0中心特征的范本已经通过"工业4.0-从愿景到现实"、"关键生产线"等联合项目进行了演示验证。"信息物理生产系统"（CPPS）、"面向工业4.0的自主"等先进概念也在同步推进研发，它们的成果也在不断集成到未来智能制造系统的构建中。

西门子的安贝格工厂是其宣传工业4.0理念的一个范例。在安贝格，大部分生产都实现了数字化，并独立于实际生产进行了仿真和优化，先进的制造执行系统（MES）允许在一分钟之内更改产品和工序，显著提高了生产效率和柔性。每天大约有100多万个测量数据不断地涌入系统，通过数据矩阵码扫描器和射频识别（RFID）芯片，采集产品信息并加载到系统，以确保数据的一致性。控制系统可以掌握每一件产品的信息，如产品当前状态、是否通过检验等。若该产品未能通过检验，控制系统将对其按照原有程序进行干涉，比如自动将维护信息发送给质量控制部门的技术人员。运用这些技术，该厂产品合格率为99.9985%。

3. 日本

日本是仅次于美国的装备制造业强国，也是成功运用法律、政策等手段实现装备制造业赶超的典范。二战后，日本的制造业面临着装备陈旧、技术落后、劳动生产率低下、产业结构不合理等诸多问题。为了实现赶超欧美等强国的夙愿，日本产业结构经过三次重大调整，主导产业经历了基础材料型重工业——加工组装型重工业——知识密集型产业的变化。20世纪90年代以来，日本第一产业和第二产业占GDP的比重逐渐下降。第一产业增加值占GDP的比重从1990年的2.7%下降到2005年的1.5%；第二产业增加值占GDP的比重由1990年的45.3%下降到2005年的28.8%；第三产业增加值占GDP的比重由1990年的52%进一步上升到69.7%。日本近年来产业结构发生了较大变化，第一、二产业比重继续下降，第三产业比重逐年上升，意味着日本各产业的服务化程度日趋加深，生产性服务业较为发达，这为日本实现装备制造业发展"两头在外"创造了条件。

在促进技术创新方面，日本根据自己的国情，采用了在已有技术基础上引进必要技术和关键设备的集成创新方式，形成了从消化吸收到模仿创新再到自主创新的赶超路径。在技术引进方面，日本始终坚持向重化工业部门重点发展领域倾斜，坚持高标准的技术引进，杜绝重复引进，并且注意博采众长。相比设备和工具等硬件的进口，日本更重视技术的引进，包括使用权、图纸设计、技术诀窍等。

在引进技术后进行消化吸收方面，日本始终走在世界前列。日本擅长把来自各国不同的先进技术加以集成创新，最典型的例子就是钢铁技术、热轧技术、冷轧技术，这些技术分别来自奥地利、美国、德国、瑞士和苏联等，然后加以融合，形成日本式最先进的整套钢铁技术。

在技术研发方面，日本有四个指标名列世界前茅：一是研发经费占GDP的比例世界第一；二是由企业主导的研发经费占总研发经费的比例世界第一；三是日本核心科技专利世界第一；四是日本的专利授权率高达80%，体现出专利申请的质量。

20世纪80年代，日本成为世界上工业机器人的主要供应商，而且在半导体工业、集成电路领域具有绝对优势，成为世界上最大的集成电路生产国。在日本电气设备和汽车制造业等传统装备制造业大规模海外转移的同时，日本装备制造业中的主导产业尚未形成，造成了装备制造业比较优势的"断档"，使日本经济进入了"失去的十年"。进入21世纪后，为了在新兴装备制造业领域赶超美国，日本加大对电子计算机、通信器材、电子零部件等机械器具制造产业，广播、通信等信息传递产业和软件等信息服务产业的扶持力度，并且用高新技术改造电气设备和交通运输等传统装备制造业，使日本的电气机械和交通运输等装备制造业具有了较高的知识性和智能性。

麦肯锡2013发布研究报告，列出未来有望改变生活、商业和全球经济的十二大新兴颠覆技术：移动互联网、人工智能、物联网、云计算、机器人、次世代基因组技术、自动化交通、能源存储技术、3D打印、次世代材料技术、非常规油气勘采、资源再利用，目前日本在这十二个方面90%已经做到世界前三，某些领域已经做到世界第一，比如大数据云计算、新材料、资源再利用、能源存储、机器人等。

2015国际权威研究机构《汤森路透》发表了新的一年全球企业创新排名TOP100。其中日本40家，美国35家，法国10家，德国4家，瑞士3家。在2014年之前美国一直排名首位，2014年之后被日本超越。

4. 法国

法国工业主要涉及矿业、冶金、汽车制造、造船、机械制造、纺织、化学、电器、动力、日常消费品、食品加工和建筑业等，其中钢铁、汽车、建筑为法国工业的三大支柱。在全球科技实力排名中，法国排名第四。其国内生产总值位居世界第五，是欧洲四大经济体之一。

据世界银行统计，1971年法国工业占国内生产总值的33.6%，而到了2013年仅占18.8%，下降近15%。而来自世界经济论坛的国家竞争力报告显示，法国的国家竞争力排名已远远落在美、日、德等制造业大国之后。面对工业增加值和就业比重的持续下降，法国政府意识到"工业强则国家强"，并于2013年9月推出了《新工业法国》战略，旨在通过创新重塑工业实力，使法国重回全球工业第一梯队。该战略是一项十年期的中长期规划，展现了法国在第三次工业革命中实现工业转型的决心和实力。其主要目的为解决三大问题：能源、数字革命和经济生活。2015年5月，法国政府对"新工业法国"计划进行了大调整。调整后的法国"再工业化"总体布局为"一个核心，九大支点"。一个核心，即"未来工业"，主要内容是实现工业生产向数字制造、智能制造转型，以生产工具的转型升级带动商业模式变革。九大支点，包括大数据经济、环保汽车、新资源开发、现代化物流、新型医药、可持续发展城市、物联网、宽带网络与信息安全、智能电网等，一方面旨在为"未来工业"提供支撑，另一方面同时提升人们日常生活的新质量。

航空产业：法国航空工业领域技术非常系统全面，主要包括大型民用客机、运输机、军用战机、军用直升机等整机系统以及包括飞机发动机在内的关键零部件。

民用核能：法国在民用核电领域位居世界领先地位，既拥有从铀矿开采、提炼、核电站整体设计、建造，到核废料处理等全过程系统技术，又具有强大的产业化能力。

高速铁路：法国轮轨高速铁路堪称业内的领头羊，从20世纪60年代初开始研发的法国高铁，经过约20年的努力，第一列高速火车于1981年便投入商业化运行。

高端装备：法国制造业在国民经济中所占比重约为20%，其中高端装备制造占比较高，很多产品在国际上占有很高的市场份额，施耐德电气在能效管理和自动化领域享誉全球，阿尔斯通研制的核电汽轮机发电机世界第一。

四、发展趋势

以人工智能为核心的下一代信息通信技术创新蕴藏着巨大潜力。还有很多其他领域具有刺激未来增长的潜力。例如，对3D打印和智能机器人越来越多的应用很可能会推动供应链在很多行业的重组，从而形成规模较大的增长效应。其他具有重要潜力的创新领域包括基因工程、新材料和不同形式的可再生能源。新技术也大大改进了驱动科学发现进程的研究工具。受信息通信技术驱动的技术，如大数据分析和复杂模拟，为很多技术领域的研究进步提供了新机会。对于乐观主义者来说，科学与技术之间的相互作用产生了一种能够自我强化并蕴藏着无穷潜力的动态关系。

基于信息技术、生物科学、材料科学和能源等广泛领域科学研究的新技术很可能将推动下一波全球经济增长。在未来数年，一系列经济上的突破性新技术可能产生巨大影响：移动互联网、云技术、智能机器人、自动驾驶汽车、储能技术、3D打印、先进材料和可再生能源等。这些技术有可能影响数十亿消费者、数以百万计的工人和不同产业数万亿美元的经济活动。

低收入国家的最大挑战是保持工业化进程持续进行。对于中等收入国家而言，其最大挑战是环境可持续性。而对于去工业化的高收入国家而言，最大挑战是持续创造就业机会和包容性工业发展。

在变幻莫测的全球经济中，工资和能源成本在发达地区和发展中地区同时发生着持续而又巨大的改变，生产效率提升程度在不同经济体间的差异，使各个经济体的相对竞争力处于持续的动态变化中，且这种动态的变化仍将持续。

五、借鉴和启示

无论是企业还是政策制定者，都不能满足于现有的竞争优势。

长期而言，一国利用现有新技术和创造新技术的能力决定了该国在结构变革过程中的经济绩效。然而，当一国缺乏利用和吸取技术的能力时，发展该能力非常困难。经济体想要成功地应用在国外开发出来的技术，就要具备充分的吸收能力——包括能够理解和应用技术的人力资本、组织和管理专门知识以及为技术应用协调和调动资源的机构。在很多情况下，吸收能力还包括为了让技术适应本地需求而进一步进行技术和组织创新的能力。

制造业多样化有助于实现快速的平均增长率和更长的增长期并降低经济增长的波动性——从而保持经济长期持续增长。

部门或产业的选择对经济增长和结构改革至关重要，因为它们之间的技术机会存在显著差异。

过早去工业化限制了技术在生产中的应用，使得生产力和服务活动水平低下，因而扼杀了经济发展潜力——而成熟的去工业化通常带来充满活力的高技术服务业。

发达国家可通过运用前沿的科学技术来发展技术能力，而发展中国家则通过收购和应用别国研发的技术来发展技术能力。

与其他产业相比，高技术产业污染更少，因此产生环境红利。

发展中国家如何赶上全球经济和技术前沿？通过促进技术变革和加强技术能力。途径包括：投资人力资本、改进创新体制以及升级产业集群和全球价值链等。除了自己开发新技术，发展中国家可以采用来自国外的技术转让来发展经济。但是这需要发展中国家努力适应融入其经济中的知识并具备更高的知识吸收能力——主要是教育和技能。

吸收能力和技术能力如何可以减少技术差距？

技术能力主要与人口受教育程度以及人力资本和进行研发的其他资源的配置有关。这些要素中每个要素的相对重要性取决于一国的发展水平。在发展的初级阶段，技术差距通过全球技术知识为快速的结构变革创造可能性，但是这种变革的实现程度取决于各国、各部门和各企业的吸收能力。吸收能力的最重要决定因素是持续投资于人力资本。强大的基础教育和中等教育以及专业化人力资本对吸收新技术而言至关重要。基础教育和新技能是利用新技术的必要条件，而且受教育程度更高的人口通常可以更快地吸收新技术。

实际上，向技术密集度更高的制造业和服务活动转型依赖于"高技术的基础设施"，包括能够培养熟练技师、工程师和科学家的大学及理工学院等。

归根结底，技术能力根植于国内企业里。因此，技术升级的条件还与各种渠道密切相关，通过这些渠道，企业可以获取技术知识来提升自身的能力：非正式学习，从外国直接投资合作伙伴处学习，从许可证贸易、战略联盟和联合开发中学习等等。在发展的初级阶段，技术知识主要体现于进口机械设备中，而发展能力的主要渠道在于在实践中学习。在中级阶段，国内企业认识到需要更加系统性的学习和技术开发，而且他们通常会借助于技术许可证，或者考虑从外国直接投资合作伙伴处进行知识转让。这通常需要辅以更强的内部研发能力。在后期阶段，一旦技术许可渠道和从外国合作伙伴处学习达到其极限，国内企业将依靠公私合作研发联盟、现存文献、海外研发基地、与外国研发公司签订的联合开发合同以及国际并购。

技术升级需要在整个经济中进行广泛的知识传播。这种传播需要强有力的公共政策，以便利用制度性基础设施扩散新技术。所谓的制度性基础设施包括推广服务、产业集群、度量衡标准、生产力标准、技术信息服务和质量控制机构。提升技术能力还需要技术商业化基础设施，以便将所创建的新知识付诸实践，例如，在政府研究实验室和大学里。这类基础设施包括：适当的知识产权保护制度、大学和研究机构的技术转让办公室、科技园和工业园、企业孵化器以及早期阶段的技术融资和风险资本。

经济持续增长的最重要要素之一——国内技术能力的发展需要坚实的教育系统（基础教育、中等教育和高等教育）、强有力的国内研发（尤其是在中等收入经济体或新兴经济体中）、适当的技术商业化系统和便于技术知识传播的完备的基础设施。

哈佛大学豪斯曼（Hausmann）教授的研究结果表明，经济的复杂性与制造业知识及能力直接相关，而且其研究还表明，一旦某个国家开始制造商品，因此积累了知识和能力，那么该国通向繁荣之路就会变得更加容易。但这个过程是一步一步循序渐进的过程，制造的商品越复杂、制造工艺越先进，就越能走到更新兴和更先进的产业，这个国家就越发繁荣，掌握与他们已经能制造的产品相似的新产品的制造技术就更容易。从组装玩具发展到组装电视机，比从纺织工业跃升至航空航天工业更为容易。

以战略思维构建独特的中国智能装备体系

2008年金融危机爆发绵延至今已整整八年了。看来，"朱格拉周期律"显然没有得到上帝的认同。现实情况是，与全球需求市场持续低迷相对应，国内经济下行压力持续传递。除去房价如脱缰野马般上涨和中国足球近乎失去理性的"烧钱"外，实体经济对资本的吸引力严重弱化。许多中小企业之间比的并不是谁更能赚钱，而是看谁还能顽强地活下去。即使是传统意义上的强势装备制造类上市公司也同样承受着巨大的经营压力，半年报显示：作为国内工程机械领军企业的三一重工2016年上半年每股收益为0.018元，动态市盈率为153.9倍；中联重科2016年上半年每股收益为-0.11元，亏损额达到83652.22万元；号称全球同行体量最大的沈阳机床上半年收益为每股-0.58元，亏损额达到44372万元；国内重机行业转型升级的标杆——中信重工上半年每股收益为0.0049元，动态市盈率为534倍；被誉为在国内同行中综合竞争能力显著的华东数控上半年每股收益为-0.18元，亏损额为5438.68万元。

据称，受国际市场需求复苏乏力，国内经济持续走低影响，机床工具行业自2012年起已连续四年呈下行走势，行业产销持续双降，企业经营困难加剧。而机床工具行业的表现则是整个装备行业经营态势的一个缩影。

据WTO预测，2016年全球贸易将迎来第五年低速增长，为20世纪80年代以来最为糟糕的时期。

房地产与股市泡沫的破灭使日本经历了"失去的十年"；美国次贷危机在拖曳欧洲陷入主权债务危机的同时，导致全球经济的长期增长停滞。

在工业发达国家普遍强调回归实业，实现"再工业化"的背景下，由德国推出的"工业4.0"和美国倡导的"人工智能"再次成为吸引全球产业界关注的焦点。如果说，德国的魏德米勒的智慧工厂、博世力士乐的思考型工厂都还是一种将来时的概念的话，那么，由世界上最大的五家科技公司——谷歌及其子公司DeepMind、微软、亚马逊、Facebook以及IBM所组成的AI联盟（PartnershiponAI）将致力的目标则要明确的多，DeepMind联合创始人就表示："我们致力于AI的研发是因为我们坚信它会改变世界。"

毫无疑问，智能技术、智能装备、智能制造将构成下一阶段全球产业竞争的核心环节。那么，当供给侧改革与《中国制造2025》等提升国内制造业竞争力的顶层政策持续释放时，中国经济未来的走势以及中国智能装备工业未来将如何应对新的形势而求得发展呢？

一、不变的运行轨迹

一场以"智能制造"为核心的产业剧变正在全球展开。欧美工业发达国家纷纷投身这场新的工业革命。3D打印、工业机器人、物联网、工业互联网、智能工厂接踵而至。

不过，中国装备工业的升级显然还远未达到那样的阶段。

眼下，东北地区企业之困顿已是众所周知；即使是处于东部经济发达地区的上海，同样为产业主体结构不合理，无法形成新的经济支柱，技术过于依赖外资，创新能级不强而处于焦虑之中。

事实上，长期秉承跟随战术和多层面高强度投入，中国工业在全球迅速实现了体系性的规模优势。而中国装备工业在中国工业化的进程中，同样经历过若干个相同节奏的高速发展阶段。据悉，中国是世界上唯一拥有联合国产业分类中全部工业门类（39个工业大类、191个中类、525个小类）的国家，形成了"门类齐全、独立完整"的工业体系。其中拥有像华为这样已经挺进到全球技术前沿的"高大上"企业，但更多的则是传统低端的加工制造企业。中国装备工业在产业门类齐全方面，相信也是全球绝无仅有的。同时，它也因存在"心脏病"和"神经病"而被划入全球产业竞争力的第四方阵序列。

事实上，在经历了"黄金十年"高速扩张期后，以全球金融危机为诱因，加之日益受到资源、环境、成本等要素制约，国内装备工业习惯了的增长节奏被彻底打乱。

从早期的"以市场换技术"、"引进消化吸收"模式，再到以美的并购酷卡，三一并购"大象"、潍柴集团收购林德、徐工集团收购施维因，国内装备企业醉心于获取核心技术与核心制造能力是显而易见的。但就像成功基因难以复制一样，技术基因似乎也不是仅凭金钱就能买到的。

在一个躁动的生态环境中，缺乏理性，不具备理性设计能力，简单的模仿与跟随或许是必然的发展路径选择。如此，就等于自动放弃了以专属性资源优势为支撑，着力构建并不断放大具有比较优势产业的机会。在这一方面，无论是政府还是企业都曾付出过惨痛的代价。但问题是，没人知道要扬弃几十年来形成的行为积习，到底需要什么？

眼下，当低端过剩产能远未出清，包括光伏等战略性新兴产业以隔离于产业核心技术和各层级关键技术的方式实现膨胀，又迅即崩塌的场景仿若昨日，地方各级政府又在忙碌着谋划各自新一轮的产业扩张预案，规划新的工业园区面积，希望植入包括先进轨道交通装备、机器人、航空航天装备等在内的所谓重点发展领域的新项目，以满足新周期对经济增长的数字需求。也许，用不了多久，中国高铁、中国核电、中国输变电产能同样可以达到中国挖掘机产能曾达到的满足全球市场需求的规模。

二、智能化成为趋势

随着科学技术的飞速发展，制造业正在向数字化、网络化、智能化方向发展。在主要工业发达国家纷纷推出新的重振制造业国家战略，大力支持和推动智能制造发展的背景下，国务院发布《中国制造2025》，提出将智能制造作为主攻方向，加速培育新的经济增长动力，抢占新一轮产业竞争制高点。

有关部门行动积极，很快推出了包括《智能制造工程实施指南（2016—2020）》在内的一系列文件，并提出了"十三五"期间要实现的具体目标，其中包括：关键技术装备国内市场满足率超过50%；初步建立基本完善的智能制造标准体系，完成一批急需的国家和行业重点标准；具有知识产权的智能制造核心支撑软件国内市场满足率超过30%；初步建成IPv6和4G/5G等新一代通信技术与工业融合的试验网络、标识解析体系、工业云计算和大数据平台及信息安全保障系统；数字化研发设计工具普及率达到72%，关键工序数控化率达到50%；十大重点领域智能化水平显著提升，完成60类以上智能制造成套装备集成创新等。

与此同时，地方政府也是积极响应。智能制造、机器人、3D打印、云制造、大数据、物联网等纷纷被纳入各地产业发展规划。如今，"智能制造工业园"、"机器人工业园"已在各地开花。据不完全统计，国内机器人工业园已超过30家，而进入机器人产业领域的企业数量方面，2015年，仅深圳就拥有包括大疆创新、优必选在内的435家企业。

一份智能产业发展现状汇报材料对产业是这样描述的："时下，以智能工厂、数字化车间、增材制造技术应用及大规模个性化定制、网络协同开发、在线监测、远程诊断与云服务等为代表的新业态、新模式不断涌现，工业机器人、服务机器人、特种机器人、新型传感器、智能仪器仪表与控制系统、可穿戴设备、智能家电、智能电网等智能装备和产品的应用不断拓展。"俨然是一片大好形势。

不过，业界人士指出："这种运动式搞技术创新、转型升级，似乎需要高层认真进行得失评估，否则会造成社会资源的极大浪费。智能制造应构建以市场配置资源的集群式的生产组织模式，而不是带有浓厚政府色彩的工业园模式。智能装备是一个漫长、不断改进与完善，逐步发展的过程，不是通过执行一个专项就能解决问题的。"

三、构建差异化体系

装备工业是制造业的基础，承载着为各行各业提供可靠适用先进装备的使命，使这些行业能优质、高效、经济地生产各类产品，以满足市场不断提高的消费需求。在制造业向数字化、网络化、智能化方向发展的形势下，装备工业率先实施这"三化"是制造业转型升级，实现提质增效的先决条件。

新中国的工业体系特别是装备工业主要由苏联扶持而形成。改革开放之后，中国采取的是先行建设生产能力，随后再弥补技术差距的产业发展模式。尽管经历了"引进——落后——再引进"的数轮循环，但亦步亦趋的对标跟随模式未见改变。就像德国人推出工业4.0后，我们必然会做出应激反应一样。

应该看到，中德两国目前所处的工业化发展阶段完全不同。德国已经完成了工业化阶段，处于后工业化时期，形成了具有高度社会化、专业化的生产组织形态，在许多领域处于"引领技术、引领市场"的高端层级。而中国则仍处在工业化的过程中，制造业的光谱非常宽泛，从工业1.0到工业2.0、工业3.0甚至工业4.0的各种成分同时集合于单一体系内；尤其是装备工业，多数企业还处在工业1.0、2.0阶段，只有少部分进入了3.0或3.0初期阶段，由于行业、地域、体量、所有制、创新力等因素，它们之间有着很大的差异。如果说，中国制造业实现转型升级的创新力再难靠跟随美国或者德国而实现，开发出适应中国劳动力技能水平和操作能力的智能制造装备也不可能再指望德国、美国或日本企业为中国提供现成答案的话，那么，探索一条立足于挖掘本土优势的差异化发展智能装备产业的道路是具有战略意义的。

从国际产业发展轨迹中可以看出：无论是领先者还是追赶者，若要获得并维持国际产业竞争的优势地位，就必须依靠战略性思维，立足自身条件发展自己专属的比较优势。

德、美、日等工业发达国家对发展智能制造的设计中，在这方面都有充分的考虑。德国将充分发挥自身在机械和机电一体化领域，尤其是自动化和精密制造方面的全产业链优势；美国则力求巩固自己在"虚拟"方面形成的长期优势，立足于研发实力和软件、通信等行业的积累，紧紧抓住"工业互联网"这个概念；日本则表现为积极发挥在机器人、材料技术与关键零部件等领域的优势，来保持自己的强势地位。

与这些工业发达国家相比，中国装备工业的优势体现在拥有全球最大的产能，规模巨大的本土市场，完整的配套体系，丰富而有经验的产业工人以及现代化的基础设施，这些起码足以构成无可替代的成本优势。这意味着，中国在发展自己的智能装备体系时，有机会在技术密集、资本密集和劳动密集之间寻找出一个真正符合国情的结合点，探索出一条中国自己的智能装备发展道路。

在中国制造业体系中，目前还存在大量亟待提质增效的传统行业。特别是随着近年来招工难和人工成本逐年上升带来的盈利持续下降，倒逼着这些还处在1.0或2.0的企业进行改造升级。国内智能装备服务于此的作用应优于对智能技术最前沿的全力探索。在这方面，合肥奥瑞科技公司就进行了大胆的实践。该公司通过为中小规模服装生产企业提供全自动化（智能）生产线，并为用户设备升级改造设计出多种创新性商业模式，取得了良好的效果，实现了多方互利共赢的局面。

与国外汽车产业进入中国市场同步，国外机器人企业大量跟进，并且形成了对高端市场的垄断。而持续的本土化深耕使这些企业具备了更多经营策略与手段的调动能力。如此，国内众多传统或新进入的机器人企业若想在短期内与"四大家族"分庭抗礼显然难度极大。而为存量巨大的传统1.0、2.0企业提供适用且具备性价比优势的产品，发力服务细分领域、细分市场和特殊需求，不仅将有更大的市场机会及市场潜力，也是更为理智的选择。从一定意义上说，国内低端产能的升级需求恰恰能够为国内智能制造产业的持续成长与进步提供不竭的动力。

总之，面对一场全球范围内的产业变革，中国装备工业前方的道路有可能是重蹈"引进——落后——再引进"的老路，也有可能走出全新的具有中国特色的发展智能装备的道路。那么，我们到底该如何选择？

由产业政策及发展看政府修为

2016年，林毅夫和张维迎这两位国内知名经济学家围绕产业政策所引发的争论，引起了社会各界的广泛关注，学界参与的积极性异乎寻常。对此，发改委发言人回应称："现有的产业政策确实存在与新常态不相适应的地方，从目前产业政策的实施情况看，也存在一些迫切需要解决的突出难题，我们要通过相关的调整来使这些政策适应新常态的需要。"而有评论认为此次"产业政策"之争或将对中国的未来产生影响。的确，当影响恶劣的新能源汽车骗补、光伏产业产能严重过剩、东北老工业基地再振兴的"新瓶装旧酒"等一系列产业政策频遭诟病时，这场围绕产业政策的"口水战"已经变得不再简单。

"十三五"已经开盘。而且，为应对经济持续下行压力，在顶层不断推出"新政"的同时，各地方政府层层都在紧锣密鼓地编制新一轮的产业发展规划。眼下，打造"千亿产业"、"千亿园区"、"千亿基地"等口号频出，3D打印、工业机器人、物联网、工业互联网、智能工厂、云制造、大数据、高端装备等新项目也是遍地开花。

应该说，在各地围绕《中国制造2025》所倡导重点发展的十大产业领域的招商正不遗余力，新资源不断加速配置的背景下，围绕产业政策得与失的话题，似乎更有必要向"如何设计产业政策"以及"怎样更有效地实施产业政策"位移才更具现实意义。毕竟，在中国彻底放弃产业政策几乎是不可能的，尽管它们被张维迎抨击为已经"从无知走向无耻"。

一、产业政策全球通行

通常认为，产业政策是政府为了实现一定的经济和社会目标而对产业的形成和发展进行干预的各种政策的总和。其中包括产业结构、产业组织、产业技术和产业布局政策以及其他对产业发展有重大影响的法规，是国家加强和改善宏观调控，调整和优化产业结构，提高产业素质，进行资源长期合理配置的重要手段。

成功的产业政策所要实现的是社会资源的合理配置与价值规律所要求的社会资源合理配置的一致性，是要通过产业政策的影响干预作用，提高资源配置更为合理以及资源使用效率的最大化。因此，世界各国都有不同形式的产业政策。

早在1701年，英国议会就通过了《棉布法案》。因该法案对进口英国的棉纺织产品征收高额关税，促进了在英国本土建立起极具活力的纺织工业。产业回报率的提升又激发了投资与持续的生产效率改进，进而引发了英国工业革命。

20世纪50年代到70年代间，欧盟国家的产业政策侧重于选择特殊产业进行那些正在没落或者衰退中的行业来进行直接干预。2000年之后，针对来自美国的知识经济挑战，欧盟设计了一些措施对信息产业与其他关系可持续发展的产业有针对性地进行扶持。

2009年12月，美国总统办公室发布《美国重振制造业框架》，选择了信息产业、生物医药产业、清洁新能源产业、智能机器人产业、新能源汽车、航空航天工业、石油天然气产业、人工智能技术及3D打印技术这九大方向作为重点发展领域。2014年美国国会通过了复兴美国制造和创新法案，根据该法案由美国商务部牵头，组织包括教育部、国防部、能源部、国家航空航天局、农业部、国家科学基金等多部门在2016年制定了制造创新的国家网络战略规划，宗旨是增加美国制造的竞争力；促进创新技术向可扩展成本效益好高绩效的国内制造能力转化；加速发展先进制造劳动队伍；支持研发机构发展稳定和可持续的商业模式等。

实行政府干预的市场经济的日本曾一度成为全球第二大经济体，创造了世界经济史上的神话，作为行政部门的日本通产省一直被认为是这一"神话"的缔造者，而通产省在日本是代表着政府的那只"看得见的手"。

二、产业政策成败参半

应该说，产业政策有着促进经济发展的功能，但只有在政治环境合适的情况下，这样的功能才能发挥。日本在20世纪50年代之后对汽车和家电产业的扶持，韩国70年代之后对造船、钢铁、电子产业的扶持，我国台湾在60年代之后对纺织、石油和橡胶产业的扶持，特别是在半导体领域因行政性干预都取得了非常出色的结果。

许多非洲国家在独立后也推出了各类产业政策，如加纳和津巴布韦都制定了五年计划和宏大的发展目标。但这些由公共部门主导的计划却没有在任何一个撒哈拉以南的非洲国家培育出有国际竞争力的产业。

日本有过战后三十年的黄金发展期通过制订产业政策，利用财政、税收、金融等手段，成功地推动了日本钢铁、造船等基础工业高速发展，从而带动了日本经济的全面发展的业绩。同时，通产省也有过因推出的第五代计算机计划、高清电视（HDTV）计划与国际主流技术走向渐行渐远，造成本国电子、IT企业迷失方向，错过信息技术革命绝佳发展机遇期而退出市场的败笔。

三、产业政策是非之争

基于不同体制、理论基础和历史案例，围绕产业政策有无必要的争论从未停止过。

支持产业政策的观点认为：市场本身存在缺陷，产业也有新旧更替，为了提高效率，政府有必要进行干预。20世纪八九十年代，美国的小企业创新研究资助计划为小型高新技术公司提供了70亿美元的政府补贴；而州政府层面的公共风险投资基金，也为美国的众多高科技公司直接提供股权投资，缓解了其财务约束，对经济发展发挥了重要作用。哈佛大学教授菲利普·阿格因与其他几位学者的最近的研究运用了中国大中型企业在1998年到2007年间的数据，发现投向竞争比较友好的行业的政府补贴，或者用以促进某个产业竞争的补贴，对提高生产率与培育小企业的成长性，有着非常正面的作用。英国曼彻斯特大学的爱德华·李教授与其合作者通过对中国上市公司数据的统计分析，发现政府补贴对上市公司的价值创造有着非常正面的作用。

反对采用产业政策的则从多角度论证了自己的观点。

经济学诺贝尔奖获得者克鲁格曼指出，政府到底选择哪一个产业去支持，以及筛选的标准到底如何，并不是一件容易的事情。曾担任美国经济顾问委员会主席的查尔斯·舒尔茨认为政府不能有效地实施产业政策，反而需要更高成本去摆平不同的利益驱动。

四、产业政策与发改委

几年前，广西某地官员手执发改委钢铁项目批文兴奋跃起的照片人们应该还有印象，尽管该项目耗费了大量财力物力，但在全球金融危机的持续冲击、钢铁产能严重过剩压力愈发沉重的背景下，不得已而作罢。

作为中国最重要、最具特色的宏观调控部门，国家发改委直接出台的政策较多具有产业指向性，也因在收入分配、金融发展、促进新兴产业以及各类补贴政策设计方面有特殊影响力，使其成为各地方政府和企业"跑步进京"、各地驻京办公关交际的重点部门。

遥想当年，每到节假日，发改委机关总是车水马龙，人头攒动；周边的酒店菜馆夜半每每灯火辉煌，高朋满座，推杯换盏。哪似今天"湘鄂情"们的落寞。

国研中心某研究员说，他手机里所储存发改委官员们的电话，每两周就要清理更新一次。而刘铁男、发改委价格司等 "崩塌式腐败"案也不断被揭出。最高人民检察院有关人士对此分析称：一是所在部门，审批权运转不透明，缺乏有效的内外部监督机制，权力过大、权力集中是诱发腐败的重要原因；二是在管理和监督机制上，存在漏洞，缺乏监管。但无论如何，这与林毅夫认为的，经济发展需要产业政策才能成功，在经济发展过程中，"有为的政府"必不可少之间出现了明显的反差。

事实上，国内不仅存在如何制定产业政策的问题，还有由谁来制定产业政策、在何种行政管理体制中才能制定出合理的产业政策、以什么样的方式来实施产业政策、在实施产业政策过程中应该建立什么样的纠错与监督机制等一系列问题。这些都需要通过进一步深化体制机制改革才有可能破解。但问题在于，体制内现在有没有必要或者是有没有决心选择突破性的创新来推动这样的改革，以消除所存在的制度性障碍。

关于智能制造内涵的系统思考

当前，智能制造成为业界关注的热点。2015年，工信部批准了46个智能制造试点示范项目和94个智能制造专项，发布了《国家智能制造标准体系建设指南（2015版）》，很多企业跃跃欲试，希望通过推进智能制造实现"少人化"，降低成本，灵活应对市场变化，更好地满足客户需求。

那么，智能制造究竟是什么？包含哪些范畴？目前业界还没有达成共识，不同背景的专家给出的解释往往大相径庭，很多概念满天飞，容易让制造企业无所适从。因此，我想站在制造企业的角度，来系统地分析一下这个问题，希望能够起到正本清源的作用。可以肯定的是，智能制造的"制造"二字，是广义的，指的是"manufacturing"，不仅仅是指生产（Production）。

与智能制造相关的概念很多。列举如下：

数字化制造（Digital Manufacturing）：这是一种软件技术，指的是通过仿真软件对产品的加工与装备过程，以及车间的设备布局、物流、人机工程等进行仿真，目前主要的软件包括西门子的Tecnomatix和达索系统的Delmia。在CIMdata对PLM的定义中，DM属于其中一个领域。

数字化工厂（Digital Factory）：数字化工厂指的是从产品研发、工艺、制造、质量和内部物流等与产品制造价值链相关的各个环节都基于数字化软件和自动化系统进行支撑，能够实现实时的数据采集和分析。这个概念西门子采用较多，西门子有一个数字化工厂集团，专门提供相关的产品和解决方案。西门子成都电子工厂也被称为数字化工厂，该工厂已经广泛应用了RFID、机器视觉，实现了工控产品的混流生产。数字化工厂一个重要的标志，是需要MES（制造执行系统）软件、WMS（仓储管理系统）等软件的支撑。

智能工厂（Smart Factory）：智能工厂目前没有一致的定义。按照业务流程专家Scheer教授的观点，工业4.0的最底层叫做Real time smart factory。我认为，智能工厂相对于数字化工厂而言，主要强调生产数据、计量数据、质量数据的采集的自动化，不需要人工录入信息，能够实现对采集数据的实时分析，实现

PDCA循环。SAP有一个MII系统（制造集成与智能），可以实现对工厂数据的多维度分析。

关于智能制造，我认为其内涵是实现整个制造业价值链的智能化和创新，是信息化与工业化深度融合的进一步提升。智能制造融合了信息技术、先进制造技术、自动化技术和人工智能技术。智能制造包括开发智能产品；应用智能装备；自底向上建立智能产线，构建智能车间，打造智能工厂；践行智能研发；形成智能物流和供应链体系；开展智能管理；推进智能服务；最终实现智能决策。目前智能制造的"智能"还处于"Smart"的层次，智能制造系统具有数据采集、数据处理、数据分析的能力，能够准确执行指令，能够实现闭环反馈；而智能制造的趋势是真正实现"Intelligent"，智能制造系统能够实现自主学习、自主决策，不断优化。

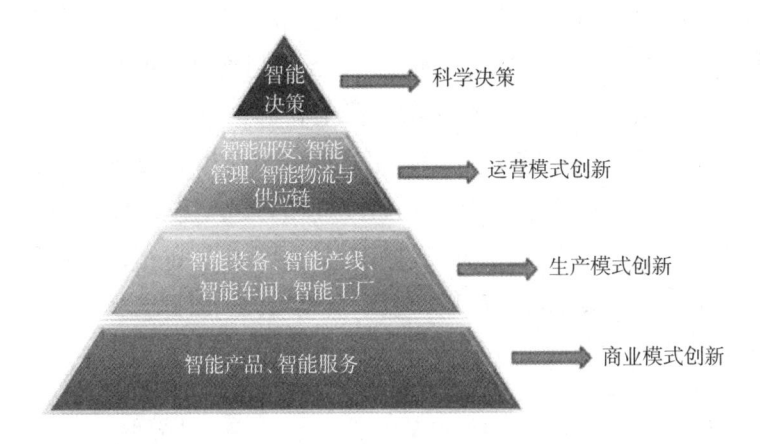

图1　智能制造的金字塔

在智能制造的金字塔中，智能产品与智能服务可以帮助企业带来商业模式的创新；智能装备、智能产线、智能车间到智能工厂，可以帮助企业实现生产模式的创新；智能研发、智能管理、智能物流与供应链则可以帮助企业实现运营模式的创新；而智能决策则可以帮助企业实现科学决策。智能制造的十项技术之间是息息相关的，制造企业应当渐进式、理性地推进这十项智能技术的应用。以下对这些技术一一进行解读。

一、智能产品（Smart Product）

智能产品通常包括机械、电气和嵌入式软件，具有记忆、感知、计算和传输功能。典型的智能产品包括智能手机、智能可穿戴设备、无人机、智能汽车、智能家电、智能售货机等，包括很多智能硬件产品。智能装备也是一种智能产品。企业应该思考如何在产品上加入智能化的单元，提升产品的附加值。比如在工程机械上添加传感器，可以对产品进行定位和关键零部件的状态监测，为实现智能服务打下基础。

二、智能服务（Smart Service）

基于传感器和物联网（IoT），可以感知产品的状态，从而进行预防性维修维护，及时帮助客户更换备品备件，甚至可以通过了解产品运行的状态，帮助客户带来商业机会。还可以采集产品运营的大数据，辅助企业进行市场营销的决策。此外，企业通过开发面向客户服务的APP，也是一种智能服务的手段，可以针对企业购买的产品提供有针对性的服务，从而锁定用户，开展服务营销。全球PLM领导厂商之一，美国PTC公司斥巨资进军物联网和服务生命周期管理领域，成为智能服务领域的领军企业之一。而智能服务最著名的案例，莫过于美国GE公司将卖发动机转为卖飞行小时的服务。

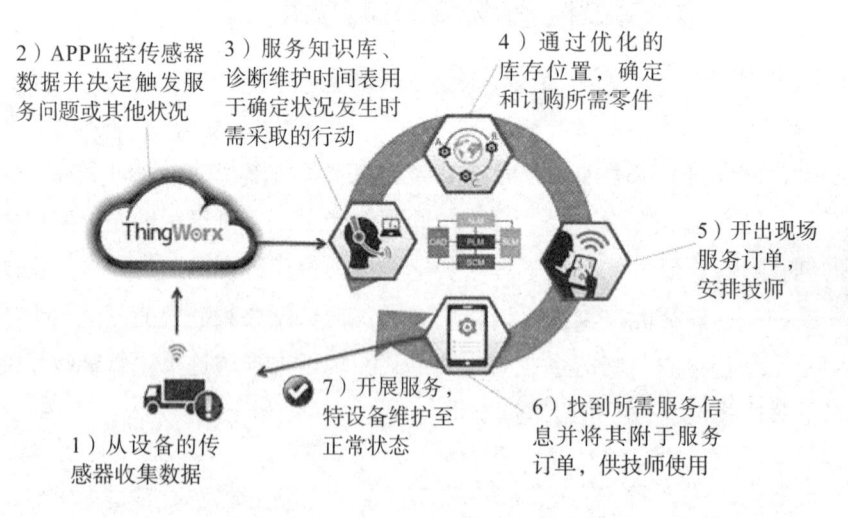

图2 物联网驱动智能服务的案例

三、智能装备（Smart Equipment）

制造装备经历了机械装备到数控装备，目前正在逐步发展为智能装备。智能装备具有检测功能，可以实现在机检测，从而补偿加工误差，提高加工精度，还可以对热变形进行补偿。以往一些精密装备对环境的要求很高，现在由于有了闭环的检测与补偿，可以降低对环境的要求。智能装备一个最基本的要求，就是要提供开放的数据接口，能够支持设备联网，国外叫做M2M（机器与机器互联）。三维打印机本质上是一种数控装备，还不是智能装备。

日本MAZAK的智能机床配备了针对加工热变位、切削震动、机床干涉、主轴监测、维护保养、工作台动态平衡性及语音导航等智能化功能，可以自行监控机床运转状态，并进行自主反馈，从而大幅度提高机床运行效率及安全性。典型的智能制造装备还融合了自动化上下料的装备，一些装备制造企业还提供专用的CAM软件，例如HOMAG（豪迈）集团的木工加工中心。DMG MORI（德玛吉森精机）推出最新的复合加工中心LaserTec65已经融合了增材制造和切削加工（减材制造），可以通过激光堆焊的增材制造工艺快速制造毛坯。Trumpf（通快集团）的激光切割加工中心可以实现三维高速切割，多台激光加工中心可以共享激光源。这些都属于智能装备。对于工业机器人，如果是单纯按照固定指令执行喷涂、搬运、焊接等工艺的机器人，还不能称为智能装备。但是如果具有了机器视觉，能够准确识别工件，或者自主进行装配，自动避让工人等功能，甚至可以实现人机协作，就属于智能装备。例如，ABB推出的双臂机器人YUMI，就是智能型工业机器人的典范。随着复合材料的广泛应用，复合材料加工与装配的智能装备将具有广阔的市场需求。

华中科技大学李德群院士在成形模拟的基础上将工艺参数自动设置、自适应注射等智能技术应用到注射机上，提出了在线反演的注射速度平滑优化、工艺曲线的二级闭环控制等方法，成功开发出智能型注射机。其智能型注射机能耗低于我国及欧洲最高能耗标准，响应时间、位置精度等关键指标均达到国际先进水平，显著提高了注塑产品的重复精度、良品比例和生产自动化程度。李德群院士介绍，这种智能注射机内置了人工智能算法，具备机器学习能力，通过三次试验就可以准确找到最合适的注射参数，确保产品质量。这种设备已经不仅是Smart，而且具有了Intelligence。

四、智能产线（Smart Production Line）

很多行业的企业高度依赖自动化生产线，比如钢铁、化工、制药、食品饮料、烟草、芯片制造、电子组装、汽车整车和零部件制造等，实现自动化的加工、装配和检测，一些机械标准件生产也应用了自动化生产线，比如轴承。但是，装备制造企业目前还是以离散制造为主。很多企业的技术改造重点，就是建立自动化生产线、装配线和检测线。美国波音公司的飞机总装厂已建立了U型的脉动式总装线。自动化生产线可以分为刚性自动化生产线和柔性自动化生产线，柔性自动化生产线一般建立了缓冲。为了提高生产效率，工业机器人、吊挂系统在自动化生产线上应用越来越广泛。目前，很多汽车整车厂已实现了混流生产，在一条装配线上可以同时装配多种车型。食品饮料行业的自动化生产线可以根据工艺配方调整DCS或PLC系统来改变工艺路线，从而生产多种产品。汽车行业正在推行安灯系统，实现生产线的故障报警。汽车行业的总装线往往由多条组装线汇聚而成，比如车身、底盘的总装线汇集到一起，装配成最终的产品。在装配过程中，通过准时按序送货（Just In Sequence）的方式实现混流生产。目前，汽车、家电、轨道交通等行业的企业对生产和装配线进行自动化、智能化改造需求十分旺盛，很多企业在逐渐将关键工位和高污染工位改造为用机器人进行加工、装配或上下料。

目前，智能产线在我国制造企业的应用还处于起步阶段，但必然是发展的方向。智能产线的特点是：在生产和装配的过程中，能够通过传感器或RFID自动进行数据采集，并通过电子看板显示实时的生产状态；能够通过机器视觉和多种传感器进行质量检测，自动剔除不合格品，并对采集的质量数据进行SPC分析，找出质量问题的成因；能够支持多种相似产品的混线生产和装配，灵活调整工艺，适应小批量、多品种的生产模式；具有柔性，如果生产线上有设备出现故障，能够调整到其他设备生产；针对人工操作的工位，能够给予智能的提示。实际上，我认为西门子成都电子工厂的总装线已经达到了智能产线的水平。

五、智能车间（Smart Workshop）

一个车间通常有多条生产线，这些生产线要么生产相似零件或产品，要么有上下游的装配关系。要实现车间的智能化，需要对生产状况、设备状态、能源消耗、生产质量、物料消耗等信息进行实时采集和分析，进行高效排产和合理排班。因此，无论什么制造行业，制造执行系统（MES）成为企业的必然选择。

目前，中国的MES市场非常热门，国际大牌的自动化厂商西门子、罗克韦尔、GE、施耐德电气有MES软件平台，管理软件巨头SAP、ORACLE、EPICOR提供MES软件，德国的MPDV、PSI，国内的浙大中控、和利时、易往、明基逐鹿、艾普工华、元工国际、兰光创新、广州速威等厂商也非常活跃。此外，先进生产排程（APS）系统也已经进入了制造企业选型的视野，开始了初步实践，实现基于实际产能约束的排产，主流厂商有日本的ASPROVA、德国的JobDISPO APS（兰光创新经销），国内的永凯、安达发、易普优等，元工国际也提供了APS解决方案。APS软件对设备产能、工时等基础数据的准确性要求非常高。

对于药品、食品等行业，国家有强制性的追溯要求，需要通过GMP等行业认证，因此推进MES更加紧迫。前文提到的数字化制造（DM）技术也是智能车间的支撑工具，可以帮助企业在建设新厂房时，根据设计的产能科学进行设备布局，提升物流效率，提高工人工作的舒适程度。

MES是一个车间级的综合管理系统，可以帮助企业显著提升设备利用率，提高产品质量，实现生产过程可追溯和上料防错，提高生产效率。需要强调指出的是，纯离散制造企业也可以应用MES系统，但是，MES系统的应用与企业的生产模式息息相关。如果纯离散的制造企业实施了MES之后，又改造为自动化或智能产线，那么MES系统可能会推倒重来。因此，企业进行MES应用需要慎之又慎。智能车间必须建立有线或无线的工厂网络，能够实现生产指令的自动下达和设备与生产线信息的自动采集。对于机械制造企业，可以通过DNC技术实现设备状态信息和加工代码的上传下达，目前已有成熟的产品，例如兰光创新、盖勒普和英迪致远等。另外，实现车间的无纸化，也是智能车间的重要标志，企业可以应用三维轻量化技术，将设计和工艺文档传递到工位。上海明匠智能公司开发了一个智能网关，可以将基于不同厂商通信协议的生产现场数据转为OPC标准，解决了车间信息通信的难题。元工国际联合亚控、航星、中科川思特和研华工控，推出了设备联网解决方案，一个平台可以联网PLC、CNC、机器人、仪表/传感器和工控/IT系统，统一组态监控和三维实况，并实现模拟生产。

有一项新兴技术可以将MES系统采集到的数据在虚拟的三维车间模型中实时地展现出来，不仅提供车间的VR（虚拟现实）环境，而且还可以显示设备的实际状态，实现虚实融合。西门子和PTC将这项技术作为Digital Twin的一个典型应用。德国PSI、武汉创景也拥有这类产品，天河软件帮助海尔胶州工厂实现了相关应用。此外，智能车间还有一个典型应用，就是视频监控系统不仅记录视频，还可以对车间的环境、人员行为进行监控、识别与报警。例如，有工人没有戴安全帽，进入了不允许进入的区域，或者倒地，都可以自动报警。这方面，三星已经有了成功实践。此外，智能车间应当在温度、湿度、洁净度的控制和工业安全（包括工业自动化系统的安全、生产环境的安全和人员安全）等方面达到智能化水平。

六、智能工厂（Smart Factory）

一个工厂通常由多个车间组成，大型企业有多个工厂。前文已经提到了智能工厂与数字化工厂的区别，一个普遍的共识是，仅仅有自动化生产线和一大堆机器人，并不是智能工厂。作为智能工厂，不仅生产过程应实现自动化、透明化、可视化、精益化，同时，产品检测、质量检验和分析、生产物流也应当与生产过程实现闭环集成。一个工厂的多个车间之间要实现信息共享、准时配送、协同作业。一些离散制造企业也建立了类似流程制造企业那样的生产指挥中心，对整个工厂进行指挥和调度，及时发现和解决突发问题，这也是智能工厂的重要标志。智能工厂必须依赖无缝集成的信息系统支撑，主要包括PLM、ERP、CRM、SCM和MES五大核心系统。大型企业的智能工厂需要应用ERP系统制定多个车间的生产计划（production planning），并由MES系统根据各个车间的生产计划进行详细排产（production scheduling），MES排产的粒度是天、小时，甚至分钟。MES是一个企业级的实时信息系统，MES的选型绝不允许各个车间或分厂各自为政。

三星开展了移动工厂（Mobile plant）的实践，工人可以通过智能手机查询工单，可以开视频会议，维修人员碰到疑难问题，可以通过手机视频寻求专家解答，还给智能手机配备了RFID和条码扫描的接口，这也是一个智能工厂的创新实践。还有一些企业实现了刀具管理的智能化，通过在刀柄上植入RFID芯片，对刀具的全生命周期进行管理，从而提高刀具的使用寿命。智能工厂还应当重视利用智能的检测仪器，检测结果直接进入信息系统，无需人工干预。而展望未来，AR（Augmented Reality，增强现实）技术也将在智能工厂大显身手。工人带上AR眼镜，就可以"看到"需要操作的工作位置，例如，需要拧紧螺栓的地方，拧紧力矩OK，也会有相应提示，从而提高作业人员的工作效率。

最近，美国GE公司宣布将工业互联网平台Predix开放。我理解，Predix实际上就是智能工厂的一个集成化的开发平台，GE力图抢占"工业操作系统"的阵地，成为智能工厂领域的"微软"。而思科公司提出万物互联（Internet of Everything，IOE）理念、技术和解决方案，也可以支撑智能服务和智能工厂。

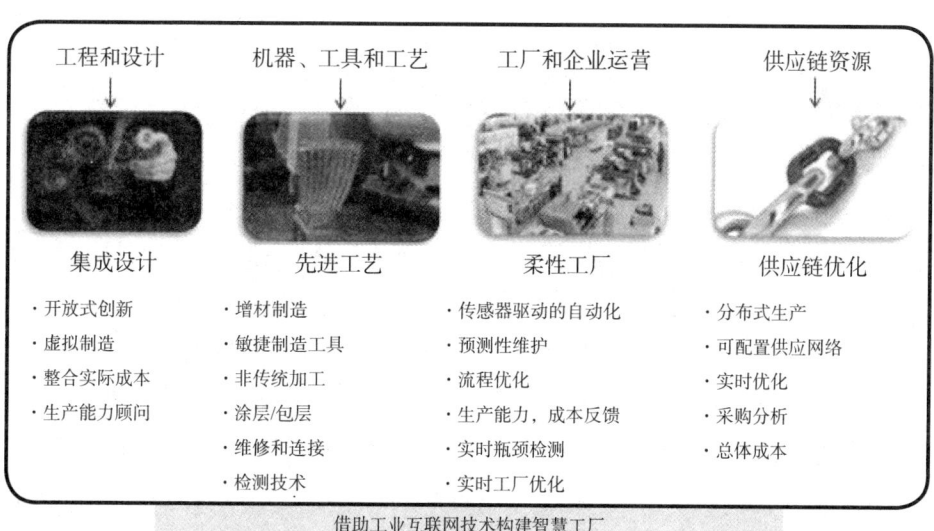

图3　GE公司提出的智慧工厂理念

七、智能研发（Smart R&D）

离散制造企业在产品研发方面，已经应用了CAD/CAM/CAE/CAPP/EDA等工具软件和PDM/PLM系统，但是e-works在为制造企业提供咨询服务的过程中发现，很多企业应用这些软件的水平并不高。比如，很多企业还处于二维CAD和三维CAD软件混用的阶段，存档依然是二维，没有实现全三维设计（MBD，基于模型的产品定义）；应用仿真技术仍然处于事后验证，没有实现仿真驱动设计；虽然应用了PDM系统，但还没有建立企业内部的通用件库，重用率不高；对工程/制造/服务BOM的管理还不到位等等。企业要开发智能产品，需要机电软多学科的协同配合；要缩短产品研发周期，需要深入应用仿真技术，建立虚拟数字化样机，实现多学科仿真，通过仿真减少实物试验；需要贯彻标准化、系列化、模块化的思想，以支持大批量客户定制或产品个性化定制；需要将仿真技术与试验管理结合起来，以提高仿真结果的置信度。流程制造企业已开始应用PLM系统实现工艺管理和配方管理，LIMS（实验室信息管理系统）系统比较广泛。

目前，在产品研发方面，已经出现了一些智能化的软件系统，成为智能研发的具体体现。例如Geometric的DFM PRO软件可以自动判断三维模型的工艺特征是否可制造、可装配、可拆卸；CAD Doctor软件可以自动分析三维模型中存在的问题；基于互联网与客户、供应商和合作伙伴协同设计，也是智能研发的创新形式；Altair的拓扑优化技术可以在满足产品功能的前提下，减轻结构的重量；系统仿真技术可以在概念设计阶段，分析与优化产品性能，这方面达索系统、西门子（LMS）已有成熟的技术，天喻软件也开发出系统仿真的平台，并在中国商飞得到应用；PLM向前延伸到需求管理，向后拓展到工艺管理，例如，西门子的Teamcenter Manufacturing系统将工艺结构化，可以更好地实现典型工艺的重用；开目软件推出的基于三维的装配CAPP、机加工CAPP，以及参数化CAPP也具有了一定智能，华天软件、湃睿软件也有类似产品；此外，索为高科和金航数码合作，开发了面向飞机机翼、起落架等大部件的快速设计系统，也是一种智能研发的软件，可以大大提高产品设计效率。

汽车整车企业和设计公司广泛应用Cave技术，利用虚拟现实技术辅助产品研发，也是一个智能研发技术。全球PLM领导厂商之一，达索系统公司提出了三维体验（3D Experience）的理念，在VR和AR方面提供了解决方案。仿真巨头ANSYS在多学科仿真技术方面已有很大突破，而仿真领域的先驱MSC. Software2014年发布了APEX，将CAD和CAE实现了融合，易学易用性得到极大提升。安世亚太最近提出工业再设计的理念，将仿真技术与精密制造紧密结合，可以将需要多个零件分散制造融合为一个复杂零件，从而提升了零件的工艺性能，降低了零件的重量。

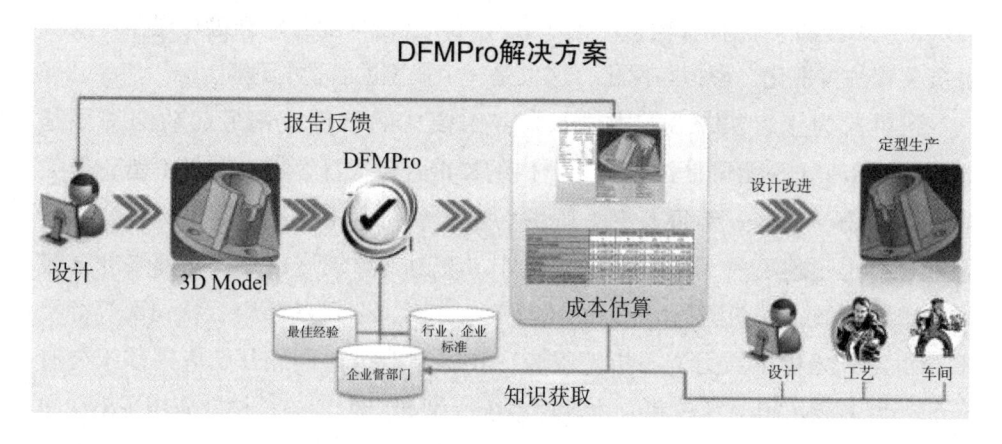

图4　DFMPro软件进行可制造性分析

八、智能管理（Smart Management）

一谈到管理，大家都会想到ERP（企业资源计划）系统。记得在2003年，国内就曾经出现过ERP过时的说法，事实上时至今日，ERP仍然是制造企业实现现代化管理的基石。以销定产是ERP最基本的思想，MRP（物料需求计划）是ERP的核心。制造企业核心的运营管理系统还包括人力资产管理系统（HCM）、客户关系管理系统（CRM）、企业资产管理系统（EAM）、能源管理系统（EMS）、供应商关系管理系统（SRM）、企业门户（EP）、业务流程管理系统（BPM）等，国内企业也把办公自动化（OA）作为一个核心信息系统。为了统一管理企业的核心主数据，近年来主数据管理（MDM）也在大型企业开始部署应用。实现智能管理和智能决策，最重要的条件是基础数据准确和主要信息系统无缝集成。

智能管理主要体现在与移动应用、云计算和电子商务的结合。例如，移动版的CRM系统可以自动根据位置服务确定销售人员是否按计划拜访了特定客户；许多消费品制造企业实现了全渠道营销，实现了多个网店系统与ERP系统的无缝集成，从而实现自动派单。此外，主流电梯制造企业纷纷研发了销售配置器软件系统，可以让销售人员根据客户的需求灵活地进行产品配置，快速进行报价，美国主流管理软件Epicor也包含了配置器功能。戴尔公司是基于互联网实现在线选配的先驱，宝马汽车也提供了在线选配的功能，海尔也开始了这方面的实践。业务流程管理（BPM）软件可以实现对业务流程进行建模，实现业务流程的可视化、模拟与优化，这也是一个典型的智能管理应用。

到目前为止，SAAS（软件即服务）模式的软件应用最成功的领域是CRM，Salesforce无疑是领导者，国内的Xtools和八百客也发展得不错，而最近国内的纷享销客、销售易更是风生水起，拿到多轮投资。阿里钉钉、微信企业号等也迅速发展了很多用户。此外，人力资源领域也是社交网络和云模式的重要领域，继美国的Linkedin（领英）之后，我国的陌陌、拉勾网等社交平台也已开始提供人力资源招聘服务，我国制造企业已经开始应用基于公有云的人力资源招聘、绩效和人才管理系统。例如广东生益科技就应用了SAP的Successfactors软件，完全基于公有云。

九、智能物流与供应链（Smart Logistics and SCM）

制造企业内部的采购、生产、销售流程都伴随着物料的流动，因此，越来越多的制造企业在重视生产自动化的同时，也越来越重视物流自动化，自动化立体仓库、无人引导小车（AGV）、智能吊挂系统得到了广泛的应用；而在制造企业和物流企业的物流中心，智能分拣系统、堆垛机器人、自动辊道系统的应用日趋普及。WMS（Warehouse Management System，仓储管理系统）和TMS（Transport Management System，运输管理系统）也受到制造企业和物流企业的普遍关注。其中，TMS系统涉及到GPS定位和GIS的集成，可以实现供应商、客户和物流企业三方的信息共享。上海科箭2015年推出运输云服务，迅速得到企业的接受。

实现智能物流与供应链的关键技术包括自动识别技术，例如RFID或条码、GIS/GPS定位、电子商务、EDI（电子数据交换），以及供应链协同计划与优化技术。其中，EDI技术是企业间信息集成（B2B Integration）的必备手段，然而我国企业对EDI的重视程度非常不够。EDI技术最重要的价值，就是可以实现供应链上下游企业之间，通过信息系统之间的通讯，实现整个交易过程无需人工干预，而且不可抵赖。历经多年发展，主流的EDI技术已经是基于互联网来传输数据，而我国很多大型企业建立的供应商门户，实际上只是一种Web EDI，不能够与供应商的信息系统集成，供应商只能手工查询。德国Seeburger

公司的B2B Integration平台支持各种EDI标准，为欧洲最大的第三方供应链平台SupplyOn提供了基础平台，2015年秋季e-works的第三届德国工业4.0考察团曾前往Seeburger公司总部考察。供应链协同计划与优化是智能供应链最核心的技术，可以实现供应链同步化，真正消除供应链的牛鞭效应，帮助企业及时应对市场波动。JDA公司是该领域的领导厂商，IBM也有优秀的解决方案。三星已实现了供应链同步化。

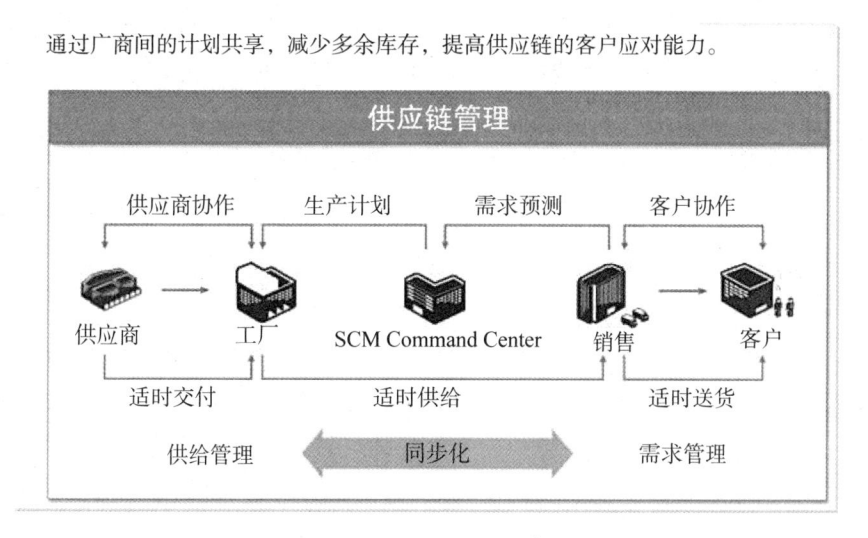

图5 三星的供应链同步化

十、智能决策（Smart Decision Making）

企业在运营过程中，产生了大量的数据。一方面是来自各个业务部门和业务系统产生的核心业务数据，比如与合同、回款、费用、库存、现金、产品、客户、投资、设备、产量、交货期等数据，这些数据一般是结构化的数据，可以进行多维度的分析和预测，这就是BI（Business Intelligence，业务智能）技术的范畴，也被称为管理驾驶舱或决策支持系统。同时，企业可以应用这些数据提炼出企业的KPI，并与预设的目标进行对比，同时，对KPI进行层层分解，来对干部和员工进行考核，这就是EPM（Enterprise Performance Management，企业绩效管理）的范畴。从技术角度来看，内存计算是BI的重要支撑。SAP HANA和QlikView软件在这方面已经先行一步。BI软件的另一个趋势是移动BI，支持在智能手机和PAD上进行分析和应用，而要提升移动BI的应用效果，基于云服务无疑是必由之路。

而今，企业在运营当中，已经产生了诸多的大数据，包括生产现场采集的实时生产数据，设备运行的大数据，质量的大数据，产品运营的大数据，电子商务带来的营销大数据，来自社交网络的与公司有关的大数据等，这些大数据统称为工业大数据（Industrial Big Data），对这些工业大数据的分析，需要引入新的分析工具。因为大数据具有4V的特点，即体量大（Volume）、价值密度低（Value）、种类多（Variety）和速度快（Velocity）。目前，IBM、SAP、ORACLE、微软等国际大公司在大数据分析工具方面激战正酣，而IBM推出的认知计算（Cognitive Computing）代表了智能决策的前沿方向。

对于制造企业而言，要实现智能决策，首先必须将业务层的信息系统用好，实现信息集成，确保基础数据的准确，这样才能使信息系统产生的数据真实可信。在此基础上应用BI软件进行分析。近年来，BI也有一些新的发展，一个比较重要的创新是In context BI，意思是根据某个用户当前工作的场景，自动展现与当前业务相关的分析图表。而对于工业大数据，企业首先要采集这些大数据，才谈得上分析。据了解，长安汽车曾经做过一个有趣的分析，通过与阿里合作，根据其客户在淘宝的购买行为特点，来优化产品定位。三一重工则借助大数据和物联网技术，将工程机械通过机载控制器、传感器和无线通讯模块进行实时采集，通过对大数据进行多维度分析和预测，使"挖掘机"指数成为我国经济运行的晴雨表。

一口气写了十项智能技术，不是想定义更多的名词，而是希望便于制造企业理解和应用智能制造技术，根据自身的产品特点和生产模式，制定智能制造应用的规划与蓝图。一个优秀的制造企业，并不需要成为"十项全能"的冠军，实际上只要其中某几个方面做得很出色，就将成为一个具有差异化竞争优势的企业。同时，任何技术都只是使能工具，企业最终要在市场上成功，根本的原因在于能够发现和满足客户不断升级的需求，能够找寻到一片属于自己的蓝海。

智能制造技术的内涵非常深远，实际上，云计算、大数据分析、电子商务、移动应用、物联网和企业社交网络、工业互联网（或产业互联网）等技术都属于智能制造的支撑技术或实现手段，可以说智能制造本身已经蕴含了互联网+制造业。同时，推进智能制造应当符合绿色制造的理念，实现绿色设计、绿色工艺、绿色包装，减少三废排放，建立环保节能的绿色工厂和绿色园区。实现智能制造的核心依然是数据和集成，基础数据要准确，信息系统之间，信息系统与自动化系统之间要实现深度集成。在智能制造的框架下，原有的制造业信息系统并没有过时，而是实现了升华。制造业信息化专家宁振波和赵敏老师提出了智能制造的二十字箴言：状态感知、实时分析、自主决策、精准执行、学习提升，揭示了智能制造技术的发展方向。

最后强调，智能制造，现状是Smart Manufacturing，而未来是Intelligent Manufacturing。

中国装备工业转型升级新动能

全球经济正处在深度调整过程中，脱虚入实已是大势所趋，制造业重新成为全球经济竞争的制高点，德国"工业4.0"、美国工业互联网、中国制造2025，日本的机器人革命，都表明国家意志和市场意志在本轮制造业回归中的决心和作用。中国既拥有全球最为完整的制造体系，同时又处在全球制造业价值链的低端层级，人口老龄化逐渐加重，劳动力和土地等固有的成本优势逐渐减弱，能源成本居高不下，投资驱动型经济增长模式在向效率驱动型转变。因此，在这个历史机遇当口，自上而下与自下而上，装备制造业转型升级的内在意愿与政策导向达成空前的统一。2017年是中国进入新常态的关键一年，装备制造业旧动能难以为继，新动能不断孕育。

装备制造业新动能来自以下三个方面：一、新兴技术进步带来生产效率的提升，高级机器人、3D打印、无人驾驶、新能源装备等新兴技术的发展超过之前人们的预期，人工智能技术将人类机器革命由解放人力带入到解放脑力阶段；二、内需动力不足导致产能过剩压力巨大，装备制造业迫切需要走出国门，对接全球市场，一带一路为传统制造业走出国门提供了有利契机；三、第四次工业革命区别于前三次革命的重大区别在于对工业大数据的应用。中国有着全球最多的人口，有着天然而广阔的制造业市场，工业大数据优势较其他发达国家而言，具有明显的比较优势，通过颠覆传统制造模式拉平微笑曲线，对于提升中国制造在全球价值链中的地位所起的作用不可忽视。

一、传统增长动能陷双杀，倒逼制造业转型升级

中国装备制造业在2015年发生了两个显著的变化，一是工业增加值增速首次低于GDP增速，二是制造业占GDP的比重下滑趋势加速，这种变化在2016年继续显现。

工业增加值增速自2015年以来迎拐点,开始拖累GDP增速。如图1,2013—2016年国内工业增加值增速分别为9.7%、8.3%、6.1%和6.0%,同期国内GDP增速分别为7.8%、7.3%、6.9%和6.7%,对比显示,制造业对国民经济的拉动作用日趋减弱,结束了长达25年的正向拉动作用,自2015年以来开始拖累整体经济增速,这表明过度依赖投资拉动的行业增长模式和核心技术受制于人的企业增长动力已经不可维继,成为制约国内装备制造业转型升级的重要原因。

中国制造业占GDP比重自2015年以来加剧下滑。目前,中国的装备制造业规模已占全球的三分之一,参考发达国家和地区的发展历史,制造业增加值占GDP比重与人均收入水平呈"倒U"型,当人均收入在8000美元以下时,制造业GDP占比大幅提升;当人均收入达到8000～10 000美元时,制造业GDP占比达到顶峰;当人均收入超过10000美元时,制造业GDP占比将进入下滑通道。如图2,截至2016年,中国人均收入首次超过8000美元,但制造业占GDP的比重自2007年以来开始出现下滑,尤其进入2015年以来,下滑幅度加剧。

图1 全部工业增加值增速自2015年以来低于GDP增长

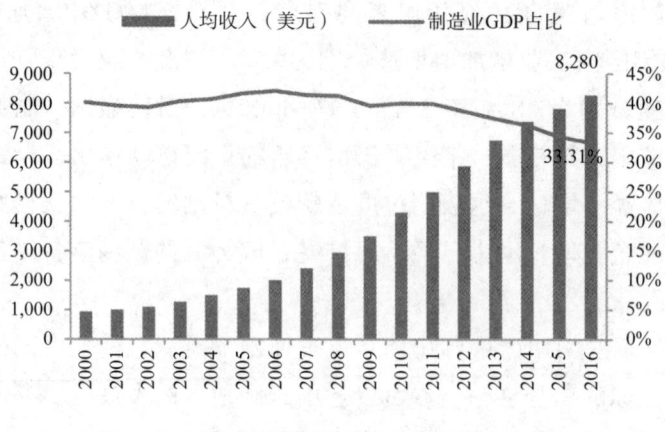

图2 2016年制造业占GDP比重下滑至33.31%

趋势一经形成就不会轻易改变。在欧美制造业回归和"孔雀东南飞"产业转移趋势下，国内人口红利和政策红利等支撑上一轮装备制造业增长的固有优势动能遭遇双杀，中国装备制造业迫切寻求结构上的调整和升级，这也是《中国制造2025》提出的最大背景。

在新旧动能转换期间，中国装备制造业面临巨大的下行调整压力，但危机同时意味着转机，也应该看到装备制造业的曙光来自于以下三个趋势：一、高端机器人、3D打印技术、无人驾驶、新能源装备等新兴技术正在逐渐重塑制造根基，机器的作用由解放人力到解放脑力阶段；二、国内同时面临内需动力不足和产能过剩的局面，借助于一带一路的东风，中国优势装备制造企业，有望借此机会走出国门，与世界范围内的装备制造企业同台竞争，在厮杀中确立自身的核心竞争优势；三、增量黄金时代已过，存量时代渐近。未来国内传统装备制造企业重资产的经营模式，需要跟着潮流而动。工业大数据和工业互联网技术使得企业凭借资产换取服务，为进入后市场的资产经营时代提供了无限可能。

二、动能一：由解放人力到解放脑力，新兴技术重塑制造根基

新兴技术由解放人力到解放脑力，或将颠覆整个装备制造业的基础和商业模式。按照底层技术基础的不同，人们普遍将工业革命划分为工业1.0（以蒸

汽机推广应用为标志，历时86年）、工业2.0（以电机推广应用为标志，历时99年）、工业3.0（以互联网的广泛应用为标志，已持续44年）、工业4.0（以西门子工业4.0战略提出为标志）；第四次工业革命较之于前三次的重要区别，在于其整个工业基础是建立在大数据技术之上，以人工智能和工业物联网为代表，由解放人类体力的维度上升到解放人类脑力的维度。

在全球经济疲软持续，欧美国家制造业回归的大背景下，高端装备制造业是全球经济中的增长亮点，尤其以智能机器人、无人驾驶、3D打印技术、新能源装备为典型代表。

1. 工业机器人市场继续高增长

国际机器人联合会IFR报告称，2016年全球工业机器人销量约29万台，同比增长14%，其中中国工业机器人销量9万台，同比增长31%，并预计未来十年，全球工业机器人销量年平均增长率将保持在12%左右。工业机器人是指面向工业领域的多关节机械手或多自由度的机器装置，能根据事先的程序指令自动执行工作，靠自身动力和控制能力完成各项功能，广泛应用于汽车焊接、电子装配、物流搬运和质量检测等领域，其中汽车是工业机器人应用最广的领域。

工业机器人产业链分为上游关键零部件、中游本体制造、下游系统集成三大环节，其中上游关键零部件分为三大系统：减速器、伺服机和控制器，分别执行减速、驱动和控制功能。根据IFR的研究，机器人成本构成中，上游零部件就占70%，其中减速器占39%，伺服机占25%，控制器占6%。因此，从产业链的角度研究工业机器人，重心应放在核心零部件环节的研究。

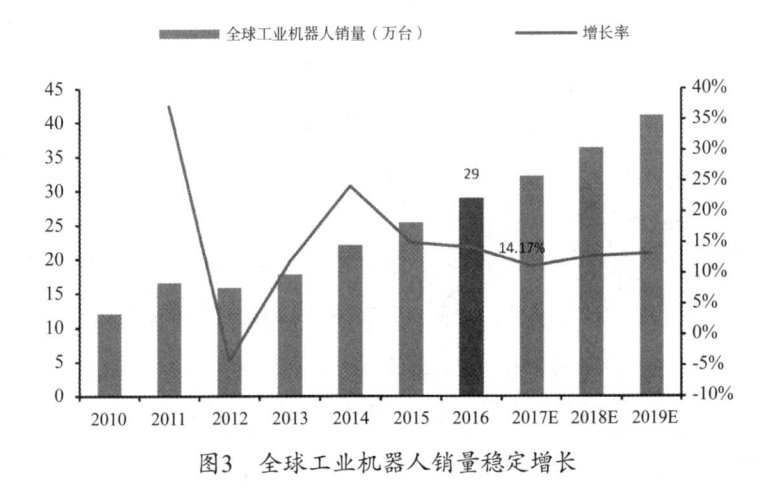

图3 全球工业机器人销量稳定增长

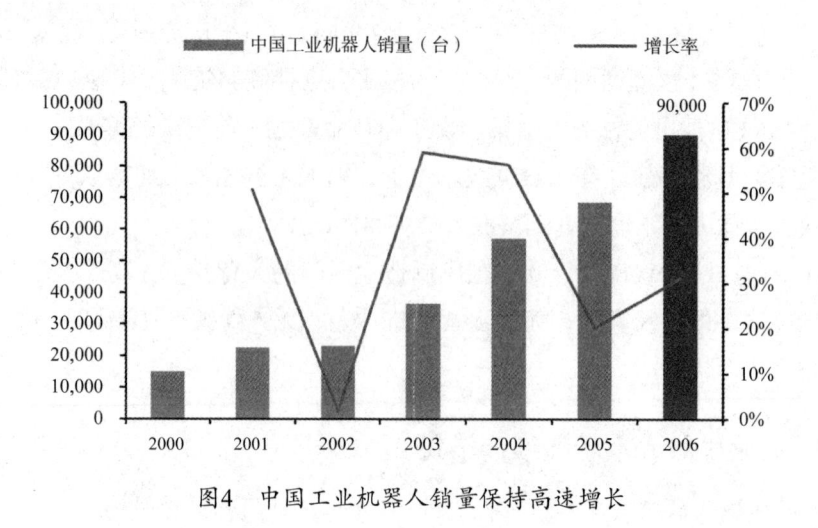

图4　中国工业机器人销量保持高速增长

2. 核心零部件受限，国内机器人产业同质化严重

减速器是工业机器人产业链所有环节中价值量和技术含量最高的零部件，其主要功能是通过降低转速提高扭矩，达到传递动力的目的。工业机器人主要使用的两种减速器包括谐波减速器和RV减速器，两种减速器精密程度较高，是较之于一般工业用减速器的最大区别。

从工业机器人目前的市场竞争格局来看，世界范围内的工业机器人用减速器几乎被纳博（Nabtesco）和哈默纳克（Harmonic）两家公司垄断，分别占据70%和17%的市场份额。国内生产谐波减速器的代表厂家包括北京中技克美、苏州绿的、北京谐波传动所，国内生产RV减速器的代表厂家包括南通振康、浙江恒丰泰、秦川发展和宁波中大力德等，但国内生产的减速器在传动精密和效率等各方面均与国外巨头存在较大差距，国内主流的工业机器人用减速器基本上也是使用纳博和哈默纳克两家公司的减速器。因此，目前减速器巨头垄断的格局使得他们拥有极高的定价权和降价竞争空间，国内企业欲冲破两大巨头的技术封锁，在提升技术实力基础上，需要警惕价格战风险。

在产业链价值量上，伺服机是仅次于减速器的零部件，它是指用来精确跟随或复现某一过程的反馈控制系统。从市场竞争格局来看，伺服机相对于减速器而言，产业集中度更为分散，呈现多点开花的局面。国外有安川、发那科、多摩川等，国内广州数控、埃斯顿、汇川技术和新时达凭借性价比优势，在国内外市场也拥有较强的竞争能力。

工业机器人的控制系统通过控制柜和示教器完成两大功能：一部分是对其自身运动的控制，另一部分是工业机器人与周边设备的协调控制。在市场竞争格局方面，控制器与伺服机具有相似的特点，市场集中度比较分散，主要被机器人四大家族控制，其中ABB占18%、发那科占15%、库卡占13%、安川占11%，国内新松机器人占1%左右的市场份额。

通过对工业机器人核心零部件减速器、伺服机和控制器市场竞争格局的对比分析，相较于减速器而言，伺服机和控制器的市场竞争程度更为充分，国内外企业技术差距相对较小，这也就意味着现阶段国内伺服机和控制器企业有更大的机会，可以凭借其高性价比优势，在激烈的国际化竞争中占有一席之地。但是，放眼整个工业机器人产业链，国产工业机器人的市场份额仅占30%左右，且主要集中在行业低端，同质化竞争激烈，高端零部件严重依赖国外。

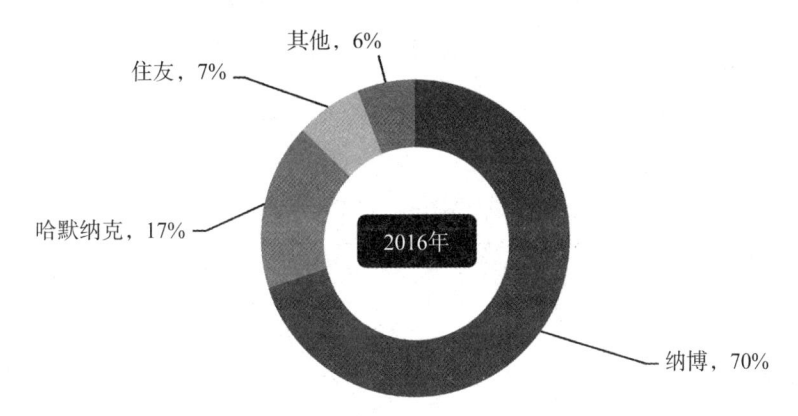

图5 各品牌减速器市场占有率

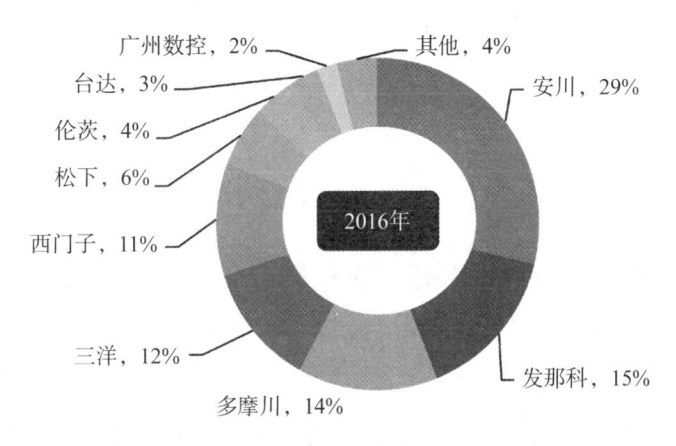

图6 各品牌伺服机市场占有率

3. 寻求工业机器人与下游产业结合点，催生巨大需求

新兴技术的前期发展必须依托于足够广阔的下游市场需求，完成技术与产业的对接，将技术转化为生产力。目前国内工业机器人在汽车电子装配和物流仓储领域发展较为成熟，比如天奇股份、新松机器人等都是依托这两大领域发展起来的，国产工业机器人公司也更侧重于系统集成环节。未来，随着国产零部件核心技术的突破，细分领域拥有性价比优势的优质企业，比如埃斯顿和华中数控这样的企业有望加速完成进口替代的过程。

相对于工业机器人而言，国内在服务机器人领域有着更大的潜在投资机会，这是因为：一、服务机器人在国外也属于新型产业，国内外差距较小，处在同一起跑线上；二、国内拥有更大的潜在市场需求和消费数据；三、服务机器人市场规模远超工业机器人。目前公认的服务机器人在以下六大领域具有较大的发展机会，其中按照应用场景来划分，这六大类型分别为健康服务机器人、管家型服务机器人、智能建筑管理服务机器人、安保机器人、清洁服务机器人和酒店服务机器人。

表1　服务机器人六大投资领域

服务机器人类型	功能	下游应用市场
健康服务机器人	陪伴逗乐、健康检测、健康顾问、紧急报警、现场医疗、健康护理、生活助理	高端养老地产项目
管家型服务机器人	家庭事务管理、智能家居控制、物业管理系统连接	智慧社区服务项目
智能建筑管理服务机器人	保存有智能建筑的所有设计、施工和内容及过程，且对投入使用后的管理信息、智能化信息可实时管理	智慧建筑项目
安保机器人	自主巡逻、人像识别、智能服务、突发应对	智慧城市安保系统
清洁服务机器人	扫地、擦窗	智慧家务项目
酒店服务机器人	迎宾、前台、客房服务、清扫、餐厅、酒店安防	智慧酒店项目

4. 单车智能化和车际网联化，重构智慧交通生态体系

智能化和网联化是无人驾驶实现的两条路径，须并行发展。中国2016年出台了智能网联汽车技术路线图，对国内无人驾驶的发展做出了规划：第一阶段，2016年为驾驶辅助阶段（DA），第二阶段，2017—2019年实现部分自动驾

驶（PA），第三阶段，2019—2022年实施有条件的自动驾驶（CA），第四阶段，2022年之后实现高度自动驾驶阶段（HA）。但未来的无人驾驶不仅仅局限于单车的智能化，还需要首先是以先进驾驶辅助系统（简称ADAS）为基础，通过车辆本身的感知、传递、分析和控制实现单车智能化；需要整个交通体系来做出调整和适应。因此，搭建车联网基础设施，构建智慧交通体系，需要与单车智能化两条路径同时并行发展，相互协同促进。

　　为推进单车智能化的快速推进，各国纷纷出台政策推动ADAS的普及。2016年，日本国土交通省强制安装自动驾驶紧急制动系统，欧洲新车安全评价程序强制要求，自2017年起，将考虑将19项安全技术纳入新车的标准配置，并将强制执行。美国公路安全保险协会出台政策，规定在2022年9月1日，让自动紧急制动成为技术标准。中国2016年3月发布的《"十三五"汽车工业发展规划意见》，对智能网联汽车发展设定目标：具有驾驶辅助功能（1级自动化）的智能网联汽车当年新车渗透率达到50%，有条件自动化（2级自动化）的汽车的当年新车渗透率达到10%。2016年中国汽车工程协会发布的无人驾驶技术路线图，报告制定了无人驾驶汽车发展的三个五年阶段需要达成的目标，力求高度或完全自动驾驶汽车在2021到2025年能够上市，2026年到2030年，每辆车都应采用无人驾驶或辅助驾驶系统。

5. 从产业链到无人驾驶之眼，激光雷达潜力巨大

　　从单车智能角度来看，无人驾驶产业链分为传感、控制和执行三大功能，其中传感部分包括雷达传感器、图像摄像头、激光测距仪、GPS定位系统和芯片等，代表公司有做芯片的全志科技，做摄像头的欧菲光，做夜视的保千里，做雷达的四创电子；控制部分包括高精度地图、中央处理单元、辅助驾驶系统等，代表公司包括做车内通信CAN总线的威帝股份、做局部道路规划的亚太股份；执行部分包括电控转向、电控油门、电控刹车、照明等，代表公司包括做制动部分的亚太股份、拓普集团，做照明的京威股份。从车联网角度来看，无人驾驶包括通信系统和云服务两大环节，具体包括车载娱乐系统、语音交互、共享运营、后市场服务、远程管理、指挥交通等。

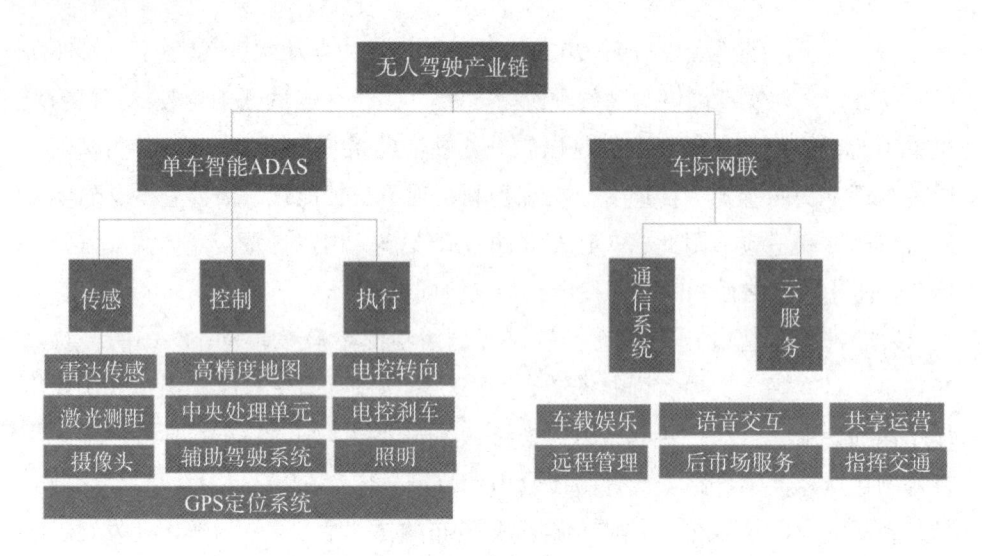

图7 无人驾驶产业链

在无人驾驶产业链中，激光雷达是国内最有发展潜力的零部件之一。激光雷达主要通过外部环境进行扫描，从而为车辆提供精准的三维实时信息，以便无人驾驶汽车做出相应的反应。它相当于无人驾驶汽车的眼睛，由于激光雷达的极佳性能，目前绝大多数无人驾驶汽车都配有激光雷达，国内布局激光雷达的公司有镭神智能等。

从全球行业竞争格局看，谷歌、特斯拉和百度是最有实力的无人驾驶领军企业，其中谷歌的Alphabet-WayMo是全球AI领域的霸主，也是无人驾驶领域的绝对领头羊。Alphabet-WayMo自2009年起步，2016年12月组建独立公司WayMo。2017年1月，首款与传统车企合作的无人驾驶车——Pacifica上市，预计2018年投入运营，截止到目前，已经累积了300万英里的无人驾驶里程测试数据，每公里人工干预次数遥遥低于其他同类企业。其自制的Lidar成品成本已降低了90%。预计到2017年底，将有180辆车辆测试车。

特斯拉是电动车产业的缔造者，也是ADAS大规模应用的先驱，目前是所有公司里，拥有无人驾驶行为数据最多的企业。目前特斯拉车型已具备L3~L4级别能力，已有10万辆车可以传回自动驾驶的数据，积累了数十万亿驾驶里程。

百度是中国无人驾驶的拓荒者和领导者，2015年成立自动驾驶事业部，2017年成立智能驾驶事业群组，计划于2018年小规模量产L4无人驾驶汽车，

2021年大规模量产无人驾驶汽车，目前百度的测试车辆在30辆左右。从无人驾驶的研发路径来看，三家企业中，谷歌和百度均是直接研发L4级别自动驾驶技术，而特斯拉是立足于ADAS技术，向L4级别能力迈进。

6. 3D打印市场持续爆发，预计2018年将超百亿美元

3D打印是第四次工业革命最具有冲击性的技术之一，它运用粉末状金属或塑料等可粘合材料，采用增材制造的方式，通过逐层打印来构造物体，在汽车、航空航天、珠宝设计、生物医疗等方面有巨大的应用价值，未来有望实现产品的大规模可定制化生产和网络协同制造，对现有的制造模式和商业模式产生颠覆作用。

3D打印产业规模逐渐打开，市场保持强劲增长。2011年全球3D打印行业整体收入仅17.14亿美元，而到2015年已达到51.65亿美元，复合增速超过30%，2016年全球3D打印市场规模达到70亿美元，同比增长34.52%，预计到2018年，全球3D打印行业总收入将超过110亿美元。据IPSOS预测，国内3D打印市场2016年将超过百亿元，预计2014—2020年中国3D打印市场规模的年均复合增长率中值在40%左右，超过同期全球市场规模增速，且不断超出原预期。

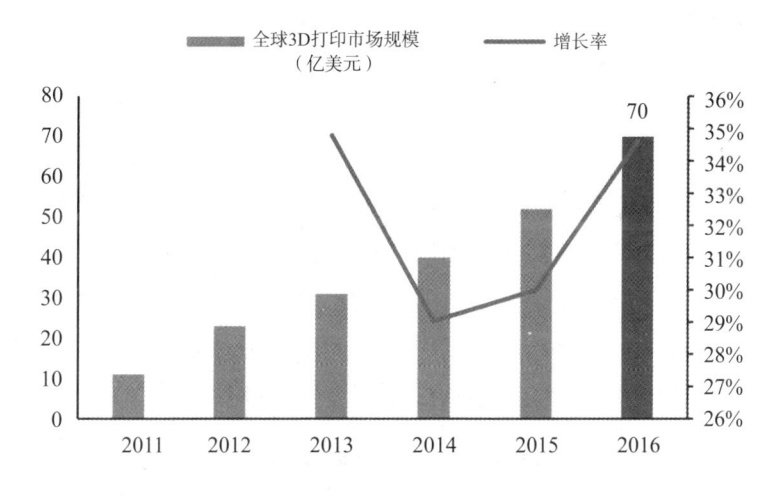

图8 全球3D打印市场规模及增速

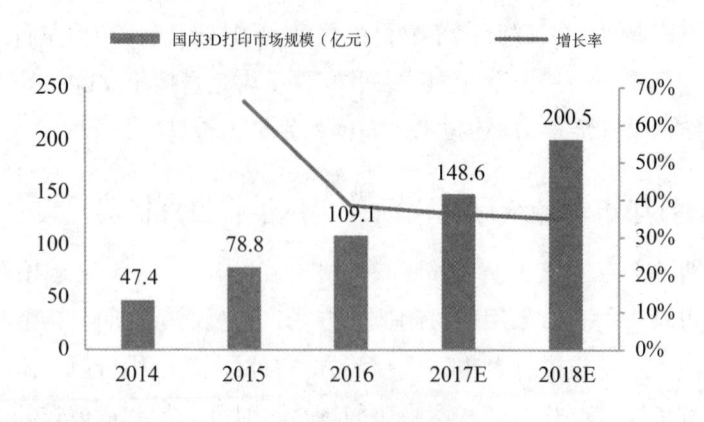

图9　中国3D打印市场规模及增速

站在行业发展角度上，材料问题是3D打印技术的核心，直接制约了3D打印行业的发展进程。从1982年SL立体光刻技术的出现到当今的3DP成型，都是由于某一种新材料的出现而引起的，如：SL材料为液态光敏树脂，LOM为薄片材料，SLS为可烧结粉末材料，FDM为热熔丝线等。由于材料在物理形态、化学性能等方面的千差万别，才形成了今天3D打印材料的多品种和3D打印的不同成型方法。3D打印技术在这几十年的发展中，新材料是3D打印技术的重要推动力。然而，目前3D打印材料成本居高不下仍是限制行业发展的关键因素。

站在企业发展角度上，产业链整合协同是巨头成长轨迹。3D Systems和Stratasys通过产业链整合并购的发展模式，完成了企业的跨越式发展。Stratasys通过收购获得关键技术，完成全球覆盖。公司成立于1989年，由原Stratasys Inc.和以色列Objet于2012年合并而成，通过收购Objet和MakerBot，公司由单一的3D打印设备提供商变成集打印设备、打印材料、软件解决方案为一体，从桌面级到工业级全覆盖的3D打印综合服务商，公司产品主攻FDM和PolyJet两项打印技术。Stratasys公司与桌面型打印机先驱Makerbot公司合并，并使其快速向桌面型打印市场进军，与以色列Objet公司的合并则有效拓宽了海外市场。

表2　Stratasys收购事件

年份	事件	对公司的影响
2011	收购Solidscape	取得在蜡模和铸件制作方面的先进技术
2012	与以色列Objet公司合并	取得在亚太市场的巨大空间，并获得PolyJet Matrix技术
2013	收购MakerBot公司	取得3D打印网站Thingiverse、相关的扫描设备和MakerBot Replicator 2桌面级和实验室级的产品

续表

年份	事件	对公司的影响
2014	收购Solid Concept、Harvest Technologies、GrabCAD 以及 Interfacial Solutions	Solid Concept是北美最大的独立增材制造服务公司，同时也是Stratasys公司现有数字化制造服务——红眼（RedEye）快速增长的合作伙伴。GrabCAD 主要为用户提供更加便捷的 3D 设计和建模的操作平台和系统。Interfacial Solutions拥有一个 42000 平方英尺的办公生产场地，并拥有超过 50 项技术专利，其主要业务是为塑料行业提供热塑性塑料的研发和生产服务，一直是 Stratasys 公司 FDM 3D 打印产品线的生产合作伙伴，同时是 Stratasys 一些热塑性材料的供应商

3D Systems获取其他技术专利，并将自己的业务范围从专业打印机领域扩展到个人打印机领域（如收购BfB等），加强自己服务业务（如收购Shapeway等）。2001年，3DSystems收购了3D打印技术的发明者和专利拥有者ZCorporation，奠定了其在3D打印领域的龙头地位。3D Systems 的历史是一部 3D 打印全产业链并购史，早期公司通过并购拥有技术专利的公司取得 3D 打印的技术专利，并将这些技术专利进行商业化运作，从2009年以后，公司在横向并购与公司业务相近的设备生产企业之外也开始大量增加对上下游产业链的纵向并购，数据显示，从 2009 年 8 月至 2015年3月，公司共并购了49家相关企业。

表3 3D Systems公司收购公司涉及领域

涉及领域	并购公司
逆向工程软件	INUS、Gemagic
社区	MyRootNation、FreshFiber、Bespoke、Innovation、Th3dStudo.com、Freedom of Creation
CAD软件	Alibre、Sycode Software Solution、Viztu Technlogies、Cimatron
材料	RPC Ltd、亨斯麦光固化材料业务和Digitalis设备、Vilage Plsics
设备	DTM、Z Corp.、Desktop Factory、Bits from Bytes、Phenix Systems
打印服务	Acu-Cast、AdvaTech、Moeller Design、CEP、Protometal、Express、Pattern、Provel、Rhodia、Quickparts、Accelerated Technologies、Paramount Industries、Design Prototyping Technologies、Medical Modeling、Robtec、Formero Pty, Ltd.、Rapid Product Development Group、National RP Support、Kemo Modelmakerij B.V、LayerWise、Gentle Giant Studios

资料来源：3D Systems官网，民生证券研究院

7. 氢燃料电池或将成为终极发展方向

燃料电池与蓄电池和内燃机存在本质差别。从技术原理来看，燃料电池与蓄电池电极反应物质贮存于电池内部不同，它是一种不经过燃烧过程直接通过电化学反应方式将来自于电池外部的氢气、天然气、甲烷等和氧化剂中的化学能直接转化为电能的高效发电装置。技术原理上的本质差别使得燃料电池同时兼具内燃机的"燃料属性"和蓄电池的"环保属性"。所谓"燃料属性"，是指燃料电池可以像内燃机一样只需为燃料电池添加氢燃料即可维持电池的持续使用，且加氢时间3~5分钟内可结束，从而解决了纯电动汽车寿命周期需要更换3~4次蓄电池的难题；从"环保属性"来看，氢燃料电池汽车不排放二氧化碳和任何PM2.5污染物，被业内称为"终极环保车"。

从全生命周期能源效率看，氢和甲烷燃料电池汽车远超过纯电动汽车。理论上不受卡诺循环的限制，具有极高的能量转换效率（理论80%以上）和环保性。氢气的能量密度高达140.4MJ/kg，远高于锂电池的0.72 MJ/kg和汽油的

表4 几种燃料电池性能比较

电池类型	AFC	PAFC	MCFC	PEMFC	SOFC
电解质	KOH	H_3PO_4	Li_2CO_3-K_2CO_3	全氟磺酸膜	Y_2O_3-ZrO_2
燃料	精制氢气、电解副产氢气	天然气、甲醇轻油	天然气、甲醇石油、煤	天然气、甲醇汽油、氢气	天然气、甲醇石油、煤
氧化剂	氧气	空气	空气	空气	空气
导电离子	OH^-	H^+	CO_3^{2-}	H^+	O^{2-}
阳极催化剂	Ni或Pt/C	Pt/C	Ni（含CrAl）	Pt/C	金属（Ni, Zr）
阴极催化剂	Ag或Pt/C	Pt/C	NiO	Pt/C、Pt黑	$LaMnO_4$-Sr
工作温度/℃	65~220	180~200	~650	室温~80	500~1000
工作压力	<0.5	<0.8	<1	<0.5	常压
极板材料	镍	石墨	镍不锈钢	石墨，金属	陶瓷
启动时间	几分钟	2~4小时	≥10小时	几分钟	几分钟
比功率/(W/kg)	35~105	100~220	30~40	300~1000	15~20
系统效率	45~60	35~60	45~60	35~45	50~60
用途参考	宇宙飞船、潜艇AIP系统（曾经试用）	分布式电站	分布式电站	电动车、潜艇AIP系统（正在试用）	分布式电站

资料来源：民生证券研究院整理

43.1MJ/kg，有望成为未来替代燃油的"终极能源"。能源效率处于材料基础科学层面，决定趋势，而对于成本层面，燃料电池堆、氢源、储氢站等成本随技术的迭代不断降低而具有产业化的条件。

日本作为燃料电池汽车领域全球领先企业，相关专利数量占全球62%，远超第二名美国15%，纵观日本30年燃料电池发展历程，可以根据其技术到产业化进程划分为技术萌芽期（20世纪90年代初—2000年）、研发活跃期（2001年—2008年）、商业化推广前期准备期（2009年—2014年）、商业化推广期（2015年—现在），四个具有标志性的历史节点事件分别为：

1）1996年，丰田推出在RAV4L基础上改装的氢燃料电池车，以此为标志，燃料电池汽车正式开端，随后，其他国家的公司陆续推出了一些燃料电池汽车样车。

2）2001年，开始实行燃料电池汽车实证实验的国土交通大臣认定制度，燃料电池车的研发进入活跃期。

3）2009年，隶属于经产省的燃料电池商业化组织FCCJ发布了《燃料电池汽车和加氢站2015年商业化路线图》，明确提出2011年—2015年开展燃料电池汽车技术验证和市场示范，随后进入商业化示范推广前期。

4）2014年，正式启动了构建氢社会以及普及燃料电池汽车（FCV）行动，12月，以丰田推出首款量产氢燃料电池汽车Mirial为标志，氢燃料电池汽车进入商业化推广期。

表5：日本燃料电池汽车发展路径

阶段	时间	标志性事件
技术萌芽期	20世纪90年代初	以丰田为代表的日本汽车厂商对于燃料电池汽车的研发始于20世纪90年代初，起步晚于戴姆勒、巴拉德、福特
	1996年	丰田推出在RAV4L基础上改装的氢燃料电池车，以此为标志，燃料电池汽车正式开端，随后，其他国家的公司陆续推出了一些燃料电池汽车样车
研发活跃期	2001年	开始实行燃料电池汽车实证实验的国土交通大臣认定制度，燃料电池车的研发进入活跃期
	2004年	日本在国家《新产业创新战略》中将燃料电池列为国家重点推进的七大新兴战略产业之首
	2008年	日本制定了氢能与燃料电池示范运行计划。当年，日本政府投入2.32亿美元，进行燃料电池技术研究与市场化推广。另外，日本政府还投入990万美元用于燃料电池的基础研究，投入1400万美元建构氢能国家技术标准。日本政府还在积极推行家庭用燃料电池热电共生系统补助计划

续表

阶段	时间	标志性事件
商业化推广准备期	2009年 2010年	隶属于经产省的燃料电池商业化组织FCCJ发布了《燃料电池汽车和加氢站2015年商业化路线图》，明确提出2011年—2015年开展燃料电池汽车技术验证和市场示范，随后进入商业化示范推广前期
	2011年	包括丰田、本田、尼桑三大汽车厂商在内的日本13家汽车和能源企业共同签订协议，决定在东京、大阪、名古屋和福冈四大都市圈的市区和高速公路上建立100座加氢站，并通过完善设计、改善生产技术支持大幅降低燃料电池汽车生产成本，培育燃料电池汽车市场
	2013年	日本经产省启动了对商业化加氢站的补贴计划，每个加氢站可以获得最高相当于投资成本50%的政府资金补贴，仅当年就有5家公司的19个新建加氢站计划申请获得了补贴
	2014年	6月19日，日本政府制定了普及以氢为燃料的汽车及家用电池的时间表。着眼于2015年燃料电池车的正式上市，将引进购车补贴制度。到本世纪30年代，力争实现氢发电站的实用化。将把不产生温室气体的氢定位为新型能源，加快相关产业的发展
	2014年	日本经产省发布《氢燃料电池普及促进策略》，将氢燃料、氢燃料电池车相关国际技术标准引入国内，并将其作为国内行业标准。还修改《高压气体保安法》，将每次补给的氢燃料压力上限由大约700个大气压提升至875个大气压，从而扩大氢气罐容量，将续驶里程提升20%
	2014年	正式启动了构建氢社会以及普及燃料电池汽车（FCV）行动，丰田推出首款量产氢燃料电池汽车Mirial
商业推广期	2015—2025年	以丰田推出第一台量产的纯氢燃料电池汽车Miral和公开其5680项专利为标志。根据日本氢能/燃料电池战略协会对外公布的日本《氢能/燃料电池战略发展路线图》，计划在这一阶段，快速扩大氢能的使用范围，旨在将日本户用燃料电池装置的数量分别在2020年和2030年提高到140万台和530万台，2015年燃料电池车加氢站增加到100座。另外，该协会计划在2015年商业化燃料电池车，2016年商业化燃料电池公交，2017年商业化/产业化使用SOFCs的燃料电池系统
	2020—2030年	全面引入氢发电和建立大规模氢能供应系统，旨在从海外购氢的价格降到30日元/立方米，扩大日本商用氢的流通网络，全面利用海外未使用的能源生产、运输、储氢、全方位发展氢发电产业等
	2040年	定位是零二氧化碳的供氢系统建立期，旨在通过收集和储存二氧化碳全面实现零排放的制氢、运氢、储氢

日本经验表明，燃料电池堆基本技术、氢源、储氢站是限制行业产业化的三个必要条件。日本氢能/燃料电池战略协会对外公布的日本《氢能/燃料电池战略发展路线图》：该协会计划在2015年商业化燃料电池车，燃料电池车加氢站增加到100座，2016年商业化燃料电池公交，2017年商业化/产业化使用SOFCs的燃料电池系统。为了促进燃料电池汽车实用化和产业化，日本政府通过搭建技术平台全球开放专利、补贴资助、示范项目、模式创新等各方面进行政策支持，目前日本氢燃料电池汽车产业化的基础已经初步具备。

日本丰田汽车公司自20世纪90年代初期（1992年）便已着手开发氢燃料电池汽车的技术。最早于1997年，推出甲醇重整制氢燃料汽车RAV4，后又陆续推出 FCHV-BUS2、MOVE FCV-KII、FCHV-3、FCHV-4、FCHV-5、FCHV-adv、Mirai，燃料类型以高压储氢为主流模式，与此同时尝试了甲醇重整制氢、储氢合金、清洁碳化合物重整制氢等技术路线。其燃料电池车的重要特点是采用混合动力技术，即燃料电池和蓄电池的"电—电"混动模式。在刚结束不久的2015年1月美国拉斯维加斯国际消费电子展前，丰田展出了旗下自2002年后第二款氢能源概念汽车FCV Concept，其主要由燃料电池、动力控制单元、电动机、高压氢气罐、蓄电池这几部分组成，代表了其技术的最新发展趋势。

表6　丰田燃料电池汽车发展历程

图片								
车型	RAV4	FCHV-BUS2	MOVE FCV-KII	FCHV-3	FCHV-4	FCHV-5	FCHV-adv	Mirai
推出时间	1997	2002	2001	2001	2001	2001	2008	2014.12
燃料类型	甲醇重整制氢	氢加注（高压）	氢加注（高压）	氢(储氢合金)	氢加注（高压）	清洁碳氢化合物重整制氢	氢加注（高压）	氢加注（高压）
最高车速	128km/h	80km/h	105km/h	150km/h	>150km/h	150km/h	125km/h	170 km/h
续航里程	500 km	300 km	120 km	300km	>250km	250 km	331 km	500km
FC功率	不详	90kW	30kW	90kW	90kW	90kW	90kW	114kW
混合动力	蓄电池	蓄电池	蓄电池	蓄电池	蓄电池	蓄电池	蓄电池	——

日本家庭用燃料电池优先于汽车氢燃料电池获得产业化发展。将2004年度的出货量（指数）设定为100，2011年度的出货量达到244，较2010年增加23.2%，尤其是家用燃料电池领域，同比增长67.2%。而燃料电池汽车的触媒出货量表现相对较为平稳，指数保持在155上下波动，主要是因为日本社会家庭用燃料电池市场较车用领域更为成熟，率先爆发，而按照日本政府对于燃料电池汽车普及规划，车用需求方面预期自2015年开始，进入爆发增长期。

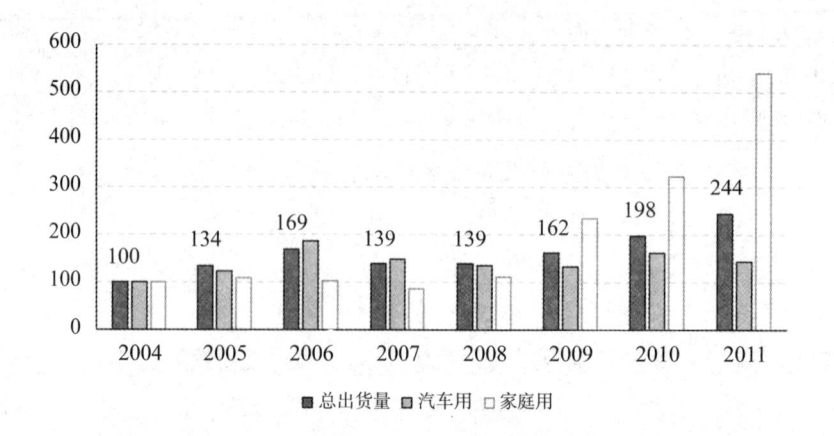

图10　田中贵金属不同用途下的燃料电池触媒出货量演变趋势图

自2015年以来，我国政府对燃料电池汽车行业的发展有了更为清晰的布局。以2015年《中国制造2025》规划纲要出台为标志，国家对于燃料电池的扶持程度已经处于快速预热阶段。规划对于我国燃料电池汽车的发展战略做出了规划，提出三步走战略：第一步，是在关键材料零部件方面逐步实现国产化；第二步，燃料电池和电堆整车性能逐步提升；第三步是实现燃料电池汽车的运行规模进一步扩大，达到1000辆的运行规模，到2025年，制氢、加氢等配套基础设施基本完善，燃料电池汽车实现区域小规模运行。然而同时，我们也应该清晰地看到，国内氢燃料电池汽车行业与日本等国家至少有十几年的差距，产业链不健全问题突出，中国的氢能源战略还有很长的道路要走。

三、动能二：由内需刺激到外需接力，一带一路拓展企业脉络

1. 一带一路进入实质性推进期，投资为主拉动装备需求

目前是一带一路战略发展初期，"以投资带动贸易发展"是推进的主要思路，其中设施互联是优先发展领域。自2015年3月28日发布《推动共建丝绸之路经济带和21世纪海上丝绸之路的愿景与行动》以来时近两年，经济带区域包含中蒙俄、新亚欧大陆桥、中国—中亚—西亚、中国—中南半岛、中巴、孟中印缅等六大经济走廊，国内东中西部18个省市，战略领域辽阔，截至2016年已取得初步成果。商务部数据，2016年全年中国企业对一带一路沿线国家直接投资规模达145.3亿美元，占全球比近10%，主要投向新加坡、印度、泰国等国家和地区。2016年我国企业在"一带一路"沿线61个国家新签对外承包工程项目合同8158份，新签合同额1260.3亿美元，占同期我国对外承包工程新签合同额的51.6%，同比增长36%。

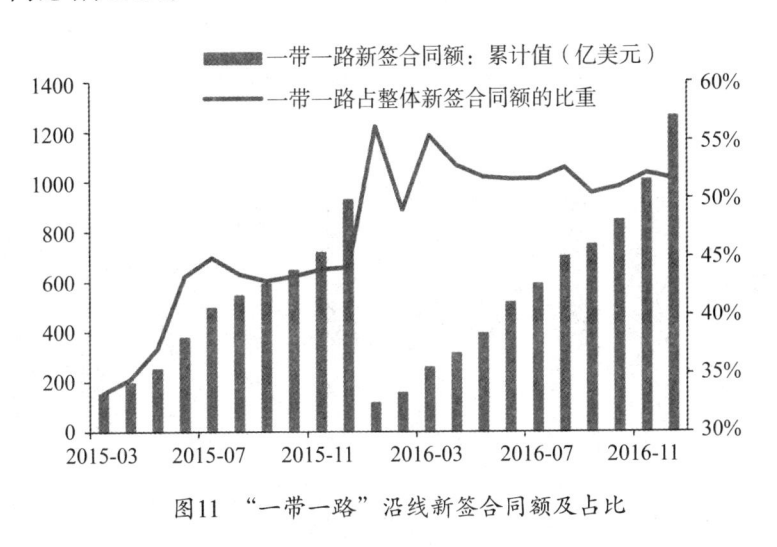

图11 "一带一路"沿线新签合同额及占比

根据American Enterprise Institute数据，2015年我国在东亚（包括东南亚、中亚）和西亚的投资增速较欧美有显著增长，分别为150.31%、12.9%，"以投资带动贸易发展"思路下，亚洲是主战场，其中占总投资40%的能源投资集中于西亚，占总投资18%的交通运输投资集中于欧洲，其次为西亚，有色投资集中于亚洲地区，东亚和西亚的占比分别为13.18%、11.32%。结合区域角度看，中

东和北非地区的投资则以房地产和娱乐为主，欧美等发达国家以金融、科技、旅游、娱乐为主。"一带一路"战略正处于前期基础设施建设期，2017年将着重推进产能合作，行业发展机会具体包括国际设施工程链（海外业务兑现）、国内区域基建+产能链（供需缺口），及出口贸易链，如具有国际相对优势产品贸易（商品贸易流通、纺织服装出口、高端机械制造等），以及相关配套（包括航运、物流）。

图12 《愿景与行动》五大合作重点领域

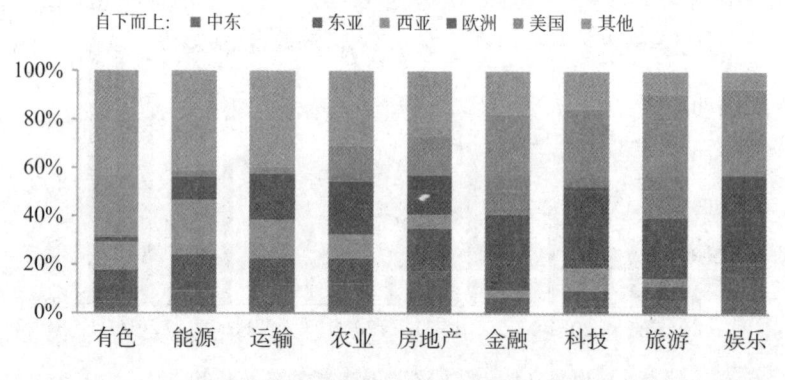

图13 2005—2016年我国对外直接投资和建设合同行业及地域分布

建筑工程、工程机械、电力设备、通信设备将率先获益。《愿景与行动》中设施互通方面着重提及基建、能源、通信设施建设，与此相关的建筑工程、工程机械、电力设备、通信设备将受益。在"一带一路"历经两年积极推进过程中，能源和基建投资在对外投资占比中得到迅速提升，一方面，投资加速周期下，接单上市公司的业绩将从海外业务放量上受到较大提升；另一方面，海外订单多以美元计价，成本以人民币计价，美元加息周期下，合并报表时企业可获得一定汇兑收益。

2. 印度市场基础设施空间巨大，工程机械市场机会多

在一带一路沿线国家，印度市场不可忽视。印度是南亚次大陆最大的国家，人口超过12亿，为仅次于中国的第二人口大国。印度是联邦制民主共和国，采取英国议会民主制，行政权力由以总理为首的部长会议行使。印度现任总统莫迪于2014年当选，其执政方针为"小政府，大治理"，自上台以来实施莫迪新政，其核心在于刺激印度经济发展，大力推广古吉拉特邦治理模式，吸引外资增强"印度制造"实力，改善印度基础设施。

印度基础设施落后、能源短缺、资本缺乏、人均收入及劳动效率低下导致生产水平不高，对印度经济造成了很大制约，印度经济自由化以来主要依靠计算机技术、信息产业等服务业拉动，导致印度产业结构呈现出了第一产业萎缩、第二产业增长缓慢、第三产业独大的状态，产业结构失衡。2014年，农业、工业和服务业贡献了GDP的17%、30%和53%，但服务业在GDP中比重不断提升并未对应吸纳相应的劳动力就业，雇佣50%以上劳动力的农业是效率最低的经济部门。同时，过于薄弱的经济基础使得没有经济自由根基的民主政治反而成为了印度经济发展模式背负着沉重的政治桎梏，印度政府普遍决策过程较长、效率低下。因此印度虽然拥有强大的市场潜力，但是也面临着现实问题制约，未来的发展挑战与机遇并存。

印度的基建行业是其经济发展的关键驱动力，是政府经济政策的优先方向，近年来，基建投资在GDP中占比不断提高，印度在"十一五"期间，基础建设投资规模约5000亿美元，占GDP的比重为7.55%，"十二五"期间（2012—2015年），印度将在基础设施领域投资1到1.2万亿美元，占GDP的比重为9%，其中投向道路交通和电力行业的比重超过20%，投资规模分别为3564亿美元、2278亿美元。基建行业在银行融资中的份额由2002年的3.74%提升到2015年9月份的10.4%。私人部门对基建行业进行了大量投入，1990—2015上半年，私人部门累积投资3380亿美元，在电力、道路、电信行业投资比重较大。私人部门在基建行业的投资比重也在快速提升，由"十五"规划时的25%提升到"十二五"规划时的47%，这得益于印度政府大力推进PPP项目促进私人资本

实现投资目标。

2014年印度工程机械行业营业收入为65亿美元，2007—2014年年均复合增长率为8.38%，估计2015年营业收入99亿美元，2007—2015年年均复合增长率将达到13.1%；另一方面，2012—2016年全球工程机械行业年均复合增长率为7.7%，印度市场工程机械全超全球平均水平。随着印度对基础建设的不断投资，未来印度工程机械市场发展仍将呈现高速增长态势，印度本国工程机械工业实力较为薄弱，因而给国外工程机械企业带来了市场机会。

中国工程设备制造商在价格方面存在竞争优势，同时在交付周期上能够满足其使用要求。印度从中国进口工程机械设备产品额增加；中国设备制造商在一些部门表现不俗，并且对于印度制造商来讲，也带来了价格方面的压力。预计未来几年，印度工程机械市场年增长率为19%~22%，2020年印度工程机械市场需求量将达到230亿美元。服务、租赁、本地化是印度机械市场未来发展三大趋势。

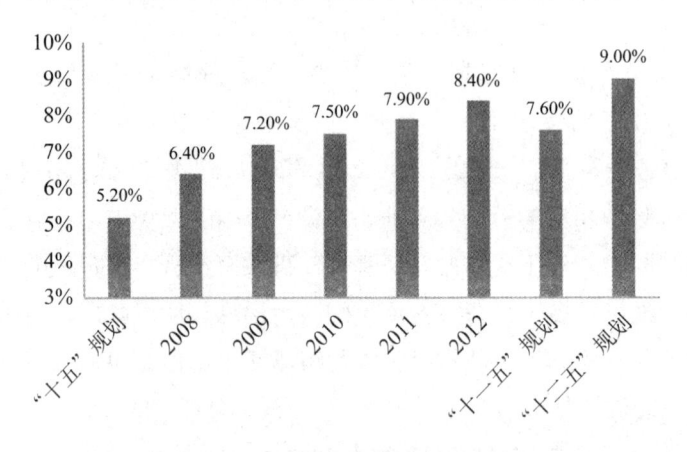

图14 印度基础建设投资在GDP中占比稳步提升

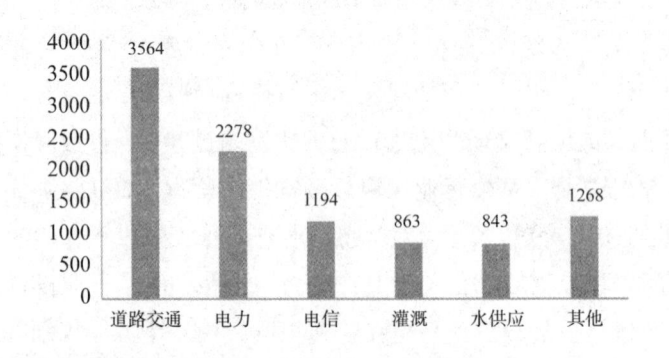

图15 "十二五"规划中基建细分行业投资计划（亿美元）

四、动能三：由重资产到重服务，工业大数据重塑微笑曲线

1. 互联网向工业渗透不可逆转

过去20年互联网主要改变了消费者的行为，未来随着虚拟化、信息化程度的加深，将进入产业互联网的时代。中国制造业转型升级的本质是对更高产业效率的追求，智能化是手段，高产业效率是目的。继零售、金融、物流等领域的互联网改造之后，互联网+浪潮的下一个风口是工业领域，尤其是重资产工业领域，互联网和物联网向工业领域的渗透是不可逆转的趋势。工业互联网概念是GE在2012年提出来的，本质是物联网在工业领域的应用，提高产业效率，在德国叫"工业4.0"，在国内叫做"中国制造2025"。

世界经济脱虚入实大背景下，德国西门子提出"工业4.0"，主张从硬件端入手向软件端渗透，强调系统集成和硬件设备智能化升级，美国GE在"去金融化"和"再工业化"战略指导下，提出工业互联网战略，主张从工业大数据软件端入手，向硬件端渗透，进行资产的优化。工业互联网通过促成人、设备以及数据的无缝协作，用物联网、大数据等技术手段实现对生产和物流的精密控制，从各个环节进行资产优化和运营优化，重新塑造整个制造业产业链，实现数字（软件）世界和物理（机器）世界的融合。

GE最早在2012年提出"工业互联网"的概念。2013年，GE开始进入中国，并发布20项技术，在美国国内完善了系统的标准；2014年开始进入试点期，联合思科、IBM等成立工业互联网联盟，当年为公司带来10亿美元的销售收入；2015年，GE与中国电信展开战略合作，宣布GE工业互联网大数据软件平台与中国电信的电信基础设施和增值服务对接，形成工业互联网整体解决方案，推动工业互联网在航空、医疗、能源、工业制造和其他相关行业的应用，这标志着GE工业互联网战略在中国正式落地。2015年7月，通用电气宣布其Predix向全球所有公司开放。到2015年8月，GE在中国已开展12个工业互联网试点项目，逐步推动40多个大数据分析应用落地。据GE预测，到2020年，连入工业互联网的机器将翻番，将达到500亿台。

表7 GE的Predix系统发展过程

时间	阶段	进 展
2012	正式提出	推出9项工业互联网技术
2013	确立标准	发布20项技术，推出第一个大数据平台；美国国家标准研究院牵头组织工业互联网标准结构，将产业领域标准变成全美公共标准
2014	开始试点	行业内组建工业互联网联盟，推出40项技术，当年为公司带来10亿美元收入
2015	全球开放	Predix向全球所有公司开放；与中国电信展开战略合作，截止到8月，已有12个试点项目，在工业互联网项目帮助下，GE软件解决方案业务由去年的40亿美元增长到60亿美元，同比增长50%
2020	发展目标	GE预计将有超过500亿台机器连入工业互联网

Predix是一个软件平台，类似于电脑界的Windows操作系统，手机界的安卓系统，主要功能包括：连接物体、工业数据管理、工业数据科学、移动互联、云计算、网络安全。它负责将各种工业资产设备和供应商相互连接并接入云端，并提供资产性能管理（APM）和运营优化服务。根据GE官网披露的信息，Predix系统设计的理念可以概括为四个关键词：机器、数据、优化和安全。以机器为中心，利用先进的模型对收集的工业大数据进行分析和预测，实现资产优化和运营优化的目的，同时设置灵活安全的保障机制，对数据的权限进行管理。Predix可承载不同的工业软件，降低了工业互联网的使用门槛。

继GE推出工业互联网之后，IBM、西门子、NEC、华为等巨头对该领域都先后重点布局。IBM推出了Bluemix系统，西门子推出了Sinalytics系统，华为推出了Liteos系统。NEC从2011年就开始推出类似的战略概念，其解决方案涉及智慧港湾、智慧机场、智慧防灾消防、智慧监测、智慧教育、智能铁道以及智能医疗等领域。近年来NEC开始涉足锂电池、电动汽车快速充电桩、废水处理等领域。比如在电动汽车领域，他们提供高效的数据采集、实时监控、动态路径规划、行驶范围、充电管理、电池状态分析及监控等服务；基于用户的历史数据，分析用户偏好和驾驶行为，提供个性化的路径诱导、节能驾驶、信息推荐等服务。

2. 回归物理本原，数据重构工业

大数据和物联网构成工业互联网的核心技术构架。在《Accenture Industrial

表8 其他巨头在工业互联网领域的布局与发展

公司	系统	内 容
IBM	Bluemix	2015年年中提出，是世界上最大的基于Cloud Foundry的云计算平台，提供超过120种先进工具与服务，发布一年多来，全球有超过30000云客户，可使用的服务与组件超过100项
西门子	Sinalytics	采用SAP HANA云平台技术，于2014年正式对外提供预测性维护、资产分析和能源数据管理等基于数据的服务。对机器感应器产生的大量数据进行整合、保密传输和分析，提升对燃气轮机、风力发电机、列车、楼宇和医疗成像系统的监控能力，目前已有30万台设备已连接至该平台
NEC	—	新推出针对锂电池、电动汽车快速充电桩、废水处理等领域的技术服务，比如在电动汽车领域，提供高效的数据采集、实时监控、动态路径规划、行驶范围、充电管理、电池状态分析及监控等服务，基于用户的历史数据，分析用户偏好和驾驶行为，提供个性化的路径诱导、节能驾驶、信息推荐等服务
华为	Liteos	推动NB-LoT标准制定；先后发布物联网操作系统Liteos、NB-LoT端到端解决方案，提出"1+2+1"战略，构建Ocean Connect生态圈

Internet Insights Report for 2015》报告中，GE将工业互联网界定为"大数据+物联网"，其内涵可以从以下三个方面去理解：网络是基础，使工业数据流动无缝集成；数据是核心，包括数据的感知、采集、集成；安全是保障，构建一个完善的安全防护系统。

大数据市场规模未来五年增速可观。根据中投顾问产业研究中心的研究，2015年，中国大数据市场规模达到115.9亿元，增速达38%，预计2017—2021年，行业年均复合增长率为42.04%，到2021年，市场规模将达到898亿元；而就全球范围内来看，预计2017—2021年，年复合增长率将达到40.98%，到2021年，全球大数据市场规模将达到2847亿美元。

工业大数据战略已经在国外工业企业达成共识。根据GE和Accenture跨行业的研究，研究范围覆盖中国、法国、德国、印度、南非、英国、美国等国家航空、风能、发电等8个行业的高管，该调查中80%~90%的各行业公司主管表示大数据分析在公司中的战略定位应该处于最高优先级或至少排进前三的战略地位；从大数据方面的投资支出看，超过70%的公司用于大数据方面的技术占比在20%以上；细分行业看，航空业、风能、制造业中大数据的战略定位最高。

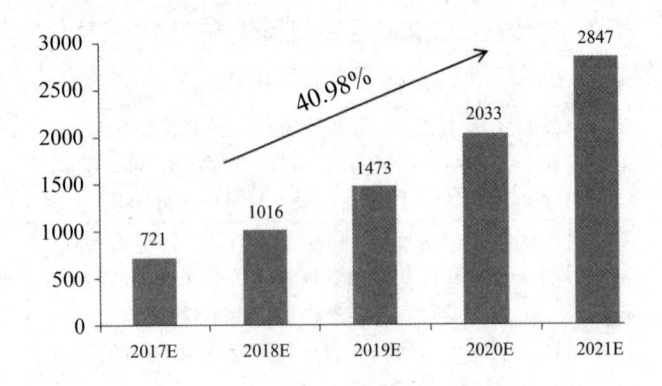

图16　全球大数据市场规模（亿美元）

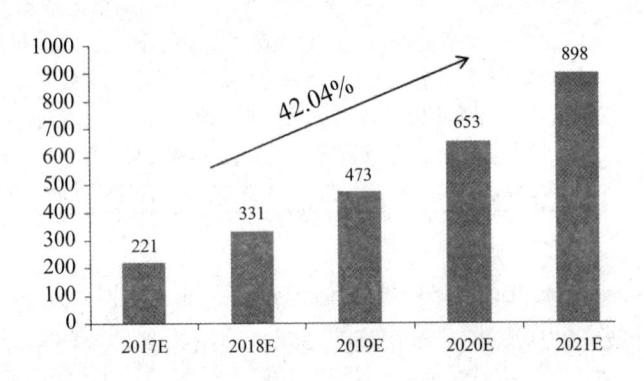

图17　中国大数据市场规模（亿元）

资料来源：中投顾问产业研究中心，民生证券研究院

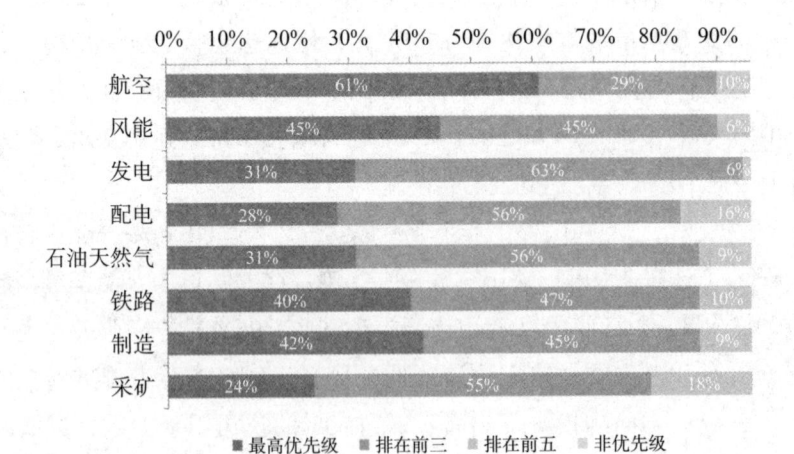

图18　各行业对于大数据的战略定位

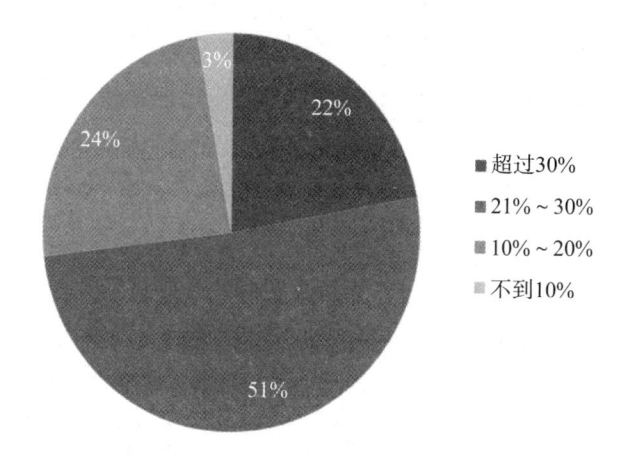

图19 公司大数据投入在全部技术支出中的占比

在使用大数据预测性分析工作流程中，经由数据提取、输入、处理、模型构建、数据后处理等过程后对未来状态做出预判和决策。通过大数据对制造业过程进行可预测性分析，GE提出可以通过流程改善使得生产能力提升20%，可靠能力提高10%，公共基础设施材料消耗率降低4%，成品缓存降低30%，返工率降低20%，能源成本降低5%。

3. 工业大数据重塑制造业微笑曲线

从影响机制来看，工业互联网的开放结构使技术和信息难以垄断，进而拉平整个工业链条的"微笑曲线"。工业互联网从生产流程、物流等多个环节对制造业价值链进行优化和再造。在生产流程方面，利用机器和产品运行的实时数据，制造商能采用无缝连接，对产品的整个生命周期进行追踪和控制。可以对这些数据进行预测性分析，以确定可能的设备或零部件故障，从而制定预防型维护计划，缩短设备宕机时间，实现平稳运营。生产流程的优化减少了机器的使用成本，提高了生产效率的同时，也提高了生产制造端的附加价值。

工业互联网对于传统重资产行业具有革命性意义。工业互联网从资产端出发，构建工业云，逐步把设计、供应、采购以及制造等融合在一个平台上，实现制造资源的云化。基于对资产特别是重资产设备的数据分析，可以提升价值链中制造环节的附加值，拉平工业链条的"微笑曲线"。

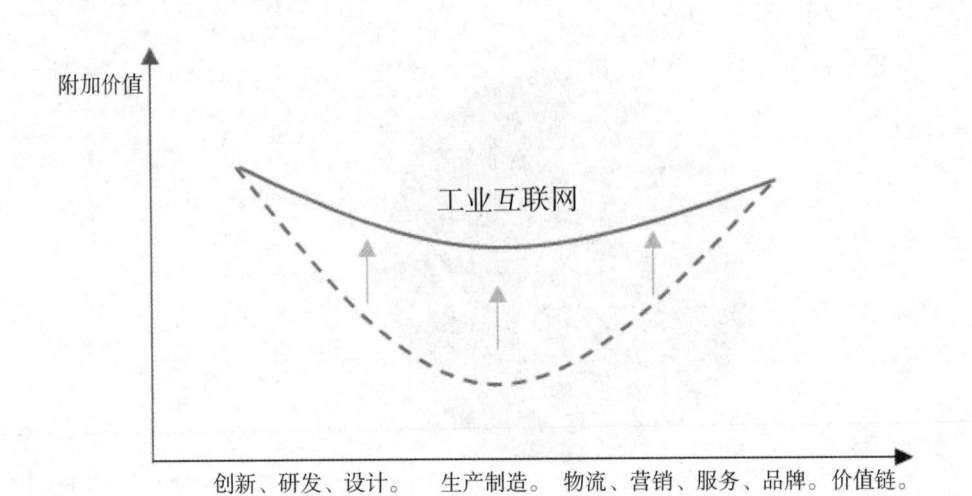

图20 工业互联网拉平工业链条的微笑曲线

通过拉平制造业的微笑曲线，工业互联网实现了价值链的循环。以GE为例，从工业机器数据收集出发，经由工业云的计算，将数据分析的结果以指令的形式发送给操作人员，操作人员将根据设备运行的状态，及时作出反馈，从而实现了"设备—数据—人"三者的闭环系统。

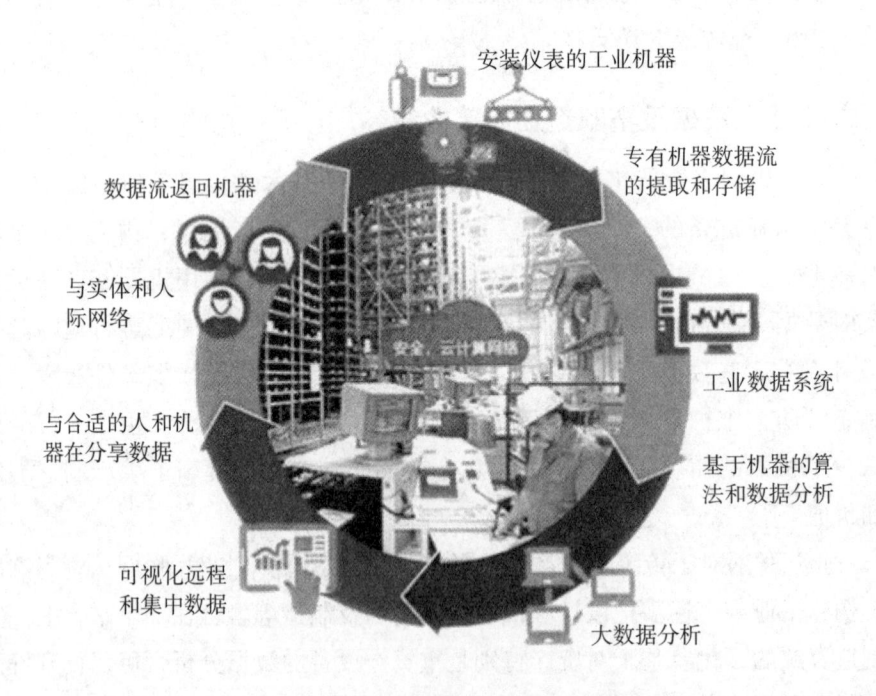

图21 GE工业互联网价值链循环图

4. 工业互联网应用领域广阔

GE公司的一份新报告《工业互联网：突破智慧和机器的界限》，假设工业互联网让中国的特定行业生产率和能源效率提高1%，其潜力也能让中国的航空、电力、铁路、医疗、石油天然气行业在未来十五年节省约240亿美元的成本。分行业来看，如果效率提高1%，运输业可节约20亿美元的燃料成本，石油和天然气勘探开发可节约70亿美元的资本支出，医疗可节约40亿美元，石油天然气行业和燃气发电机行业受益工业互联网的程度最大。

表9 工业互联网应用场景及效果

应用场景	应用效果	应用举例
石油天然气	监控油气装备资产的实时运行状况	Groundsensing公司（专注探井业务），Tachyus公司（专注提炼石油和天然气业务）和Aptomar公司（专注防泄漏业务），Skycatch公司（使用无人机来采集数据用于建筑工地的3D渲染）
航空	故障检测、预测性维护和节省燃油	意大利航空145架飞机一年就节省了1500万美元的燃油成本，平均每架飞机每年节省10.34万美元
物流供应链	设备跟踪、环境监测、货物跟踪，以及人员跟踪	Cargo Sense，生产的用于连接的感应器除了跟踪温度、湿度、压力和光度之外，还能监视震动和倾斜的情况，记录货物在货板或集装箱运送途中的状态
交通运输	提高运营效率	GE的新型机车Evolution里布有7公里长的导线和250个RFID传感器，每小时产生900万个数据点，能够提高1英里/小时的运营效率
风电	提高发电量	GE的Power Up技术能够根据风机机组的实际情况，优化运营参数，提升发电量5%，相当于为风场增加20%的利润
医疗	削减设备成本，提高手术效率	通用电气医疗集团和美国退伍军人事务部（VA）进行合作，开发出的一套智能系统能够在少量监督下进行手术工具的定位、分拣、递送和消毒，包括机器人系统、射频识别和计算机视觉等技术

迎接中国装备制造黄金十年

经过长期不懈努力，特别是改革开放以来的发展，中国已经成为世界第一制造业大国。中国制造业每年的增加值等于美国、德国和日本的总和。曾经一些西方学者认为中国制造业的发展遭遇天花板，很难有大的发展空间。的确，当前中国经济包括装备工业已进入新的发展阶段，换句话说，就是正在从外延扩张型向内涵开发型、从投资拉动型向技术进步型转变。应该说，中国经济以及装备工业转型成功与否，将决定中国产业经济未来在全球产业经济竞争中的处境——是继续被压制在全球产业层级的中低端，还是能够在高端领域赢得一席之地。

当前，中国在全球的经济地位已经得到充分认可与尊重，但仍然无法回避内在结构特别是制造业结构的中低端化。但就像同样可以谈论"黑科技"一样，中国在一些领域的尖端产品亦是层出不穷。可以认为，未来十年将是中国装备工业的黄金十年。毕竟，经过数十年发展所积累的量变，在着力实现转型过程中有了产生质变的契机。如若产业体系中所构成的优势能得到最大化发挥并不断升华，中国装备制造企业当然有可能在不久的将来做到像今天华为在全球产业领域的影响力。

一、中国正在进入"人才红利期"

人是生产力和生产关系中最有活力的因素，任何产业竞争的实质就是人才的竞争。改革开放以来，中国凭借"廉价劳动力"而成为世界工厂。但是随着中国"人口红利"的耗尽，曾经的比较优势已一去不复返。的确，已经或者正在有不少外资企业转移到了南亚和东南亚。不过，这种转移也许是失败的多。毕竟，高水准的劳工素质，全产业链的制造体系，完备的能源交通基础设施等，这种综合性优势资源并非放之四海而皆有。

事实上，过去30多年里，正如2017年李克强总理在"两会"期间回答记者提问时所说，中美贸易90%以上的利润都让美国企业拿走了。也就是说，人口红利事实上是"外资企业"的人口红利。而对于中国企业来说，更重要的"人才红利"或许才刚刚进入爆发期。

从华为、三一重工等一批民族工业巨子身上,可以看到"人才红利"的魔力。这些企业都是借助于中国的人才红利,快速崛起为在各自领域具有世界影响力的企业。早在20世纪90年代,中国大学扩招之前,华为就开始广为纳士,在全国各大名校逐班地招聘电信人才,哪怕暂时用不着,也每月花费几千元养着。要知道,那时中国的公务员每月也不过两三百元的工资。正是这种具有前瞻性的人才储备战略,造就了华为的今天——用短短20年时间,崛起为世界上最大的通信设备制造商,并且把对手甩在身后。三一重工等其他企业同样是早期收获"人才红利"的代表。

华为、三一重工并不应该是中国工业企业的特例,而应该成为一种新常态。毕竟"人才红利"应该为中国企业所共享。每年上千万的受过专业培训的毕业生走进产业领域,可以充分显示中国人才红利高峰的到来。

中国企业未来十年的竞争,就看其是否能吸引和留住人才,就看其是否能管好、用好人才。在这场万马奔腾的竞赛中,唯有那些能够创新管理机制,充分与员工共享收益、共创事业的企业,才能在人才红利爆发的风口中起飞,向世界高度冲击。

二、中国制造的全产业链优势

经过数十年发展,中国制造已经成功打通了中低端的产业链。得益于巨大的人口规模优势,中国无须像西方发达国家那样,捡了芝麻就得丢了西瓜。事实表明,无论美国、日本还是德国,都无法做到制造业从高端、中端到低端的全产业链共存,要发展高端制造业,就必须将低端和中端产业向国外转移。但巨大的人口规模优势和差异化的市场需求结构决定了,中国可以同时打通制造业高端、中端和低端的全产业链流程。

对于中国而言,中端制造和低端制造的全产业链已经基本打通,唯独高端制造还没有打通。因此,抓住中国未来十年的人才红利期,向高端攀登,是中国制造业的出路和未来。而高端制造业,尤其高端装备制造业是产业链中利润最丰厚,技术含量最高,最需要人才、资金的领域。中国不缺资金,也不缺人才,缺的是整合资金与人才的能力,缺的是具有创新精神的企业家。

过去十年,中国每年进口芯片的花费超过10万亿元,对外依存度超过石油，进口费用也超过了石油。仅2016年，中国耗费2271亿美元进口芯片（约合1.4万亿元人民币），价格虚高的进口芯片不但挤压了中国制造的利润空间，而在经济安全上对于中国制造也是不堪承受之痛。芯片是高利润行业，西方制造成本只有一美元的芯片，卖到中国可以是几百美元。那么，中国企业这么多年为什么不去攻坚，不去突破西方的科技堡垒？

事实上，西方的科技堡垒并没有那么难突破。华为等民族品牌已经证明，世上无难事，只要肯登攀。关键是中国企业要破除心中的魔障，要破除几十年来欧风美雨熏陶所形成的崇洋媚外心理。

一旦中国制造在一些领域打通从高端、中端到低端的全产业链，合理地整合行业资源，那么，中国制造将成为全球范围内独特且难以复制的体系。

三、庞大的市场规模优势

制造业越是高端，市场空间越小，而利润越丰厚。与西方发达国家相比，中国庞大的市场规模优势也就体现出来了。华为的手机为什么能快速崛起？微信为什么能快速崛起？阿里巴巴为什么能快速崛起？一句话，中国市场太大。中国的人口比欧洲、美国和日本加起来的总和还要多。对于各个行业的需求都比其他国家要多得多。在美国可以有十个大城市建地铁，在中国可能是50个，甚至是100个，如此的市场容量是绝无仅有的。

庞大市场规模优势，是中国高端制造实现"高端突围"的根本保障。中国的高端制造业、高端装备行业，目前所要做的第一步，是要实现进口替代。只要中国制造能够在高端领域做到进口替代，那中国企业离进入高端就更近一步。

在市场经济中，市场显然是最重要的资源。很遗憾，长期以来，由于受到错误经济发展理论的主导，中国最优质的市场资源，被拱手让给了外国。汽车产业尤其典型——让出了市场，没有得到技术。

中国制造产业升级的第一目标，就是要把目光聚焦于那些大量进口的领域，把手伸进外资企业掌控的盘子里。

首先是大飞机的制造。不久前，"C919"首飞，举国欢庆，中国终于又开始迈向这一尖端领域。但是中国航空工业的发展过程是值得深刻反思的。

如果客观分析，今天的"C919"在许多方面还赶不上38年前的"运十"，

纵　览

比如"运十"的最大起飞重量110吨，最大商载25吨，按经济舱布置178座，最大巡航速度974公里/小时，最大航程8300公里；而"C919"最大起飞重量不到80吨，最大商载20.5吨，全经济舱布置169座，最大巡航速度828公里/小时，最大航程5555公里。更为重要的是，与"运十"几乎100%国产化率相比，"C919"的国产化率为50%，发动机、航电系统等核心部件控制在外商手中。

即使是与另一款大飞机相比，"C919"同样远远不如，那就是"运20"，也叫"鲲鹏"。作为国内完全自主研发的新一代喷气式重型军用大型运输机，"运20"飞机研发继承了"运十"的遗产，参考俄罗斯伊尔-76的气动外形和机体结构，并融合美国C-17的部分特点。该机采用常规布局，悬臂式上单翼、前缘后掠，最大起飞重量220吨，载重超过66吨，最大时速≥800公里，航程>7800公里，实用升限13000米。拥有高延伸性、高可靠性和安全性。可在复杂气象条件下，执行各种物资和人员的长距离航空运输任务。而且"运20"于2007年立项研制，与"C919"几乎同时，但却在2013年1月26日试飞成功，并于2016年7月6日批量交付部队，可谓进展神速。反观"C919"一拖再拖，试飞比"运20"整整晚了四年半。而最关键的是，"C919"并未实现对"运十"的突破。

未来20年，中国民航业将需要6000架以上的大型客机。这是一个无比巨大的市场，再加上中国的低成本优势，还可以开拓部分海外市场。即便中国未来20年生产10000架大型客机，也是不愁销路的。中国军队已经订购了400架"运20"，"运20"未来也可能出口，最终产量可能会达到上千架。而如果将"运20"改装成民用飞机，那么中国将占领更多的市场。波音公司就将二战期间的B-29轰炸机，改成大型客机，并取得了巨大成功。

虽然"运20"试飞时还是用俄罗斯的D-30KP-2涡扇发动机，但国内自主研发的WS-20发动机已经完成了测试，性能超过D-30KP-2发动机。2017年或2018年就可能列装"运20"。也正因为如此，空军才敢下400架的订单。有了国产的发动机，将"运20"改装成大型客机，就是水到渠成。从这个意义上说，"C919"不应是中国大飞机的未来，"运20"才是。

一万架大飞机市场，每架以5亿元人民币计算，那就是5万多亿的市场。而且大型飞机不单是销售，还应包括维修、零部件等等业务，都是巨大的市场。而且，民航不仅仅是大飞机，还包括各种商务飞机、私人飞机等等。美国有20多万架的私人飞机，中国目前基本还是空白。可以说以大飞机为核心载体的航空工业，将是中国装备工业攀登世界制造顶峰的一次重大机会，就看是否能够把握住。

其次就是汽车产业。当年国内生产出"红旗"的时候，韩国还没有汽车工业。而今，中国大街小巷到处都能看到韩国汽车，而"红旗"又有几辆？20世纪80年代初，国产"红旗"的性能可与奔驰、凯迪拉克相媲美，最后居然让位于桑塔纳。目前，交通工业的四大支柱中，造船、高铁已具备了一定竞争力，也使相关的装备制造行业尝到了甜头，但飞机和汽车与国外差距还很大。

未来20年，中国理应借助于新能源汽车的崛起，大力扶持国产汽车厂家，不但占领国内市场，而且还要走向世界。那么汽车市场将是检验中国制造最具商业价值的领域，尤其是中高档汽车。目前，国内汽车每年生产规模已经超过了2000万辆，因为有新能源车的更新换代问题，未来的数量还会更多。如此庞大的市场，中国厂商将有何等作为呢？

当然，除了芯片、飞机和汽车制造业，大型医疗设备、大型科研设备、大型农用设备、3D打印设备、机器人设备等等，都是值得装备制造业深耕的大市场。

四、军民融合优势

2017年1月22日，中国成立了中央军民融合发展委员会，习总书记出任主任。

军民融合对于装备制造行业来说，具有特殊意义。军工领域集中了大量高科技资源，聚集了大量高素质人才，与民营经济的中、低端发展，缺少技术和人才形成了鲜明对比。军民融合首先就是要把军工领域的高科技转化为民用技术，促进中国制造业和高端装备行业发展。

2017年4月26日，首艘国产航母下水。这对中国装备制造业意味着什么？航母又承载了多少高科技？试想，如果将其高科技转化到民用领域会发生什么？再比如航空工业，前面说了，中国已经制造出来了世界领先的"WS-20"航空发动机，而"运20"、"歼20"等一大批军机也将很快装备国产发动机。这里面集成了多少高科技？一旦转化为民用，那潜力会有多大；还有航天，现在完成了第二步，建成了空间站，下一步是登月。这些军工领域的高科技，都需要大量的精密零部件，这些零部件的生产，无疑要依赖于高端装备制造业。

而要把这些军用领域的先进科技转化为民用，将会给装备制造业提供十倍百倍的市场。军用飞机可能生产几百架就足够了，但转为民用，那可能就是几千架上万架的市场。航母，我们可能只要生产几艘就足够了，但是一旦转为民用，把高端技术植入大型船舶上，那可能就是几百艘上千艘的船舶可以应用。

所以说，军民融合一方面是技术的提升，军用高科技转化为民用，会带来巨大的飞跃。另一方面是市场规模的提升，为中国制造打开一个广阔的天地。目前，军民融合还处于起步阶段，与西方发达国家相比还有巨大差距，像波音、空客本身就是军民两用型企业，既生产军品，同时也生产民品。期望中国能走出一条有特色的军民融合之路，助力中国装备制造工业的产业转型和升级。

五、混合所有制优势

混合所有制是中国正在推进的一项重大制度创新，也是帮助中国制造实现转型升级的加速器。不要争论所谓的国退民进，或者是国进民退，这是伪命题。应该是谁做得好谁就进，谁做不好谁就退。国企与民企合营，如同中央军和地方军、八路军与游击队一样，要发挥各自优势，一加一大于二。

既然是混合所有制改革，主要就是发挥双方的优势，互为补充。事实上，中国的股市就是混合所有制的典范，许多国有企业上市都变成了混合所有制公司，也充分实现了国企的保值增值和做大搞活。只不过还是受到了新自由主义经济学的不少误导，许多人倾向于搞MBO，化公为私，结果搞出来很多问题。

混合所有制改革，要实现公有制经济和私有制经济的合作共赢。既然中国与美国都可以做到"不冲突、不对抗，相互尊重，合作共赢"，那么，公有制经济和私有制经济为什么不能做到？混改不是谁要吃掉谁的问题，而是要相互配合，相互补充，相互监督，合作共赢的问题。单纯的国企会出问题，会有腐败、官僚主义等等。单纯的民企也同样会出问题，富二代能力不济，腐化堕落，更为普遍，只有互相监督，才能走出一条新路。

混合所有制改革，将有助于中国制造业的转型升级，特别是对于装备制造工业而言，需要长期的投入和大量的资金，只有充分发挥混改的制度创新，才能在多个领域内不断实现向上突破。

六、科技创新的后发优势

当今世界,科技革命的浪潮方兴未艾。3D打印、物联网、量子计算机、量子通信、激光科技、以基因为代表的生物革命、人工智能、产业互联网、3R技术等等,在这些科技革命的领域里,中国的目标不仅仅应该着眼于追赶西方,也应该借助于科技革命的浪潮,实现后发优势。

在全新的科技领域,所有人都是平等的。就拿互联网金融来说,目前在中国,不管是大城市,还是小城市,都可以很方便地使用二维码,用支付宝或微信进行支付,不仅安全,而且方便。但在美国、日本等国都还是在大量使用信用卡进行支付,而且还不安全。

再比如3D打印,中国现在已经能够使用3D打印机打印大型的飞机组件。在量子革命领域,潘建伟科研团队不仅研制出世界上第一颗量子通信卫星,还研制出第一台量子计算机,这些都是划时代的成就。就算是在西方擅长的超算领域,中国的神威·太湖之光连续三年排名世界超级计算机500强第一名,并且在进入500强的数量上也超过美国。

在应用科技领域,据新华社报道,申通快递与立镖机器人公司联合研发的"智能快递机器人分拣系统"(即机器小黄人分拣系统)就是非常先进的人工智能装备,属中国首创,世界首个。为什么会是中国首创呢?因为中国电商发达,2016年发送的包裹高达350亿件,人工分拣根本忙不过来,准确度也差。而"智能快递机器人分拣系统"能自动识别二维码,自动将货物送到目的地,自动规避障碍物,哪怕几千个小黄人在狭小的空间里搬运,也不会撞车,几乎是零误差。

2016年11月26日,新闻联播报道,作为一家专门生产硬合金及组件的企业,株州西迪技术股份有限公司研制出的一款煤变油工程设备中的核心零部件——单向阀,成功打破了德国企业的垄断。以前这种单向阀只有德国一家公司能够生产,这种单向阀使用寿命只有一到三个小时,但是单价高达180万元一只。而西迪公司开发出来的单向阀不仅可以使用一年多,而且单价只卖20万元,只是德国产品价格的九分之一,一举打跨竞争对手,抢占了国内外市场,自己也获得了非常可观的利润。

这就是中国装备制造业的发展方向——充分发挥自己的后发优势,利用人才优势、全产业链优势、军民融合优势等,不断地向西方技术垄断的堡垒挑战,使中国装备工业在高端领域拥有话语权。

专题
Special Topics

国内机器人产业发展深度观察

随着智能制造不断深入人心,机器人正成为推动制造业能力提升的重要力量。现代工业机器人的发展始于20世纪中期,计算机、自动化以及原子能的快速发展为工业机器人的开发打下坚实的基础。1962年美国AMF公司推出的"UNIMATE",是工业机器人较早出现的实用机型,其控制方式与数控机床类似,但在外形上由类似于人的手和臂组成;1965年一种具有视觉传感器并能对简单积木进行识别、定位的机器人系统在美国麻省理工学院研制完成;而后,工业机器人的研究得到广泛、较快的发展。随着我国劳动力成本的逐年增加,老龄化社会的到来,传统加工制造业的一线工人将保持逐年减少的趋势,加快国内工业机器人的发展进程已是迫在眉睫。眼下,中国的机器人产业已经具备了较为可观的体量,且仍保持较高速的增长态势。对工业发达国家有效资源的收购为国内许多大体量企业所热衷。美的集团于2016年完成对德国工业机器人巨头库卡集团的收购;同年6月,意大利机器人企业吉马蒂克(Gimatic)被汉德资本收购;而以上海电气为首的中资企业则盯上了菲亚特集团旗下柯马(Comau)机器人业务。显然,在中国成为制造业强国的过程中离不开工业机器人的辅助,不过,发展机器人产业除了充分利用可利用的外部资源外,国内的产业界何时能培育出自己的"库卡"?

一、全球最大消费国

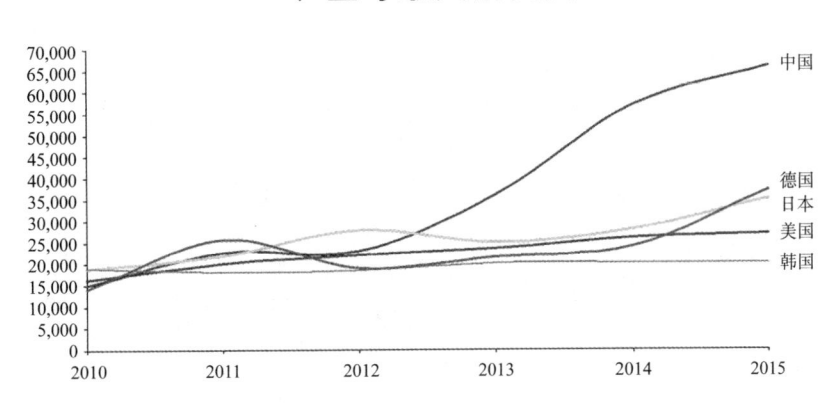

图1　主要国家工业机器人销量（台）

2015年，中国工业机器人市场规模世界第一。全年国内市场工业机器人销量达6.6万台，占全球总销量的27.5%，同比增长15.8%；2009—2015年间，年复合增长率高达43%。其中，国产品牌销量占比逐年增加，占比进一步由2014年的29.7%增加到33.7%，上升4个百分点，销量达2.23万台。而在2011年，国产品牌占比不过3.5%。

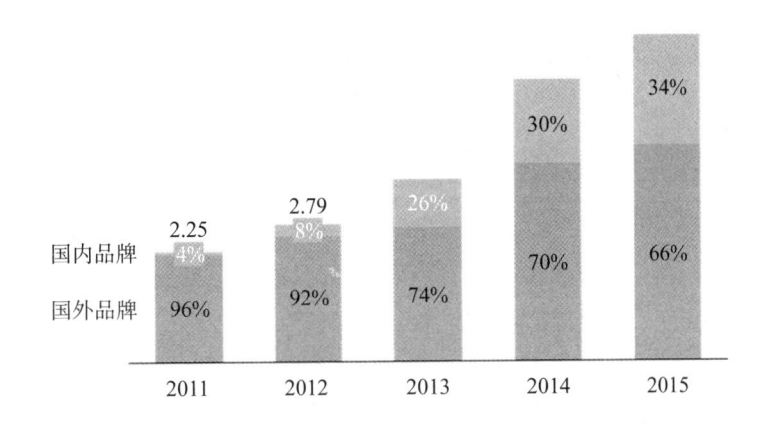

图2　中国工业机器人国内外品牌份额

而从机器人市场来看，中国机器人普及率还相当低，不但成倍落后于世界工业强国和地区，而且与世界平均水平相比也具有长足的发展空间。

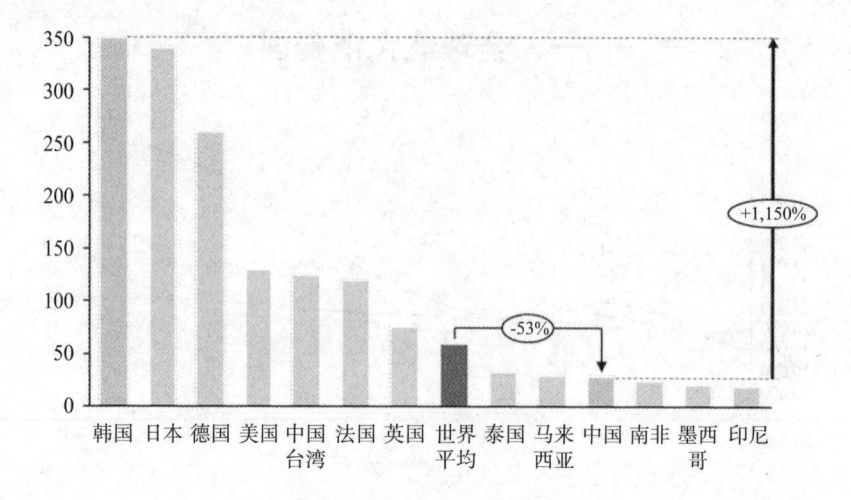

图3 工业机器人密度

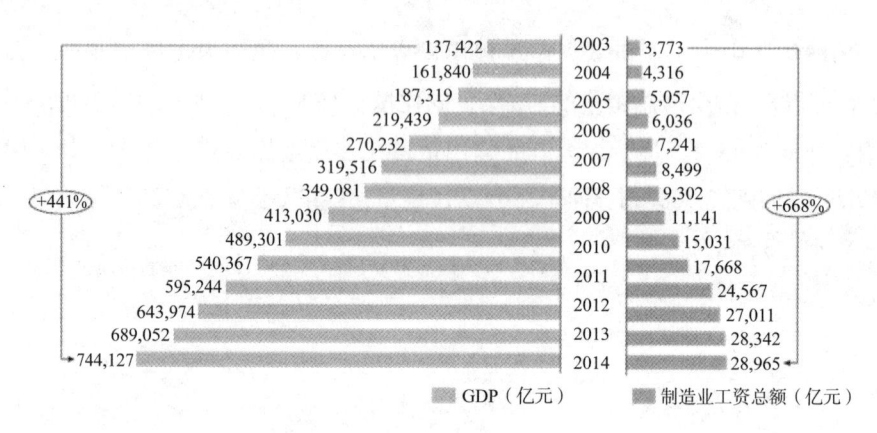

图4 GDP与制造业工资总额

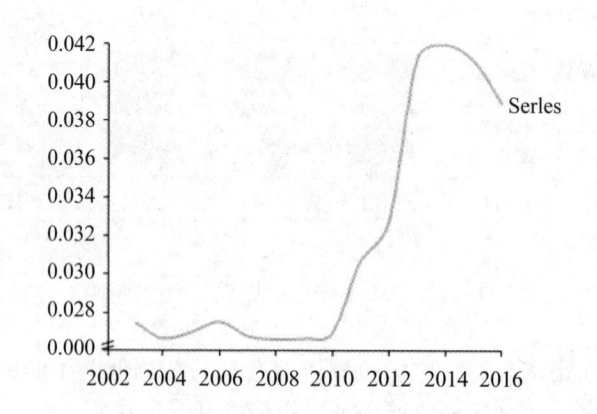

图5 制造业工资总额占GDP比重

GDP持续高速增长是中国自改革开放以来在经济领域所具备的重要特征之一，仅从2003年至2016年十余年间，GDP就增长了4倍之多。但与此同时，中国的社会工资水平也是水涨船高。而对于某些质地较好具备较高利润率的企业而言，不断高企的用工成本虽对业绩有所侵蚀，但尚不至于伤筋动骨。

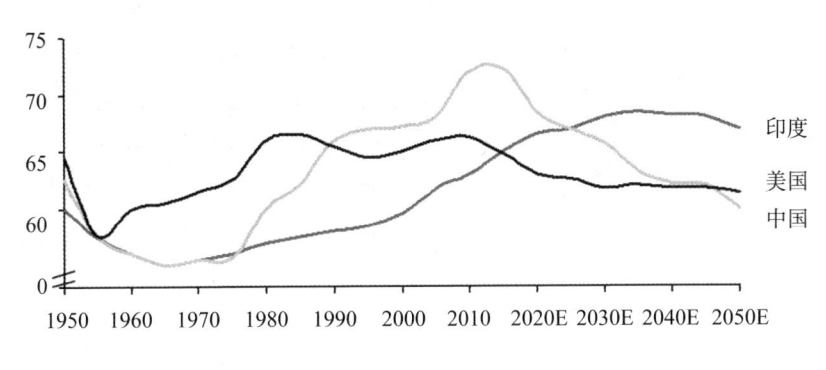

图6　工作年龄人口占比（15—64岁人口）

近年来，劳动力短缺日趋普遍，在经济发达的长三角、珠三角等地则显得尤为突出。虽然"二孩政策"在此背景之下应运而生，但远水解不了近渴，短期内劳动力短缺的问题难以得到解决。故而劳动力优势问题对中国制造业而言，将上升到产业竞争力的高度。

表1　《中国制造2025》九大任务

序号	任务类别
1	提高国家制造业创新能力
2	推进信息化与工业化深度融合
3	强化工业基础能力
4	加强质量品牌建设
5	全面推行绿色制造
6	大力推动重点领域突破发展，聚焦十大重点领域
7	深入推进制造业结构调整
8	积极发展服务型制造和生产性服务业
9	提高制造业国际化发展水平

就行业而言，工业机器人无疑将成为实现相关目标的重要抓手和直接受益行业。市场蛋糕和国内品牌占有率有望在今后一段时间内持续攀升。

二、跃进式扩张

在《机器人产业发展规划（2016—2020）》中，国家层面对机器人产业的中期发展提出了非常明确的发展目标：产业规模持续增长、技术水平显著提升、关键零部件取得重大突破、集成应用取得显著成效。显然，在此规划中，"蛋糕"的"尺寸"被列为了发展的第一要务，提出了"自主品牌工业机器人年产量达到10万台"、"机器人密度达到150以上"等具体硬指标。至于"蛋糕"的"口感"，虽然也对其表示重视，但要么是不痛不痒的抽象描述，如"技术水平接近国际水平"、"性能、精度、可靠性达到国外同类产品水平"；要么是以"尺寸"指标取代"口感"指标，如"国产关键零部件市场占有率达到50%以上"。

2016年是各地"十三五"产业规划的伊始之年。伴随着机器人产业市场的火热和国家政策的引导，类似于"将机器人产业作为先导产业和支柱产业优先发展"的用语普遍出现在各地的相关规划文件中，一时间仿佛哪个省市不把机器人产业当作重头领域来发展就犯了方向性错误似的。"大干快上"的机器人产业发展节奏虽未被明确提出，但是遍地开户的机器人产业园区足以说明一切。

地方政府对国家发展机器人产业号召的响应十分迅速，生产过程智能化推进、智能装备产业扶持、平台建设等方面的大动作"你方唱罢我登场"。而让企业最感实在的则是政府所提供的大规模补贴：

苏州规划市级财政每年安排新增不低于5000万元的工业转型升级扶持资金，鼓励企业采用高端数控机床、工业机器人、智能化控制系统、自动化成套生产线等高端智能装备，按项目设备投入总额的10%~15%给予一定奖励，优先支持采购本地产智能装备和工业机器人项目，最高补贴不超过500万元。

广州在《关于推动工业机器人及智能装备产业发展的实施意见》中表示，到2020年全市80%以上的制造业企业应用工业机器人及智能装备，对于采购或租赁本市制造工业机器人整机的，按不高于整机售价或租赁费的20%给予补贴，最高补助额不超过3万元/台。

柳州市计划企业开发和购买机器人可按每台套投资额的20%~30%进行补贴。

佛山市对购买机器人的企业给予每台1万元的奖励。

问题是，地方政府对促进机器人产业发展的一片好心最终能否得偿所愿呢？

电动汽车作为国家重点鼓励的行业，一方面其新兴爆发产业的特质令中国的产业基础较国际水平而言并无本质差距，具备"同起跑线竞争"的可能性；另一方面在环保方面具备较好的贡献效应。故而，全国上下对电动汽车亦是抱有巨大期望，多地为了发展地方电动汽车产业，甚至在汽车上牌、配套补贴、销售许可等多方面设置关卡公然高举地方保护主义的牌子。但是2016年，电动汽车产业骗补一事被闹得沸沸扬扬，单一个案的曝光牵连行业大面积的补贴漏洞，令人瞠目结舌。

虽然机器人市场一直处于快速成长阶段，但是人们发现近年来工业机器人的销售均价却节节走低。2009年之前，由于机器人对一般性重复劳动力及高危劳动力显而易见的替代优势，市场持续处于扩张阶段，各大厂商基本都铆足了劲儿全力扑向市场，获得的反馈也颇鼓舞人心。然而，由于金融危机的持续扩散，实业企业大量遭受打击，负反馈很快传递到机器人产业。于是2010年机器人价格应声下跌，同比降幅高达25%。此后虽有小幅回升，但基本处于蹒跚下跌态势。

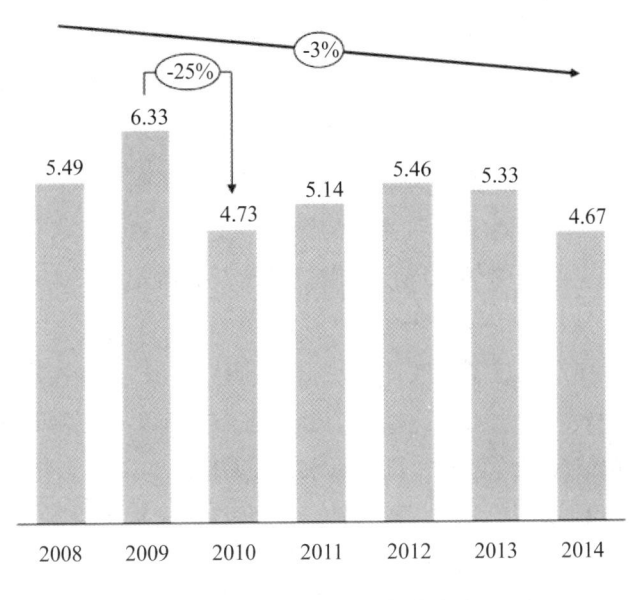

图7　全球工业机器人均价（万美元）

大量的实践证明,"量升价跌"现象的出现往往预兆这个行业即将迎来一轮调整。

三、载舟与覆舟

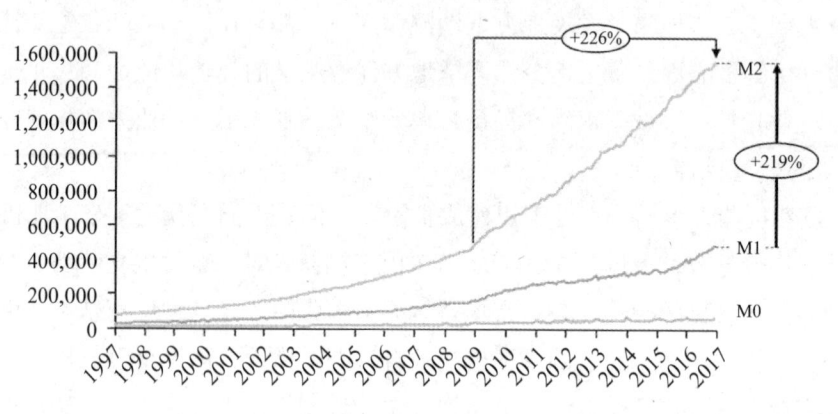

图8 近20年来中国货币供给量情况(亿元)

从2017年中央经济工作会议成果来看,中央政府已经意识到货币超发带来的严重后果,宣称要防范金融风险"去杠杆"。但不论这一工作指示最终落实情况如何,货币超发对当下经济及产业所造成的影响已经形成。

从货币供给量可以明显看出,央行释放出的资金量连年创历史新高,市场上资金已泛滥。我们大可相信央行的初衷是好的:为提振实体经济而输血。但近年来大量杠杆收购、债市违约、票据风波等事件不断发生,一段时间以来,不少热点金融事件背后都有资金流动的影子。这些钱通过在不同金融市场、不同机构之间穿梭,在金融体系内部"虚投空转",游走于资本市场、债券市场和房地产市场,导致交叉金融风险发生。

故而,中国在产能过剩、实体经济低迷的时刻,却遭遇流动性陷阱。国家层面在拉动工业转型升级和促进金融支持实业方面有不少顶层设计,也做了不少工作。但落地情况最终如何,目前看来仍须观察。

据工信部的不完全统计,中国目前拥有超过800家从事机器人生产的企业,其中超过200家企业的主营业务是机器人本体制造,大部分企业以组装和代工为主,产品主要集中在三轴、四轴的中低端机器人。企业规模也普遍较小,逾90%的企业年销售额在1亿元人民币以下。

而据中工联创在各地调研的情况来看，目前，国内机器人生产企业远不止800家。在搬运机器人、码垛机器人等领域，由于技术门槛和工艺要求相对较低，主要部件较容易从市场获得，大量小企业投资几百万元便可进入该行业，导致在一些并未有深厚行业技术积累的小县城也存在若干所谓的机器人企业。

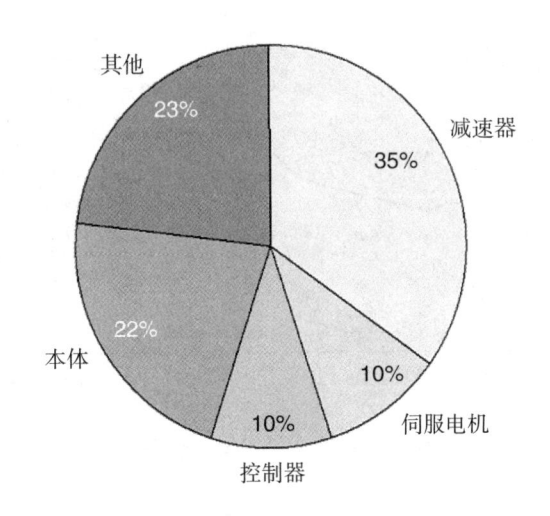

图9 工业机器人成本构成

（减速器35%，伺服电机10%，控制器10%，本体22%，其他23%）

在工业机器人产业链中，控制器在国内大部分知名机器人本体制造公司均已实现自主生产，但和国际水平仍有差距；而另两个关键基础部件——伺服电机和减速器，目前国内公司与国外竞争对手相比技术差距较为明显，缺乏竞争力，国产化率很低。机器人本体制造这一环节对公司技术水平也有较高要求，但整体技术难度低于核心零部件制造，目前在这一环节，国内公司的技术水平与竞争力正在逐渐接近国外竞争对手。关键零部件大量依靠进口，导致国内本体生产公司成本压力大，比之于外企，国内公司要以高出近4倍的价格购买减速器，以近2倍的价格购买伺服驱动器，严重压缩国内机器人公司的盈利空间，进而削弱了国内机器人公司的国际竞争力。在机器人功能应用实现与系统集成环节，国内公司因具备工程师红利等优势，竞争力较强。因此，目前国内的工业机器人行业普遍采取制造与成套设计相结合的经营模式。与此形成鲜明对比的是，应用于汽车制造、焊接等高端行业领域的六轴或以上高端工业机器人市场则主要被日本和欧美企业占据，占到了85%的市场份额。

四、谁识真英雄

当美的宣布收购机器人"四大家族"之一德国KUKA时,世界几乎沸腾了,一时间关于美的"智慧家居+智能制造"战略的讨论不绝于耳。

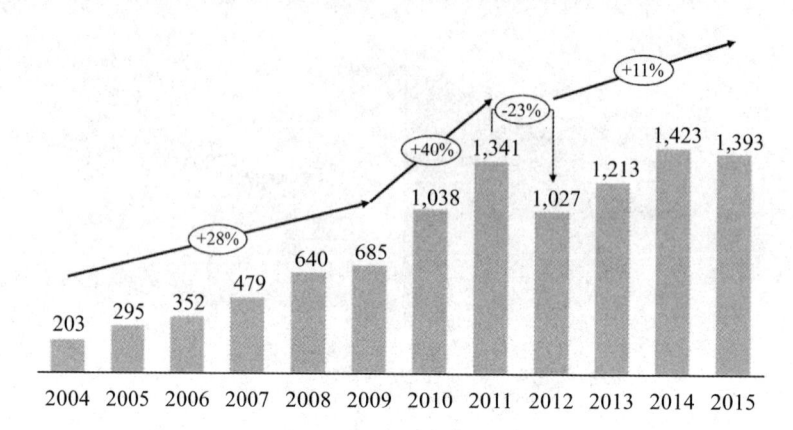

图10 美的集团2004—2015年营业收入情况(亿元)

从其过往的营业收入情况来看,应该说美的集团是一家相当优秀的企业。2004年到2009年间,美的一直保持着稳健且快速的发展趋势,且在随后的两年时间实现了超常规的飞跃式发展,以40%的年复合增速一举突破千亿营收大关。然而由于众所周知的原因,中国诸多产业在2012年受到了相当大的打击,瞬时间诸多企业进入"休克"状态,即便是美的这样的优秀企业也未能全身而退,迎来了其公司史上最严重的一次负增长,营收同比下滑23%。此后的数年虽呈现逐步复苏的态势,但较之前的"意气风发"相比则明显增长乏力,2015年再次遭遇业绩滑坡。

所以,从其经营状况而言不论其战略如何布局,其背后的因素显而易见:须要找到能够对美的集团未来发展起到长期、有力支撑的业务。

而从实际行动来看,美的对机器人产业所抱有的期望完全称得上是"雄心勃勃"。除了大众热议的收购KUKA一案外,美的于2017年初又再度大手笔,以传闻1.7亿美元的价格获取以色列Servotronix公司过半的股权。而在之前一段时间,美的其实已然高举高打试水机器人产业,2015年8月4日晚发布进入机器人产业,并与日本安川电机合资设立两家子公司,分别从事工业机器人和服务机器人业务;2016年年初,美的悄无声息地将埃夫特17.8%股权收入囊中。

说到埃夫特，那也是中国机器人领域不得不提及的一朵"奇葩"。源于奇瑞汽车对生产成本和生产工艺的诉求，埃夫特作为其内部装备供应部门而成立。但由于汽车领域本就是工业机器人的重要下游行业，存在巨大的机器人需求量，且较一般性生产领域有更高的工艺要求，在此背景下，埃夫特的体量和技术水平与日俱增，不但能够满足集团大部分的生产需要，而且还能够不断深耕市场，最终成长为一家在中国机器人产业领域具备一定影响力的企业。

事实上，除了奇瑞、美的、格力等一系列在老本行卓有成就且因行业属性和业务长远发展需要而横刀立马机器人产业的霸气企业之外，还有一大批仅因为嗅到了"肉香"而举箸列席的"食客"，他们又会给行业带来些什么呢？

补贴无助农装提升有效供给

受国内外整体经济形势持续低迷影响，近年来，国内农机市场走势差强人意。2016年市场显得更为严峻。农机流通协会统计显示，2016年上半年，国内累计销售各种型号拖拉机80.31万台，同比下降8.43%；累计销售各种型号收获机械33.17万台，同比下降12.96%；累计销售各种型号玉米联合收获机8249台，同比下降34.8%。

市场的错综复杂，经营压力的骤然增加，无疑将强化农机行业传统领域的挤出效应。如果说，对于实行了13年的农机补贴不应再有过高期望值的话，那么，对于众多患有"补贴依赖症"的存量农机企业而言，今后的进退选择就显得尤为重要了。

一、永远的朝阳产业

经过多年努力，中国农业已发展到了一个新阶段，与此同时，农业发展也遇到了一些新问题，例如环境压力、资源压力增大，而一个比较突出的问题就是农业劳动力短缺。随着工业化、城镇化的加速推进，农村劳动力大力向二、三产业转移。据统计，近十年来第一产业劳动力净流出量在1亿左右，平均每年都有1000万左右的农村劳动力流出，尽管今后这个速度会放慢，但是每年几百万的劳动力从农村流出还会持续下去。特别是这几年在农业生产中，经常出现的地区性、集聚性、结构性的劳动力短缺问题，由此带来的一个问题就是劳动力成本高。在第一产业成本居高不下致使农民务农意愿低，国家依靠各类补贴来拉动农民积极性的政策也出现边际效应递减的情况。

中国农业的主要矛盾由总量不足转变为结构性矛盾，矛盾的主要方面在供给侧，必须深入推进农业供给侧结构性改革，加快培育农业农村发展新动能，开创农业现代化建设新局面。农业供给侧结构性改革以提高农业供给能力、供给水平、供给质量为主攻方向。而农业装备有效供给能力提升在实现中国特色现代农业的过程中是具有战略意义的。

作为全球第二大经济体，中国有超过13亿的人口，18亿亩耕地红线，3.31亿公顷可利用草原面积，1.7亿公顷森林面积；处于城镇化的进程中；农业生产模式不断变化；人们对生活水平提高的不断追求。这些应足以支撑农机是"永远的朝阳产业"的立论。而且，《中国制造2025》也将农业装备列入十大重点领域。

据国外相关公司统计，2015年，中国农机市场交易额比上年增长24%，达到4386亿元，是日本的八倍，超过美国（约2525亿元）成为全球最大的农机市场。

以2008年美国次贷危机暴发为标记，全球经济的低迷走势已绵延了八年，"朱格拉周期律"也只能作为后来的学者们重新研究新形势下经济周期模型的参考了。以此为背景，加之受到国二国三切换、单台农机补贴额度下调，特别是消费市场需求明显变化等因素影响，农机产业原来习惯的产业生态环境似乎已经进入了一个新的节气。

随着季节的变迁，以往"一抄二改三复制"的跟随战术彻底失灵，靠价格竞争的"红海战法"同样难以为继，这使得相当一部分农机企业迷失了方向。而与近年来国内农机行业平静似水、缺乏"暴点"产品相对应，爱科集团、科乐收、德国LEMKEN、久保田、马恒达、井关、约翰迪尔等诸多国际农机企业或在国内开设品牌形象店、农机4S店，或投资布局新的生产线。这或许说明，国内外企业对中国农机市场的认知度、对用户需求的理解力并处在同一层面。从久保田相关人士对国内农机市场"由于劳动力短缺，中国必须推进农业机械化，农田的大规模化和农机大型化都要进一步扩大"的判断来看，国外企业持续布局国内农机领域的举措就容易理解了。

如果说，国外公司加强高端产品领域的控制力是意在赢得未来的话，那么，活在当下的国内企业明天该怎么办？

二、回望过去的风景

数十年来，农机行业的发展轨迹与机械行业几乎一脉相承，长期禀承追随战略和多层面的投资强度，使制造能力迅速实现了体系性的规模优势。由于农机行业的特殊性，包括消费者对产品价格的敏感度、产品的使用环境以及整个制造体系的发达程度，使之不得不长期处于价值链底层，并被隔离于产业核心技术和关键制造技术之外；习惯性的过度竞争、跟风模式，几乎使企业丧失了研发新产品的意愿和能力。曾经的奇瑞重工20多亿元年销售额，利润仅为1000多万元。如此市况，企业难以形成良性的可持续发展状态，"农机补贴"几乎成为企业生产经营的主要参照物和动能。

国内农机装备、技术、人才、政策、服务有效供给不足等矛盾日益突出，很多环节低水平、粗放式发展特征仍然明显。集中表现在两个方面：一是从产品上来看，关键农业机械装备有效供给不足。目前，我国虽然已经成为了世界上第一大农机制造国，但是，大而不强。主要表现为低端产品过剩，高端产品不足；粮食作物机械过剩，养殖业等方面的机械产品不足；耕作类机械产品多，收获类机械不足；适合平原的机械产品特别多，适合丘陵山区的机械产品严重不足；很多高端农机产品和关键零部件依靠进口。据了解，目前国内农机只有3500多种，而美国的7000多种农机几乎覆盖了农业生产的所有领域。

在机械工业领域，农机行业最早进入充分竞争模式。早在20世纪90年代，包括约翰迪尔、纽荷兰、久保田、洋马、井观等一大批外资企业纷纷进入国内市场。它们以大型化、高品质产品，迅速将国内企业压制于中小型的低端产品领域。在水稻收割机方面，久保田、洋马的半喂入式自走收割机长期占据着国内同类产品的大部分市场份额，即使久保田并未引进其高端配置产品，但时至今日尚没有国内企业可以在这一领域与之匹敌。在300马力以上拖拉机方面，约翰迪尔、纽荷兰的产品在市场上占有绝对优势。

尽管如此，改革开放后，在技术与制造方面处于弱势的国内农机行业，在国内市场竞争国际化的环境中，选择了类似"放弃大路，占领两厢"的产业发展模式。

在成长的初始阶段，农机还算得上是一个富于激情，有创新力，勇于探索和尝试新事物、新模式的行业。

自20世纪80年代实施土地承包责任制后，追随以家庭为单位的生产模式，农机行业曾提供了大量适应当时用户购买力和生产水平的产品。"S195"、"小四轮"、"农用车"、"新疆Ⅱ"、"玉米收获机"，每类产品都曾成就过几多豪强：常柴、扬动、山潍拖、新乡一拖、福田、时风、飞彩、中收、雷沃、大丰、国丰、奇瑞重工等等。农机行业为推进粮食生产基本实现机械化，为促进农村经济的活跃做出过巨大贡献。但同时也将这些适用性产品迅速推入"红海"之中。这个过程中，除去不断地以"新人换旧人"外，在强化薄弱环节农机装备研发，以高新技术、高品质产品打造拥有影响力的品牌农机方面并未有实质性进展。曾获小四轮拖拉机唯一国家银牌奖的山潍拖、曾连续多年位列国内小四轮拖拉机销量第一的新乡一拖等许多当年的强势企业，如今只能留存于业界的记忆中。

三、盘点行业的留存

"农业的根本出路在于机械化。"由此始建八机部，有了"中将部长"，农机行业高规格起步。

经历"黄金十年"，同样达成了全球产能、市场规模第一的目标，尽管90%以上的装备集中于中低端领域。

国家通过转移支付，采取补贴形式向行业持续投入近千亿资金。

但在一个浮躁的环境中，农机行业同样无法超越历史的局限。"大而不强"，"多而不精"的装备产业通病难以避免。"专、精、特、优"的企业与产品稀缺。

显然，在新形势下，农机行业若要在竞争中获得主动，留住自我生存及发展空间，有必要从根本上摒弃习惯了的"跟随模式"，以战略性思维最大程度地挖掘内在潜力，更加广泛地整合、利用外部有效资源，进而重新构建行业的比较优势和差异化优势。

四、需求发生新变化

随着国内粮食主产区种植集约化，劳动力构成、种植品种多样化渐成趋势以及特色农业、特种养殖的快速兴起，中国农机正从分散生产方式向规模化、集约化生产方式转变，从资源低效利用的粗放型机械化生产方式向资源高效利用和环境友好型机械化、信息化生产方式转变，从兼业化生产方式向专业化生产方式转变，从以产中为主的生产方式向全程融合的生产方式转变。这种转变意味着农机市场将从过去主要依靠低端规模拉动，过渡到存量更新和高端、细分领域装备需求不断释放的模式，专用化、个性化要求更加突出，人机适用性要求更高。

以2016年上半年为例，在主流农机产品销量明显下降的背景下，部分高品质、高价格的进口农机产品甚至出现供不应求的局面。同时，市场对烘干机、大型深松机、适合山区作业的履带式小型农机产品需求旺盛，比如手扶步进式小型水稻收割机在南方丘陵山区的需求量就非常可观。对经济类作物如油菜、大豆、马铃薯、花生、棉花、甘蔗等全程机械化装备需求开始显现。特色农业、特种养殖方面专业、成套、订制化的设备需求涌现。此外，畜牧机械尤其是大型青贮机械快速升温，预计全年市场销售产值将比上年提高15%以上。鉴于目前国内草业、畜牧业生产力水平还很低下，草地的肉、毛、奶产量尚不足美国的二十分之一，国内畜牧机械还有极大的可挖掘空间。

五、改变是必然选项

面对市场需求的变化，行业内不断加大的竞争强度，基于《中国制造2025》和推动供给侧结构性改革的政策信号持续释放，这些都将促使行业传统的组织结构发生深刻变化。而农机行业更有可能由市场倒逼完成"去产能、去库存、去杠杆、降成本"的调整诉求。而行业转型的方向《中国制造2025》提出：由要素驱动向创新驱动转变；由低成本竞争优势向质量效益竞争优势转变；由资源消耗大、污染物排放多的粗放制造向绿色制造转变；由生产型制造向服务型制造转变。

应该指出，农机企业特别是大体量企业多将主要精力投放到规模化产品上，在玉米、小麦、水稻三大类作物农机装备市场趋于饱和的情况下，仍有大量企业驻扎，而对市场细分需求的服务能力极为薄弱。当主要粮食作物收获机械日趋饱和，因技术瓶颈又难以冲破国外产品阻隔时，行业内越来越难寻可大批量生产的产品。或许将来具备复合功能即机头、机尾可配置挖掘、播种、喷药、施肥、浇灌、深松、镇压等各种农机具的行走机械平台还有些许可能。

简而言之，农机行业的功用就在于"怎么让农民用机械把地种好"。而现实需求不会永远被无视。

在未来产业变革中，只有在"四新"即：新技术、新产业、新业态、新模式有所突破，或是在组织、技术、产业链、渠道变革中勇于探索创新的企业，才有可能再临农机行业新的"蓝海"。不管它是当下的存量企业，还是跨界的新进入者。

未来农机产业发展的重点应注重以下几个方面：

聚焦市场：农机市场已由增量竞争进入存量竞争，原来那些选择全国化营销的企业将面临更为苛刻的市场选择，那么，聚焦适合自己的、细分的市场，比如河北雷肯以前生产玉米收获机，市场竞争优势难以体现，于是从2016年开始聚焦于细分的特种收获机产品——葵花收获机、鲜玉米收获机、辣椒收获机等，形成了一定的特色。在行业进入成熟期之后，竞争会更加激烈，企业选择聚焦市场战略就可以集中于资源，对于小企业来说就有更多的存活的概率。

聚集作物：土地流转后，农民基于收益的考虑，将更多的土地被用来种植高收益作物和农产品，比如云南文山州三七种植区、玉溪烟草种植区，四川彭州柑橘种植区、都江堰猕猴桃种植区。这些区域更需要全程机械化专业服务。在竞争的倒逼下，竞争层次的提高，用户需求的提高，也要求农机企业聚焦作物，成为比农民还会种地的专家。

聚焦产品：企业战略变革过程就是取舍的过程，选择做什么比选择不做什么更难，农机企业应借鉴久保田公司的聚焦战略，潜心研发，力争搞出自己的"爆品"。

聚集服务：从一定意义上说，农机生产企业就是服务于农业生产的服务商，所以说服务应该是农机企业与生俱来的特性。农机企业重视服务可以体现在以下三个方面：一是提供作业服务。比如像极飞科技一样，不卖产品做服务，从一个生产企业变成一个纯粹的服务公司。二是聚焦于某一品类或某一环节的服务。比如猕猴桃全程机械化专业服务商，不仅提供产品，而且还负责全程化种植作业服务，或在某个作业环节成为专业的产品或服务提供商，比如植保药械专家，青贮收获专家等。三是提供作物生长全生命周期服务，也就是全产业链服务，比如河北廊坊的绿园公司打造的小麦种植全产业链的服务，提供土地流转、种子、优质配方肥料、优质小麦、粮食收购、粮食加工、金融服务的全程服务。

聚焦才能专注，专注方显专业，专业才能让用户离不开。

工程机械市场是否能够V型反转

提起工程机械,很多人心中必有满腹感慨。曾经这是一个让国人热血沸腾的行业,短短十年时间便实现了从九成产品须依靠进口到九成产品由中国自主品牌供应的格局改变;曾经这是一个让各路"孔方"闻香而寻的行业,持续十余年年复合增速50%以上的市场奇迹引得国际资本大鳄分羹;曾经这也是一个让全国多个工业重镇抱以无限希望的产业依托,"力争打造世界工程机械之都"的万丈豪情虽几成绝响但仍似余音绕梁……

不过,市场终究是市场。

在经历数年市场"沉睡"所带来的煎熬后,跟工程机械行业相关的里里外外的人们开始发现2016年的情况似乎开始有了变化,当人们感受到来自市场的丝丝暖意,越来越多的人开始奔走相告:工程机械的春天来了!

一、寒冬暖意

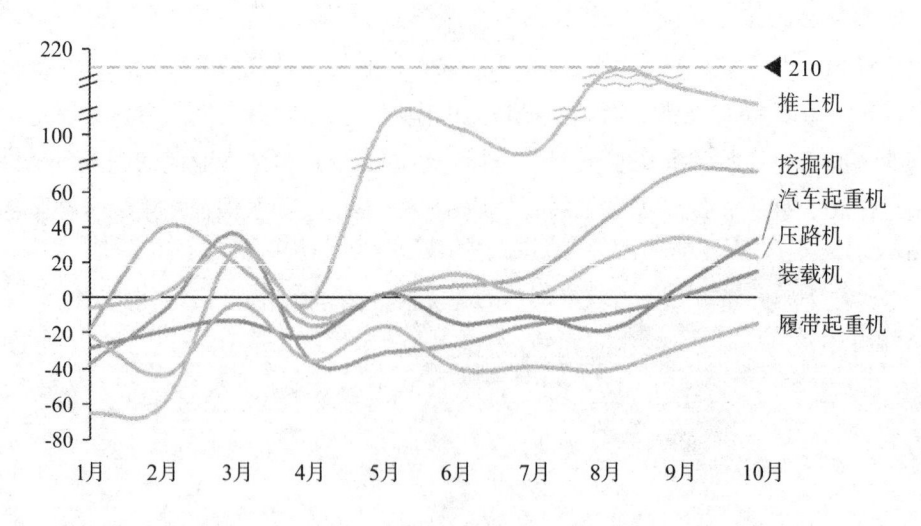

图1 2016年1—10月中国工程机械主要产品销量月度同比增速(%)

2016年，工程机械市场终于迎来了期盼已久的复苏，这复苏尤如久旱逢甘露，来得那么突然以至于让人摸不着头脑，但又无心多虑长远权且尽享当下。

可纵观全年市场，依旧"东边日出西边雨"。土方机械整体迎来了大反弹，其中以推土机尤甚，从单月同比降幅近70%飙升至最高单月同比增幅210%，成为全年最受关注的明星产品线；紧随其后的挖掘机，装载机则依旧弱势。路面机械亦取得了不错的成绩，累计增幅13%。然而起重机械却并未踏上这波行情，持续下行。汽车起重机虽在年末实现了增长，但却难改全年颓势，综合降幅16%；履带起重机则最为惨淡，在2016这行业复苏的年份大幅下挫，综合降幅高达29%。

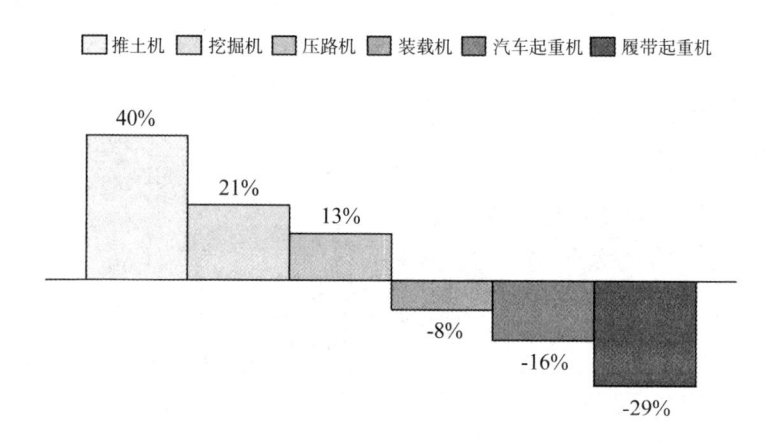

☐推土机 ☐挖掘机 ☐压路机 ☐装载机 ☐汽车起重机 ■履带起重机

40% 21% 13% -8% -16% -29%

图2　2016年1—10月中国工程机械主要产品销量累计增幅

而从更长的时间周期来看，工程机械主要品种至少到目前为止仍不能给我们以确切指示，证明市场的寒冬已经离开。首先，从整体销量来看，其仍处于节节败退之中，即便是以2016年看似火爆的行情来说，暂时也只能判定为市场衰退放缓；其次，从月度同比增速来说，仅有推土机这单一品种自2016年初便实现了连续、快速地回升，但毕竟基数小、市场容量有限、单台价值较低，不足以说明行业问题；再次，尽管行业处于连年下行的趋势之中，但淡旺季行情的规律始终存在，年末作为传统旺季为行业短期复苏点燃了更多热情，但同时也可能蒙蔽了更多人的眼睛。

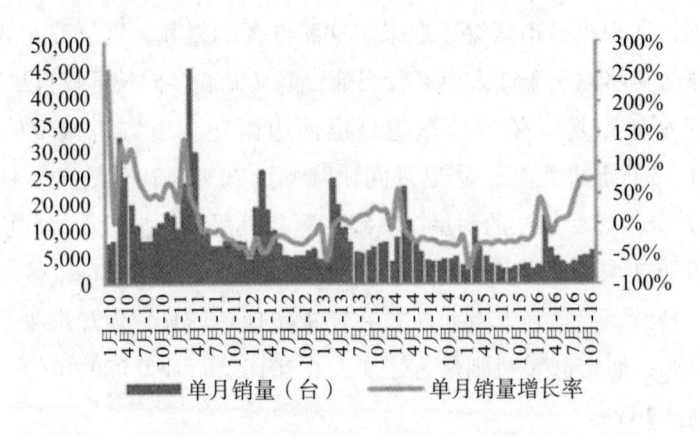

图3 挖掘机单月销量及同比增速

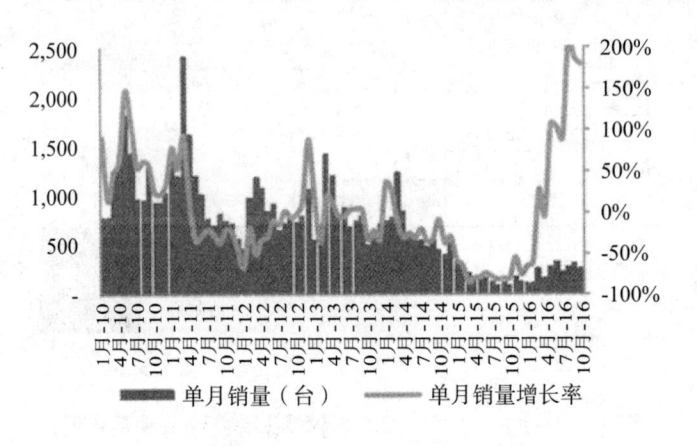

图4 推土机单月销量及同比增速

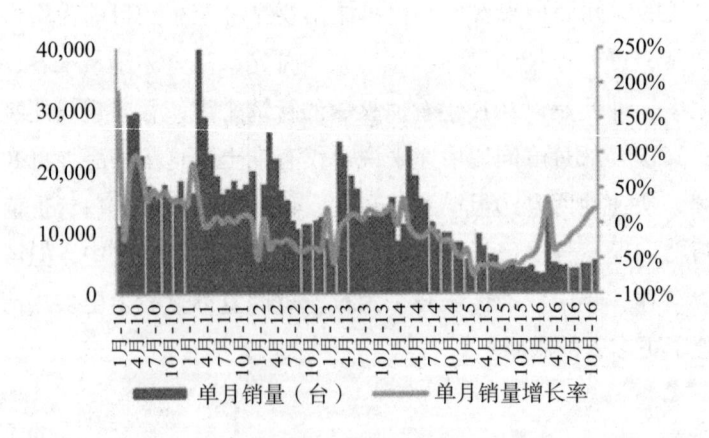

图5 装载机单月销量及同比增速

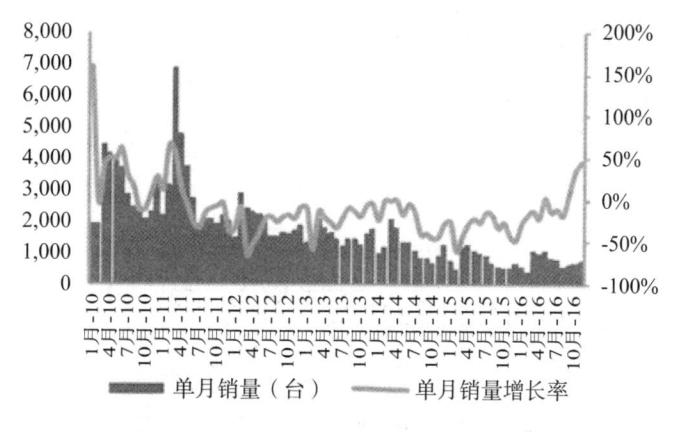

图6 起重机单月销量及同比增速

二、腊梅可寻？

但即便是短暂复苏，也有市场内在的逻辑。

早在2013年，中工联创就研判认为中国固定资产投资增速以及投资在GDP之中的比重将长期、持续下降。而目前看来，对工程机械市场影响深重的固定资产投资增速仍未有一丝挣脱下行通道的迹象，但部分领域或许仍存在相关机会。

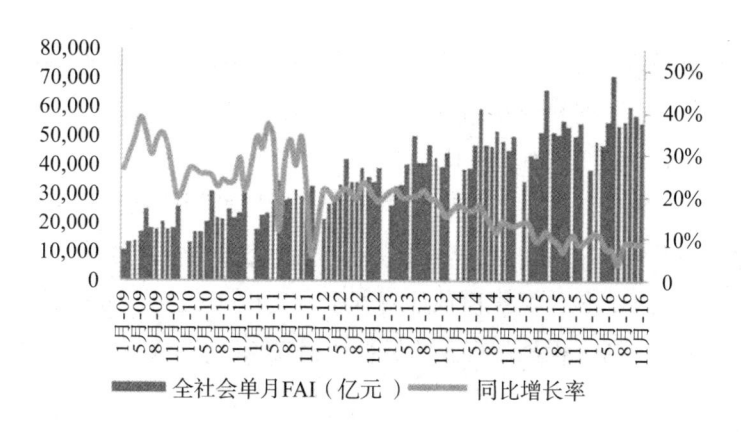

图7 全社会单月固固定资产投资及同比增速

以几大具代表性意义的领域为例：

1. 铁路建设

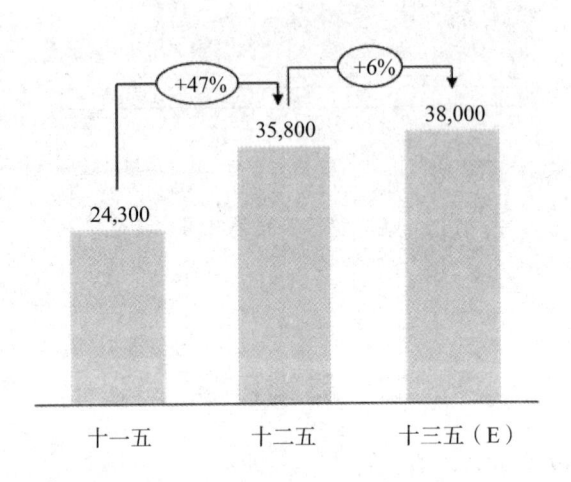

```
              +47%        +6%
                        38,000
              35,800
    24,300

    十一五    十二五    十三五（E）
```

图8　铁路固定资产投资（亿元）

备受关注的铁路投资，不管是在过去的数年还是未来的数年，都是工程机械市场重要的带动力量。然而在"十三五"期间，铁路投资将存在两大变化特点。

一是投资总额增速放缓。"十二五"期间铁路投资总额同比增幅高达47%，从"十一五"期间的24300亿升至35800亿。但在"十三五"期间，累计投资总额仅新增2200亿左右，同比增速约6%。

二是细分领域比重发生明显变化。"十三五"期间的铁路投资，将由城市轨道交通唱主角。2013—2015年全国城市轨道交通投资总额仅8000亿元。而2016—2018年三年，该投资规模预计将翻番，达1.6万亿元。这一细分领域的重大变化，将对其上游工程机械行业的机种及相应吨位产生较大影响。

2. 房地产

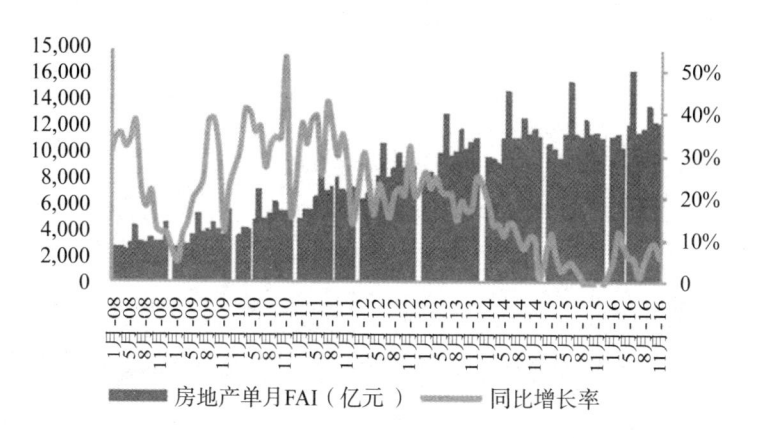

图9 房地产单月固定资产投资及同比增速

在中国，地产已经成为一个极其微妙的行业。中央政府一方面惧怕房地产泡沫本身及其被刺破之后所带来的一系列恶果，另一方面又因地产本身及其巨大的经济带动作用所贡献的巨量GDP而欲罢不能；地方政府则亦是面临实业发展、政绩考核及财政税收两难的境地。

所以若干年来，凡谈及地产调控几乎都是皮痒肉不痛的状态。然而在2016年，地产却也悄然发生了一些不一样的变化。

一是由于房地产市场投资实现短期逆增长和政府对地产"供给侧改革"配套政策的落实，从2015年年底到2016年年中，中国一线城市及部分二线城市房价实现了一轮久违的"量价齐升"，但是这未像往年一样将更多的新增投资带入了市场，而仅在低位有所徘徊。

二是2017年中央经济工作会议中，房地产调控被正式点名，从土地供应、信贷限制、货币政策、汇率水平等多方面做出了部署。

房地产这头猛兽究竟是否能按照中国政府的意图"尽职效忠"，尚有待观察；但至少，工程机械在未来数年要在地产领域有大的作为，恐怕难。

3. 石油石化

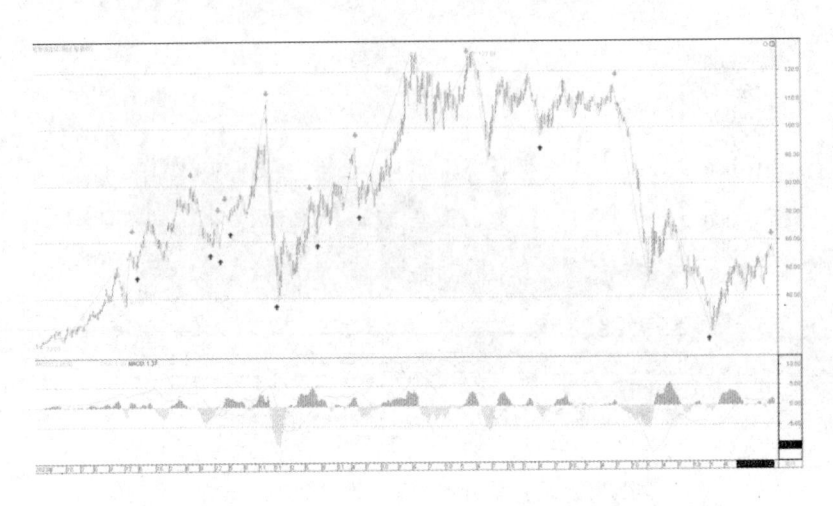

图10　布伦特原油期货连续价格周线图（美元/桶）

石油，作为对世界经济影响重大的商品，其不但本身构成庞大的产业链而且对众多产业的发展具有指导性作用。布原油期货于2012年3月在127.06美元／桶价位形成拐点，开始了将近四年时间的漫长下跌，终于在2016年1月以27.52美元／桶为低点让跌势暂告一段落。2016年全年的震荡上行让布油价格在不知不觉中实现了翻番，OPEC及非OPEC产油国于2016年年底实现联合减产，原油供给过剩程度逐渐减轻，从而越来越多的机构开始相信石油已经实现了触底反弹，将会开启上涨趋势。

然而，从宏观层面来看，世界经济依旧处于体虚多病的状态，隔三差五的黑天鹅事件更让这本就脆弱不堪的局面雪上加霜。特朗普所奉行的"闭关锁国"政策，则进一步加剧世界贸易保护主义的抬头。

从产业层面来看，近十余年来对全球经济具有卓越贡献的中国，传统优势产业几乎悉数处于产能过剩状态，供给侧结构性改革的阵痛不但让中国痛苦不堪，也让世界核心利益相关方颇感煎熬，石油需求增量难以为石油产业持续高增长提供基础。而中国政府不遗余力推广的轨道交通产业、清洁能源产业、新能源汽车产业等也都有减少对传统能源依赖的深层考虑。

从石油价格本身来看，尽管2016年全年布油价格已经实现翻番，但由于反弹起点基数低，百分比指标不具备太多参考意义：现价仅为拐点价格的

45.67%。此外，布油价格在2003—2012年十年中的长线上涨趋势属季线级别，具备坚实的量价基础；而其于127.06美元时点形成的顶点也势必是具备坚实量价基础的大顶，从技术分析的角度而言其后的下跌至少是月线级别的趋势，而就目前而言布油仅完成了一轮周线级别趋势的下跌，在未来两三年价格下探27.52美元将是大概率事件。

"皮之不存毛将焉附？"若油价不挺，整个石油石化领域的投资又怎能兴起。

4. 可再生能源

国际能源局于2016年发布了《关于建立可再生能源开发利用目标引导制度的指导意见》，将可再生能源开发进行了系统性说明。而目前中国的可再生能源结构中，仍以水电为主。2015年，包括风电、核电、光伏等在内的非水电可再生能源仅占总发电量的7.2%，而这一比重有望在2020年提升至9%，预期增幅25%。

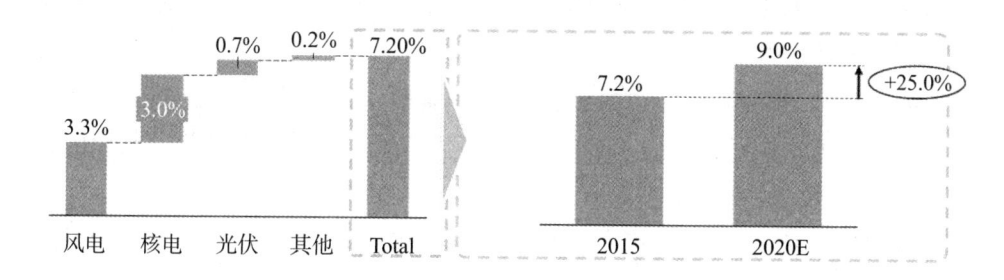

图11 2015年全国非水电可再生能源占总发电量比重及其在2020年的预测值

作为工程机械的重要应用领域，按照以往的思路，如果风电、核电和光伏相关工程建设能够顺利落地，则有望进一步带动工程机械行业市场的复苏，其中尤其利好中大吨位土方机械和移动吊装机械。

然而，未来可再生能源工程市场或许并不能像过往一样那般巨大。以风电建设项目为例，国家能源局对新疆、甘肃、内蒙古、宁夏、黑龙江、吉林六省区暂停下达新增项目建设规模的要求，并且明确"十三五"期间风电发展理念为："不再以规模为导向"。此外，风机行业也处于严重过剩状态。2016年全国风机总产能约5000万千瓦，而全年新增装机容量仅为2500千瓦，产销比仅为

50%，远高于15%~20%的国际水平。所以可以预见的是，风机厂商、工程单位、业主单位之间将会将各自环节因各种考量而做出的决策进行层层传递且逐级放大，最终工程机械市场全貌则很有可能是地域相对聚焦的、单一施工对象工程量较高的、总体工程数量较小，故而产品线长度和宽度较齐全具备配套供应能力的龙头企业将从中受益。

三、"长安米贵"

2017年1月8日，河北省省长张庆伟宣布2017年将压减炼钢产能1562万吨、炼铁产能1624万吨、煤炭产能742万吨，廊坊、保定、张家口钢铁产能全部退出。而在此之前，应工信部《钢铁工业调整升级规划》要求，河北省发改委暂时收回了首钢京唐钢铁二期、永洋特钢、新兴铸管等8个钢铁冶炼产能置换项目的备案手续，要求其按照1:1.25的比例调整产能置换项目。对于受到重度雾霾源头诟病、产能严重过剩的钢铁产业而言，低质、低效、高耗的生产方式已经不可再持续，而正开始大规模铺开的行业整合势必调整现有供求关系，未来相关资源类商品价格看涨。

而钢铁产业的调整，在中国仅仅是个缩影，其作为重要上游产品将对千千万万行业产生重大影响，而各个行业之间又将不断调整进而以其自由的方式连带放大效应反馈给市场。

"面粉"贵了，"面包"自然得涨价，但前提是有人还愿意买涨价后的"面包"。当然，"面包"也可以保持原价，但前提是"面包店"支撑得住。

四、"居大不易"

2010年开始，国内各大工程机械厂商开始采取激进的销售策略，低首付/零首付按揭、赊销、低息融资租赁等方式层出不穷。当年市场由于"4万亿"的刺激异常火爆，各厂商在尝到甜头之后，自然趁热打铁、大干快上，一股脑把产能释放，进一步加大营销力度。于是，2011年之后各大厂商的年报中都可以看到应收账款直线上升。2011年，30%的应收账款收入比是一个基点，此后数年"一骑绝尘"。其中以中联重科尤甚，四年时间暴涨4.72倍，年复合增速高达55%。如果说，21世纪初始的十年是工程机械市场爆发式增长的黄金十年，那么也可以说21世纪的第二个十年是工程机械厂商应收账款爆发式增长的"黄金"十年。

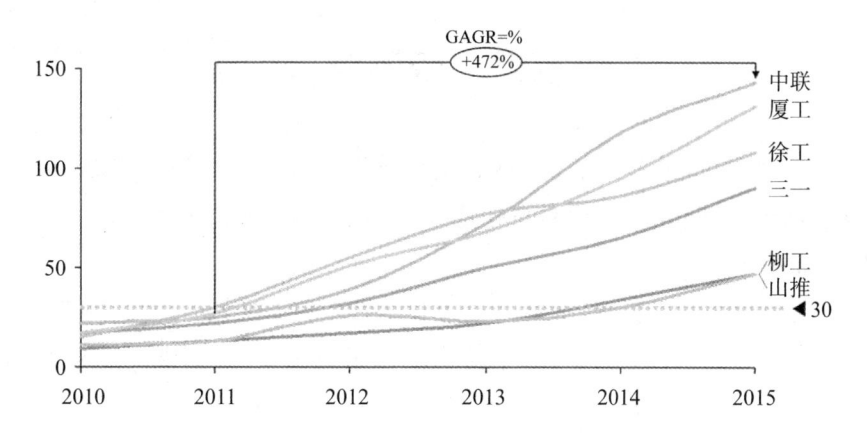

图12 2010—2015年中国主流工程机械厂商应收账款收入比（%）

厂商应收账款收入比的实质就是价格战，只不过比单纯的价格战更有杀伤力。最初，以销售政策作为重要销售手段的厂商并不显得过于激进，但由于此种方式迅速带来了销售业绩，市场各方参与者立刻敏锐地感觉到份额的流失并快速加入以此防御。当市场有足够多的参与者都采用此种方式之后，买方便形成了强势的心理预期和谈判筹码：在现有基础之上要求获得更激进的销售政策和价格。进而，市场便形成一种"滚雪球"式的销售政策和价格比拼的恶性循环机制。可雪上加霜的是，由于当时的特殊原因，市场被迅速地超常规地以透支形式完成扩张后然便急转直下，工程机械行业客户平均违约率已经达到25%~30%。一边是高企的产能和库存，一边是应声下滑的市场规模。看着报表里不断攀升的应收账款而导致的资金紧缺局面，厂商们不得不硬着头皮在那条激进的老路上越走越远。背水一战或许能有活路，资金链出问题就只有死路一条——这几乎是所有商人都能明辨其利弊但实际中永难抉择的囚徒困境。

但，以后呢？

并购重组：资源整合利器

随着越来越多的中国企业进入市场份额聚集阶段和多元化扩张阶段，并购重组作为当代市场经济活动中的重要手段，逐渐被企业作为重大投资行为的解决方案而采用。

并购重组是指企业为了获得其他企业的控制权而进行的产权交易活动，在国际上通常被称为"M&A"（Merger & Acquisition）。通常，根据主客体及操作方式的不同，并购重组可以分为三个类别。一是指企业合并，即两个以上的企业并成一个企业；二是指收购企业股份或股份交易，变化的是企业的股权结构，企业法人不变，但企业的股东部分或全部变了；三是指收购企业经营资产，企业法人及股权情况都没变化，但企业经营业务或经营资产变了。

就中国并购重组市场而言，21世纪开始并购重组行为快速得到了认同，其所具备的资源嫁接、资金杠杆等作用对希望快速获得发展的企业以及希望高效提振经济的政府单位产生了巨大的吸引力。

一、并购的兴盛有坚实的宏观基础

从发达经济体情况看，美国经济增长较快，消费、投资、出口和房地产形势明显好转，失业率已降至5%以下；欧元区和日本经济虽然有所好转，但增速缓慢，通缩压力较大，经济持续复苏仍面临不少制约。尤其是在英国正式脱欧后，本就立于高崖的欧洲经济更是雪上加霜，平添政治风险和经济风险的欧洲在未来将可能面临欧元崩溃、贸易保护主义、区域合作信任危机、生产和服务成本陡增等一系列问题。

从新兴经济体情况看，受石油等大宗商品价格大幅回落和地缘政治动荡等因素影响，俄罗斯和巴西经济出现衰退，同时还面临资本外流、货币大幅贬值、通胀上升压力，其他对资源出口依赖程度较高的新兴经济体也普遍面临不同程度的困难；亚洲新兴经济体虽然总体情况相对较好，但由于结构调整进展缓慢导致内生增长动力不足，而外需疲弱又使得传统的出口拉动型经济增长模式难以为继，经济增速普遍持续放缓，惟有印度继续保持7%以上的较快增长。

而中国重点推进的供给侧结构性改革，旨在从提高供给质量出发，用改革的办法推进结构调整，矫正要素配置扭曲，扩大有效供给，提高供给结构对需求变化的适应性和灵活性，提高全要素生产率，促进经济社会持续健康发展。而并购在该进程中无疑将扮演至关重要的角色。

二、并购重组被越来越多企业玩转

从企业层面看，并购重组首先能够促进企业更快地发展，企业用并购重组的方式发展，不管具体目的是为了扩大市场或是为了进入新领域，都可能比靠自己内部积累的方式发展更快；其次，与资本和资金市场环境的变化及企业财务动机有关。近20多年，全球资金供应日益充裕，近几年中国资金供应也日益充裕，资本市场和金融机构成了推动并购重组的重要推手，一些企业为了上市或在资本市场得到更好的评价，也日益重视并购重组；第三还与企业经营者的偏好和冲动有关。

2007年至2010年四年时间，中国境内并购重组金额便翻了一番，突破万亿元大关，年复合增长率为24%。而随着次贷危机和"四万亿"后遗症对实体经济的逐步侵蚀，中国的并购重组市场在经历了四年的快速成长期后马上迎来了四年的冷静期，其间的年复合增长率为-2%，成交金额一度跌破8000亿元；但是也应看到，尽管成交金额有所下滑，但交易数量却保持了一个较高位水平的震荡格局，这说明其间的大型交易有所减少，但是小规模并购重组却稳中有升。而从2014年开始，中国境内并购重组市场又再一次开启了上升模式，而这一次的增长可以用疯狂来形容——60%的年复合增长率，2015年成交金额为24511亿元，交易数量5864件，较2007年水平分别增长356%和237%。

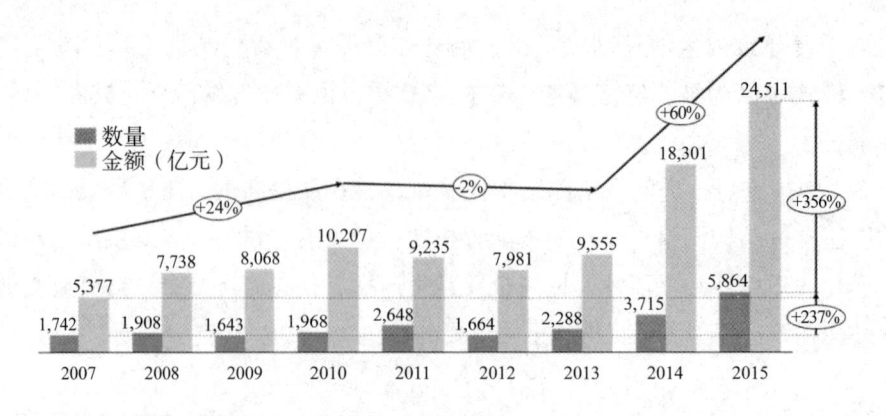

图1　2007—2015年中国境内并购重组交易金额及数量

从地域分布来看，并购数量最多的地域为华东区，在全国具有明显数量优势，且持续保持高增长态势。中南地区及华北地区紧随其后。这一地域分布情况与中国GDP比重较为吻合，更与并购重组标的行业的分布情况较为吻合。

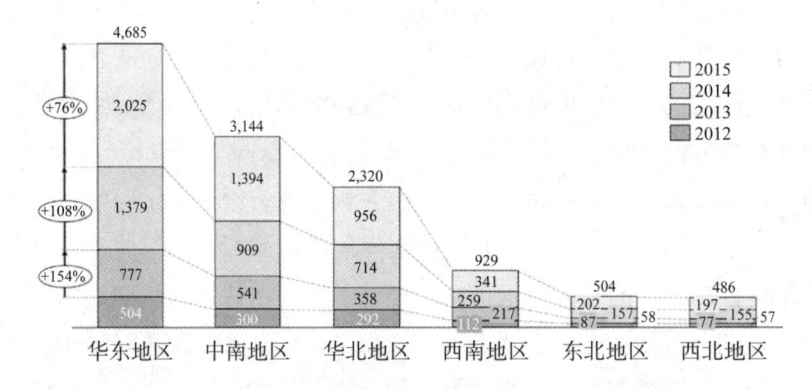

图2　2012—2015年中国境内区域并购交易数量

而在并购交易金额方面，地域分布则呈现出不同特点。统计周期内，华东地区累计金额略输于西北地区，但近年来快速追赶，并在2015一举大幅超越西北地区。这说明，西北和华东具备较大的并购重组交易标的；而近年来，华东地区的大型并购重组交易案例显著增多。

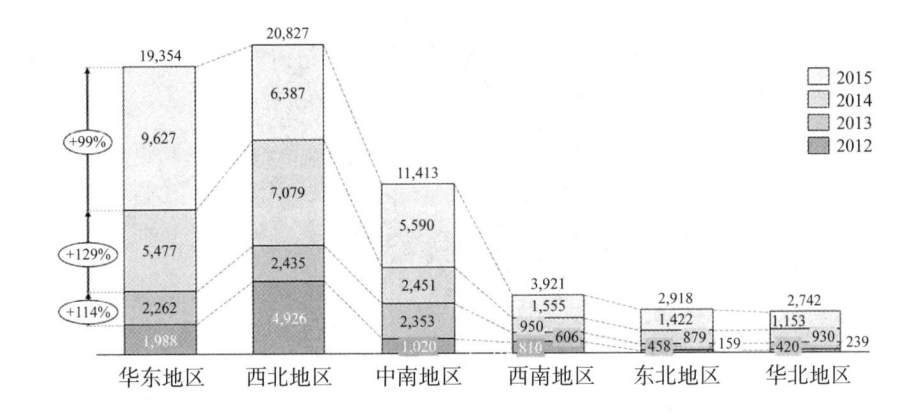

图3　2012—2015年中国境内区域并购交易金额（亿元）

三、中小型企业是成立并购基金的主力

近年来，并购基金成立数量快速增长。据不完全统计，仅2015年，全国上市公司中就有超过300家并购基金诞生。

在众多并购案例中，并购主体并非如"常识"想当然地认为大型企业应为实施并购的主力。仅就中国上市公司并购案例而言，中小型企业就占据了绝对多数并购案例，总比例高达69%，是主板企业一倍之多（主板与中小创板上市企业相比较，平均营收规模具有明显优势）。

这一现象的形成主要有两大原因：

（1）主板企业多数属于传统行业，受经济周期等因素影响，自身经营存在较大困难，现金极度吃紧，少有企业有能力进行并购；而中小创企业多数属于新兴行业，行业成长性良好，企业得以形成良性、快速发展，"快鱼吃慢鱼"的逻辑贯穿行业发展脉络，故而形成快速整合势头。

（2）中小创企业规模普遍偏小，处于企业高速成长期，年复合增速超过50%的企业比比皆是，超过100%的也不算稀奇，而从股东回报预期、市值管理等角度出发，这些企业不得不将内生发展和外延发展进行结合，以获取超市场平均水平的发展；而反观已形成规模优势的主板企业，若并购小型企业对其业绩增长拉动效应有限，但若并购大中型企业又缺乏必要的财力和与之匹配的投后管理能力，故而更多的主板企业选择被动"过冬"。

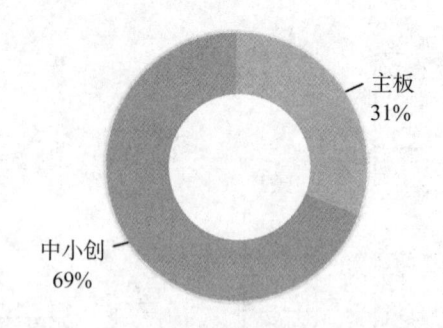

图4　成立并购基金的公司以中小创为主

近年来，产业融合发展态势明显，不断涌现出的新产品、新业态、新模式，成为服务业发展的新增长点，带动全国尤其是大中型城市的经济转型发展。服务业内部融合发展推动电子商务、互联网金融、在线教育等新业态发展。服务业与制造业融合，推动了制造业的转型升级，形成融合型产业价值链，产生结构升级效应，促进服务外包等业态发展，拓展了服务业发展空间。服务业与农业的融合发展，催生了休闲农业、会展农业等新兴业态，促进农业转型提质。

伴随着相关产业内生发展动力的不断释放，产业与产业之间的融合又会滋生出新的产业，而这样的循环如果得以持续将有望在未来成为中国经济的重要发展力量。

四、并购之于中国已渐轻车熟路

多年的并购重组之路，也让并购重组主客体的交易手段和交易日趋成熟。

一方面，越来越多的并购重组者和被并购重组者拥有较为明确的战略，而并购重组只是基于战略所做出的一项重大决策，在其背后则有着非常明确的战略诉求。在2007年主客体的并购重组目的相对简单，无非是横向整合、财务投资、多元化战略、资产调整和垂直整合五种，其他目的占比微弱到可以被忽略。而到了2015年，交易目的中占最主要地位的虽然还是横向整合，但是其他目的占比有明显分化，主要有资产调整、买壳上市、多元化战略、战略合作、业务转型、收购品牌、垂直整合、整体上市等。两相对比，可以看出，合作共赢、资产证券化、虚拟资产购置等交易目的类型实现了从无到有的变化。

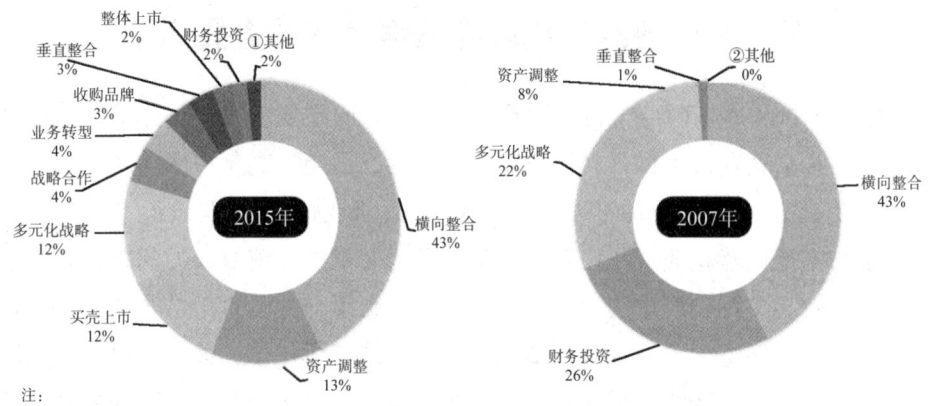

图5 2007年与2015年中国境内并购重组交易目的比例

注：
① 包含：管理层收购、获取资质、私有化、获取做市库存股、获取资质牌照、获取知识产权、避税；
② 包含：战略合作、买壳上市、业务转型、收购品牌、获取知识产权、获取资质。

另一方面，在执行并购重组的方式上，近些年也有着相当大的变化。在2007年，现金并购重组占据绝对地位，高达四分之三的比例；剩下的并购重组方式为现金/债权、股权/现金、股权。很明显，当时的并购重组方式非常单一，无创新性与交易工具组合而言。到了2015年，交易方式则丰富多了。现金交易的方式下滑至不到六成，股权/现金、股权、上市公司股份/现金/资产、上市公司股份/资产等方式成为其他主要交易方式。可以看出，杠杆交易方式比重在快速上升，多种交易方式组合使得交易的复杂性明显上升，但这也有利于降低交易门槛、提高交易效率。而这从并购重组数量与并购重组金额的角度上看，二者也构成互相促进的关系。

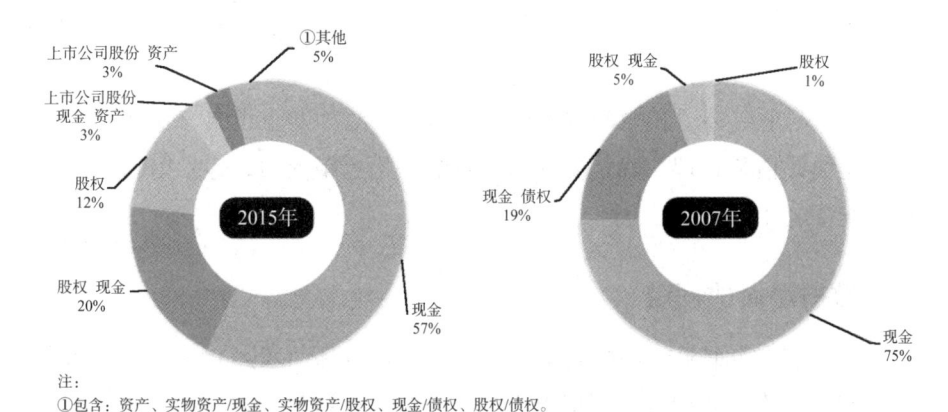

注：
① 包含：资产、实物资产/现金、实物资产/股权、现金/债权、股权/债权。

图6 2007年与2015年中国境内并购重组交易方式比例

五、并购重组已成政府提振经济的重要抓手

中国中央和地方政府支持并购重组,有四方面主要动机。首先是为了通过并购重组推动企业做大做强,调整产业的结构,适当提高集中度。第二是为了招商引资,鼓励外资企业并购重组本地企业;鼓励央企并购重组本地国有企业,及与本地民营企业合作、重组。第三是为了解决一些复杂的问题,如为了解决矿难较多、污染严重的问题,一些地方出台了与并购重组结合的关闭小煤矿的政策。第四是为了鼓励和打造产业链的整体竞争优势,某地政府在对当地的产业有了明确的战略规划之后,对重点产业将会进行产业链层面的提升,而鼓励本地相关产业的龙头企业进行相关多元化并购重组是实现产业链条缺失环节补充和竞争力提升的高效方式。

六、并购重组快速普及的背后也存在一系列问题

1. 企业层面的问题

一是并购重组战略问题,并非每个企业都有明确的并购重组战略,一些企业未能把握并购重组的战略环境是否支持并购重组,甚至尚未明确并购重组的战略意义,只是为了并购重组而并购重组。

二是并购重组方案的合理设计、评估问题,并购重组企业由于受过去粗放式经营理念和思维影响,对纯正市场经济规则和企业运作方式缺少有效积累,从人力上、财力投入上、重视程度上都不足以制定出一套合理的并购重组方案。

三是并购重组必须和并购重组后整合结合,对并购重组要有从并购重组到整合的全面评估和管理。四是要评估企业的并购重组能力,包括财力、人力,不打无准备之仗。

2. 政府层面的问题

一是利于并购重组的环境尚待提升。一些政府部门较热心具体的并购重组方案,推动具体的并购重组直接出成绩,但忽视环境改善。这几年,政策环境有改善,有关部门出了政策,银行可以贷款支持并购重组,工商局允许以股权

作为出资；一些地方政府也出台了有利的政策。这些政策的出台都有利市场化并购重组，得到企业很高评价，但仍须调整。

二是用行政手段推进并购重组，一些做法违反基本的市场经济财产制度原则。这样的推进方法在短期内或许能够得到一定的好处，但是从中长期来看，往往事与愿违。尤其是在当下经济形势持续低迷的背景下，任何一次有明显错误的重大决策其后果将被显著放大和加速突显。

管理咨询与中国企业，谁辜负了谁？

说起咨询行业，有很多人会迅即联想到一群身穿Giorgio Armani西装、脚踏Fendi小牛皮手工鞋的人，端着现煮咖啡在机械手表机芯摆动的频率下思忖着他们客户重大问题的场景。没错，在很多人看来，咨询就是一桩高大上的国外舶来生意。

一、咨询行业起源

广义的咨询行业其实是一个传统行业。两千多年以前，我国就已经有了咨询行业，只不过那个时代并没有明确的行业划分，但人数其实已经相当可观——当时大官宦麾下的食客其实就是咨询师的源头之一，只不过当时的名字叫"谋士"。

而现代咨询行业的真正发展其实也就百余年。1870年，泰勒为代表的工业工程师开辟了该领域，当时主要以工业领域的生产技术为切入点，为工厂进行生产上的提升和管理。到20世纪初叶，麦肯锡等公司的出现正式代表着管理咨询行业的兴起；到20世纪90年代，美国的咨询行业达到了高峰时期：年产值达2030亿美元，占GDP的20%。而随着中国的市场经济蓬勃发展、中国加入WTO对中国工商业的强烈刺激以及外商投资的蓬勃发展，中国大陆的咨询业在20世纪90年代末开始蓬勃发展。

二、咨询行业现状

据估计，2015年中国大陆咨询市场总量约为1000亿元。以"咨询"为注册类别，在工商部门注册登记的咨询公司约有13万家，在国家部委注册的有约5000家。而真正从事管理咨询且有一定知名度的咨询公司，仅有不到1000家。而从市场份额来讲，第一梯队牢牢被国外巨头占据，大约占有60%的市场份额；第二梯队，以国内规模较大的咨询公司为代表，只有20%的市场份额；而剩下的市场，则被各路小众咨询公司瓜分。

1. 国际咨询公司与本土咨询公司的比较

从综合竞争力来讲，本土咨询公司与国际咨询公司具备一定的可比性，但分别在某些层面上具备明显的短板和长处。

优势：第一，本土公司具备价格优势，平均价格往往只有国外顶级公司的一成左右；第二，东道主优势，具备文化认同度等方面的先天条件；第三，具备政策优势，本土公司在一些敏感领域能够获得官方支持；第四，本土化的研究成果，更适合于本土的咨询公司的运用；第五，增值服务。

劣势：第一，行业的发展时间相对较短，因此品牌价值比较单薄；第二，工具和方法论的积累尚浅，鲜有独立创造之作；第三，数据库薄弱，更多的数据来源是采用官方的统计数据，或购自数据提供商，鲜有独立调研数据；第四，整体水平不够高，导致行业整体形象受损；第五，专业人员断层，高层次人员往往能够占据金字塔塔尖，给客户带来非常多的咨询价值，但是由于本土咨询行业的快速发展与较短的发展历程所带来的矛盾，造成了非常的严重的行业人才断层现象；第六，国际化程度低，咨询顾问的综合能力和视野宽度，对于咨询价值至关重要，而随着中国深度融入WTO和国际化进程的加深，拥有国际化背景的咨询顾问，无疑能够为企业和政府提供更多的咨询价值。

机会：第一，中国经济中低速地持续增长，很难再恢复到两位数的GDP增长率，可是中国的经济基础已经今时不同往日，伴随着中国改革进程和一些新兴产业的兴起，中国经济总量持续较高速的增长仍将可被期待；第二，国有企业深化改革在近年来是一个非常热门的话题，从中央高层到地方政府都非常重视，不断推动着国有企业改革向纵深方向发展，而国企改革势必要牵动相关企业的发展战略、管理体系、人力资源等等一系列方面，而这时候咨询顾问的价值就凸显出来了；第三，是中国企业国际化浪潮，中国企业国际化已经不再是稀奇事，越来越多的企业将国际化道路列为他们的战略重要途径之一，国际化市场将会需要更多的国际化人才、更国际化的管理思路和更国际化的管理体系；第五，海归派在中国企业的晋升，在过去的几十年中，跨国巨头企业纷纷在中国投资，外企曾经一度是黄金职业聚集区，而随着中国企业的壮大、兴起，越来越多的外企白领投身于本土企业的怀抱，这些人的思维和理念正在不断地影响着中国传统企业的管理体系；第六，前期项目口碑，咨询公司多年所累积下来的口碑将会导致咨询公司的品牌影响力不断地被放大，而其反过来又将利于公司在市场形成新的订单，获取新的价值。

挑战：第一，知识体系鸿沟，国际巨头多年来积累的经典商业管理理论体系和工具，是本土咨询公司不可比拟的；第二，国际巨头深耕中国市场，而随着这些国际巨头深耕中国市场，不断加深对中国市场的了解，一系列适用于中国市场的服务或被陆续开发，这将不断缩小国际企业与中国本土企业的适应性差异化；第三，行业混乱不成体系，中国的咨询市场，良莠不齐，个体差异巨大；第四，国内企业对所提供咨询服务机构的国际化要求越来越突出，纵观国内的咨询公司具备国际化经验的咨询顾问寥寥无几。

2. 咨询的构成

构成咨询公司的核心竞争力有三大法宝：人才、品牌、资源。

人才：人才是咨询公司的核心资源，所有的咨询顾问是咨询公司的支撑。正因为有了一些在行业内和专业上有独树一帜专业洞见和经验积累的专业人员，他们以咨询顾问的身份不断加盟咨询公司，才构成了咨询公司与日俱增的核心竞争能力。

品牌：作为专业服务公司，品牌对其发展有着莫大的价值。而具体来说，咨询公司的品牌可以体现在几个方面。第一，咨询公司的历史沿革，是一种良好的品牌价值体现，优秀的咨询公司应该具备较长的历史沿革，薪火相传。第二，体现在其所擅长的行业和专业方面具备较好的口碑。第三，是其所积累的专业知识体系和方法论已经公开出版发表，且具备一定的采纳度，如行业、专业研究、模型、工具、方法论。

资源：具备较强资源优势的咨询公司，往往能够利用其在政府、企业甚至一些项目上的资源为相关机构提供除了咨询方案之外的落地服务，以利于咨询方案得以顺利实施。如果一家咨询公司拥有具备良好行业经验和专业能力的咨询顾问，它不难具备提供较符合企业需求的且有价值的咨询方案的能力，但或许也就只能到此为止了——无法进一步为甲方单位提供增值服务，那么这类型的咨询公司便不能够称其为顶级的咨询公司。

3. 行业梯队

在探讨咨询行业内部问题的时候，行业内部企业往往会从两个维度展开讨论。

第一个维度是从咨询公司所从事的主营业务来看。一般来讲可以分成三大板块。第一类型是综合类咨询公司。这类咨询公司由于成立的时间非常的早，历史较长，咨询团队比较庞大并且实力非常突出，更重要的是这类型咨询公司曾经操作过非常多影响力巨大的案例，所以具备极高威望。第二类咨询公司为战略咨询公司。这类咨询公司以战略咨询为主要的经营产品，由于战略是在咨询业中具备较高竞争门槛和利润率的服务，所以该类咨询公司以此占据了咨询产业链的高端环节，并且能够获取比较高的价值和利润，优秀的战略咨询成果反过来又能够帮助这些公司积累非常好的口碑，铸就比较好的品牌价值，从而形成良性循环。第三类是专业型的咨询公司。这类咨询公司往往以某一个方面为主要咨询业务，比方说人力资源咨询、财务咨询、内控咨询、营销咨询、IT咨询，但是随着其业务的推行以及所积累的案例增多，其往往也会将产品线进行拓展，有的甚至拓展成为综合性的咨询公司，其中大多数都会选择以并购的方式来实现对产品线的拓展，比如IBM收购普华永道，戴尔收购毕博，以及摩立特被德勤于2012年以1.16亿美元的价格收购。

第二个维度是以公司的规模和威望来评价的。而其中梯队分化，往往是国际知名咨询公司排名较前，而国内的咨询公司，能够在第四线第五线梯队中出现的都相对较少。

三、咨询公司与客户"恩仇录"

1. 盲目迷信

受到多方面的影响，很多客户，深深地感受到顶级咨询公司的魅力，对顶级咨询公司的名字耳熟能详，如数家珍。所以一旦遇到顶级咨询公司的咨询顾问以及相关的专业人士，定是顶礼膜拜，从而产生非常深的迷信行为，认为来自于顶级咨询公司的一切都是金口玉言、救命稻草。而这种心态往往注定了一个悲剧的开始。若客户方在没有了解到咨询团队真正实力、擅长领域的情况之下，就委以重任，必定抱有过高期望，甚至一些不切实际的期望；而另一方面，咨询团队在尚未对客户需求有非常深刻认识的前提下拿到了咨询订单，往往导致咨询方案与客户需求相差十万八千里。

2. 不屑一顾

30多年的改革开放，让越来越多的平凡中国人在商业上取得了卓越成就。不断得以提升的能力伴随着不断膨胀的欲望，使企业家们愈发自信。他们确实取得了成功，但他们的成功，却没有让他们融入世界经济管理的大潮流，而是坠入了另外一个深渊：对自己决策、运营能力深信不疑，相信既然自己能够从古旧岁月之中脱颖而出，就必然能够在任何时代背景下再创辉煌，哪怕是在中国所面临的非常残酷的经济大转型趋势中，他们也能够全身而退。

而这一种自信，对他们来说，是非常宝贵的财富。所以当咨询顾问站在他们面前，所得到的反馈只有可能是一双白眼。而如果某一位咨询顾问能够更加大胆地从产业趋势、公司年报之中看到一些端倪并善意提醒经营风险，或许他将惨遭一顿乱骂，理由或许是"你当过董事长吗？你又有什么资格来指导我？"

然而在中国企业界，从来不缺豪情万丈的企业家，更加不缺昙花一现的明星企业。

3. 将信将疑

近几十年中，中国尝试过了太多的新鲜事物，咨询这个行业作为一个西方国家的舶来品，自然也是如此。而对于新鲜事物，中国人已经习惯了摸着石头过河。所以在中国的企业家中，不乏一些对咨询这一项服务半信半疑的人群，他们一边在接触，一边在观望；同时，也在私底下进行一些小规模的尝试。这些企业家，往往跟其他的企业家有非常大的区别。比上，他们虽然没有那么成功的企业经营时，但是，也没有那么大的冒进动作，所以企业往往能够比较稳健地发展；比下，他们并非一成不变，一颗谦卑好学的心时时刻刻推动着他们向前不断接受新鲜事物，今天是互联网，明天是物联网，后天可能就是量子通信。而咨询市场在未来若能得以快速发展，从客户群体来讲，我们认为此类企业家将会是未来咨询行业蓬勃发展的最大推动力。

4. 要钱免谈

但是有一类客户在咨询市场之中是最为特殊的，这个群体往往表现得非常积极，对于一些行业的论坛会议和与其专业领域相关的研讨会都热衷于参加，不光是为了汲取资源，也是确确实实地希望了解到行业的趋向、把握行业的机会，从而为自己企业获得更加多的智力支持。而相关咨询顾问与其沟通之时，他们起初也并不排斥，而且表现得非常热情主动。谈论到实际的合作项目时，他们也会表现得非常诚恳，愿意跟咨询顾问交流企业的情况、问题，并且分析各种原因。但到具体落实之时，往往就会打退堂鼓。其中，一个核心的原因就是"钱"。在他们看来，咨询服务并不是一项实实在在的产品，他们希望得到但是并不希望用金钱去换取。在他们眼里，咨询服务只不过是咨询公司咨询顾问提供的一项治理知识而已，并不能给他们提供看得见摸得着的实际成果：尽管他们打心底知道，这种支持是需要的。经过几次与不同咨询团队商谈，企业往往会意识到，不付钱咨询工作是没有人愿意做的，他们同时了解到原来咨询公司与咨询公司、咨询团队之间的价格差距是非常大的，从而衍生出一个想法——价低者得。很不幸的是，在中国市场这样的客户思维非常普遍，而这就是咨询行业价格战打得非常惨的一个重要原因。

四、一笑可否"泯恩仇"？

咨询行业虽然不属于新兴行业，但却符合现代服务业的典型特征。咨询公司的价值体现在无形资产上，故而与一般性企业运作和发展逻辑大相径庭。由于所服务的对象是企业和政府单位，且接洽人多为服务对象的高管甚至一把手，所以咨询公司从与服务对象最初接触这一时点开始，包括专业能力、职业素养、专业形象等一系列核心要素和附加因素都已经被列入考察要点中，对此甲乙双方或许都鲜有意识性地注意到这一系列动作发生的过程，但彼此都将不同程度地有所感受且该感受将着实影响双方合作可能性、合作地位和合作基调。换句话说，这决定了咨询公司能否获得咨询订单，以及在客户眼中的地位和所获得的咨询费。

但在进行咨询服务磋商过程中，有一悖论将始终存在：客户方由于缺乏必要能力才考虑聘请咨询公司为其服务，但鉴别咨询公司是否具备足以解决该问题的能力却需要在该领域具有较高水平。

从咨询行业的实际操作情况来看，更多成熟的咨询公司相对而言鲜受此悖论的困扰，其原因众多，但最为核心的是其建立了足够权威的行业地位和公信力。对此，中国国企和政府单位的贡献功不可没：不少高管和一把手认为若聘用某顶尖咨询公司还不能有效解决相关问题，自己至少有充分地理由免责。

这是中国咨询行业的窘境，更是本土咨询公司生存与发展的客观土壤。

新技术（如大数据、人工智能等）的出现及运用，已经让多个行业得以改变。"阿尔法狗"在围棋领域的所向披靡让越来越多的人认识到"终结者"并不见得只能存在于好莱坞电影中。咨询行业作为知识密集型服务行业，也正受着"终结者"的挑战。据悉，某些咨询公司已经开始行动，一方面引进人工智能技术将公司所积累的方法论进行程序化设计，并基于大量过往案例让程序化的智能咨询系统开始深度学习，从而取代站在咨询行业金字塔尖的合伙人级别人员；另一方面破天荒地大量招募高中生，安排其从事基础的数据采集和输入工作。这样一来，便构成了低成本、高效率的"量化咨询系统"，正如金融领域的"量化交易"。

未来的咨询行业，不论单个公司之前的行业地位如何，终究难免受到趋势浪潮无情地冲刷。大浪褪去时，满沙滩的鱼虾贝蟹该如何思考"属地占领"与"海滩建设"的议题，那大概就是一个新咨询纪元的开始吧。

中美制造业成本与税收比较研究

2016年12月，中国最大玻璃供应商福耀玻璃集团董事长曹德旺宣称将投资10亿美元在美国建厂，并比较了中、美制造业成本，得出的基本结论是："除了人力之外，中国其他什么都比美国贵。"2017年1月，美国硬盘巨头希捷集团在向中国补缴14亿元税款后，宣布关闭苏州工厂，裁员2000余人，并计划到泰国投资扩厂。2008年金融危机后，美国提出制造业回流，惠普、苹果等一批现代制造业企业开始逐步回迁美国。最近几年，中国制造业成本上升，富士康等大型厂商也宣称将加大对美国投资力度。制造业企业、政府和学界引发了对于中国制造业"空心化"的担忧。

本文试对比中美两国制造业成本与税负，分析导致中国制造业成本优势越来越小甚至日趋接近美国的原因，据此判断未来两国制造业成本的变化趋势及其将给两国制造业的发展造成的影响，以寻求中国制造业面对成本优势不再的危机应对办法，以及产业升级、提升国际竞争力的相关建议。

一、中美两国制造业成本与税负比较及变化

1. 中美制造业成本对比

经历了过去30年的持续发展，中国已成为世界制造业大国，被称为"世界工厂"。尤其是自中国加入WTO后，遵从产业梯度转移原则，从服装到汽车，全球制造业大规模转移到劳动力素质与成本极具比较优势的中国。而现在，局面似乎正在逆转。2004年至2014年十年间，飞涨的劳动力和能源成本削弱了中国的制造业竞争力，而美国已经成为发达经济体中制造业成本最低的经济体。美国与中国的制造业成本差距在快速缩小中，如果这一趋势再持续十年，那么这个差距将会消失。

根据波士顿咨询公司（BCG）的研究，2014年，中国相对美国的工厂制造业成本优势已经减弱到5%以下；2015年，在美国低成本地区生产已经

变得和在中国生产相似；预计到2018年，美国制造业的成本将比中国便宜2%~3%。波士顿报告举例说，在十年间，中国根据生产率调整后的制造业平均工资在4.35美元每小时的基础上翻了三倍，达到12.47美元每小时，相比之下美国从17.54美元每小时上升到22.32美元每小时，仅上升了27%。从2004年到2014年，中国工业用电的成本估计上升了66%，天然气成本更是猛增138%，而自2005年以来，由于美国正式开始重新开采地下页岩天然气资源，天然气成本下降了50%。

表1 中美制造业成本与税负对比表

主要统计数据	美国	中国
制造业GDP年复合增长率（2010—2013年）	0.8%	8.6%
制造业GDP占总GDP的比例（2013年）	12.3%	29.9%
劳动力成本（美元/小时）（2015年）	$38.0	$3.3
制造业出口占商品总出口的比例（2014年）	63.7%	93.8%
人均可支配收入（美元，2015年）	$42,225	$3,549
人均可支配收入复合年增长率（美元，2005—2015年）	2.9%	16.3%
液化天然气价格（美元/每百万英热单位）	2.0	7.0
工业消费电价（美分/每千瓦时）	6.7	10.7

资料来源：美国劳工部，美国联邦能源监管委员会，德勤2016全球制造业竞争力指数报告，中工联创分析整理

2. 中美制造业税负对比

私人部门总税率高企是影响中国营商环境的重要负面因素。娃哈哈集团董事长宗庆后等实体经济企业家不断呼吁降低中国企业部门税收负担。

那么，中国企业的税负主要来自哪里呢？除了25%的企业所得税外，还有高达百分之十几的增值税，更别提印花税、车船税、城建税、教育费附加、地方教育附加费等其他税费。如果用世界银行世界发展指标中的"总税率"指标（指企业的税费和强制缴费占商业利润的比例）来衡量中国企业所承担的税负，2013年，国内企业总税率为68.7%，不仅明显高于发达国家（美国43.9%），也显著高于像泰国和南非这样的发展中国家，仅略低于巴西。中国劳动密集型产业主要转移目的地如马来西亚、越南、孟加拉、泰国等东南亚国家的私人部门总税率均在40%以下，大幅低于中国私人部门总税负。

不过，一国税负的高低是个相对概念。如果拿中国的税负与发达国家比，中国的宏观税负其实不算高。根据国际货币基金组织（IMF）制定的《政府财政统计手册》计算，2014年、2015年，中国宏观税负均为29.1%，大大低于世界平均38.8%的水平。但若单就制造业和美国比，中国企业承担的税负的确高些，因为税制不同，美国以家庭、个人缴税为主，企业缴税为辅；而中国主要对企业征收，因此有中国企业缴税更多的印象。这种税制的差异是历史形成的，与不同国家发展阶段的人均收入水平相关联。

二、中美两国制造业成本差距变小的原因

1. 劳动力

作为发达经济体中最为灵活的劳动力市场，尽管早已抵达"刘易斯拐点"，但劳动力仍然是美国提高产业竞争优势的关键因素。在全球前25位制造业出口国中，美国在"劳动力监管"方面排名最前，工人人均劳动生产率也最高。美国生产的很多产品根据生产率调整后的劳动力成本估计比西欧和日本低20%~54%。而中国劳动力成本猛增并且生产率的小幅提高无法抵消由此带来的影响。

2. 能源

得益于页岩水力压裂技术，美国取代沙特阿拉伯成为世界最大的石油生产国；同时，美国的天然气成本自2005年以来下降50%，并迅速成为自2010年以来最大的天然气生产国。目前，中国、法国和德国的天然气成本是美国的3倍以上，日本的天然气成本甚至接近美国的4倍。由于页岩天然气还是化工等产业的重要原料，因此低成本的页岩天然气还有助于使美国的电价低于大部分其他主要工业国。这对钢铁和玻璃等能源密集产业来讲就有巨大的成本优势。天然气成本仅占美国平均制造成本的2%，而电力成本仅占1%。但在大部分其他主要工业国中，天然气成本占平均制造成本的5%~8%，而电力成本占2%~5%。

由于美国天然气储量分布广泛，预计价格将在未来几十年保持在每1000立方英尺4~5美元以内。另外，由于其他经济体还需要一段时间才能掌握开采页

岩天然气的能力，所以至少在未来5~10年北美仍将占据天然气的成本优势。

3. 技术

以美国为主导的全球科技创新中心，拥有全球最先进的技术装备和技能水平最高的人力资源。智能制造被美国政府视为21世纪占领世界制造技术领先地位的基石而高度重视。金融危机后，美国政府出台一系列再工业化政策，宣称未来20年将通过快速发展人工智能、机器人和数字制造技术，重构制造业的新格局。在接下来的六年中，美国自动化生产技术逐渐成熟，与新兴市场的制造成本差距不断缩小。

美国"再工业化"战略的重心在于关注高科技含量和高附加值的高端制造产业，意在利用其雄厚的技术基础、人才优势、强大的研发能力和良好的市场机制，率先在数字化制造、新能源、新一代信息技术、生物、新材料、智能服务等新兴产业领域取得突破，从而实现制造业的革命性升级。应该说，技术红利带来的产业变革将使美国逐步形成制造业领域的成本新优势。

4. 政策

美国2009年提出"再工业化"计划，目标通过发展先进制造业，实现制造业的智能化，保持美国制造业价值链上的高端位置和全球控制者地位。2011年，美国实施先进制造联盟计划。2013年，GE提出工业互联网概念。"让工作岗位回到美国"、"让制造业重新回到美国"，是美国总统特朗普施政的一大焦点。在美国政府的推动下，美国出现了比较明显的制造业回流趋势。苹果、卡特彼勒、福特汽车、英特尔、星巴克等公司或将生产线迁至美国，或持续强化在美国本土的生产研发。

随着中国人口红利的消失以及制造业产业从劳动密集型向资本和技术密集型转变，越来越多的机器代替人工，中国劳动力成本优势不再，中国将大量缺乏与知识、技术密集型的智能生产方式相匹配的技术工人，中国制造业长期将面临日益严重的结构性失业。如果中国不做出相应改变的话，那么，中国制造业成本与美国的差距会越来越小。

三、变化带来的影响及政策建议

十年前，很少有人能预测到发达地区和发展中地区同时发生的工资和能源成本持续而又巨大的改变。但在变幻莫测的全球经济中，有理由相信这种变化将持续下去并且各个经济体的相对成本竞争力将处于动态变化中。无论是企业还是政策制定者，都不能满足于现有的竞争条件。

1. 对中美的影响与启示

企业应该用新的眼光看待这个世界。对很多企业来讲，全球制造经济转移要求它们用新思维洞察世界，而不是把世界看作仅仅是划分为低成本和高成本的两个部分。成本竞争力的变化对全球运营的制造企业的启发包括：提高生产率、思考整体成本、考虑更广泛供应链的意义、完善商业环境、重新评估企业商业模式和调整全球网络等。制造业投资和采购的决策应该更多地根据对各个地区竞争力的最新的、准确的理解来制定。那些用过时的成本竞争力理念发展生产能力的企业，那些无法把长期趋势运用到自身场景中的企业，很可能在未来二三十年被淘汰；而那些根据全球制造经济转移调整业务的企业，那些灵活应对经济转移的企业，则很可能成为赢家。

中美制造业相对成本的这些动态变化将促使全球布局的企业重新评估它们的制造业选址，从而导致中美制造业发生转移。这意味着中美制造业可能更加分散在中美两国的各个地区。因为中美两国的各个地区都有相对低成本的制造业中心，更多消费商品将在更接近市场的地方制造。

2. 对中美两国制造业发展的政策建议

鉴于上述这些趋势，政府领导者应越来越意识到稳定发展的制造业对经济的重要性，同时政策制定者需要明确自身优势和劣势，并且采取行动提高制造业竞争力。

具体来说，成本竞争力落后的经济体需要马上采取行动避免制造业竞争力进一步减弱，而那些领先的经济体也不可以故步自封。

例如，美国企业的税率在发达国家中是最高的，这阻碍了跨国公司和国外资金的投资热情。2017年2月8日，李克强总理在国务院常务会议上明确要求，国务院部门要带头治"费"，把大力清理和规范涉企收费与深化简政放权放到同等重要的位置，从源头上降低企业制度性交易成本。从长远来看，在劳动力成本、环境成本、能源成本、土地成本不断攀升或持续高位的背景下，减税势在必行。

面对全球第三次工业革命，中国制造业转型升级迫在眉睫。虽然中国企业短时间内还不能突破国外的技术垄断壁垒，但可以利用参与新产品开发的技术和经验向产业链高端发力。目前，中国企业普遍存在研发投入不足，特别是民营企业受困于资金等因素，研发投入更是偏低，应尽快完善不利产业创新的体制和机制，用自主创新促进制造业升级。

劳动力成本占据制造业成本中非常重要的部分。未来制造业的竞争主要体现在人才的竞争上。在人才的获得性方面，尽管中国的毕业生数量庞大，且教育系统中毕业的理工科人数和增长率方面遥遥领先，但资料表明中国的大部分理工科毕业生缺乏足够的易于受雇的实用培训技能，大批大学毕业生不一定能保证为需要高度熟练的劳动力的公司带来制造方面的利益。中国制造业在人才建设方面仍然有很大的改进余地。从人才培养来看，中国目前的排名不佳，成年人口平均受教育年限只有7.5年，而美国为12.9年。除了受教育年限方面，美国在每百万居民中的研究员数量和政府的教育开支方面具有明显领先的优势。中国应继续致力于支持强大、综合和实用的教育基础设施，提高高技能工人的素质和可用性，以利于提高人才竞争力，加速创新和发展先进制造业。

研究
Study

工程机械

一、现状盘点

目前，国内工程机械行业仍然维持着"国有、外资、民企"三足鼎立局面，以徐工、柳工、厦工为代表的国有企业，凭借丰富的行业经验、多元化的产品群和主导产品市场占有率高等优势，实现了经营规模和市场影响力的较大发展；以美国卡特彼勒、日本小松、瑞典沃尔沃、韩国斗山等为代表的外资企业凭借资金、技术、品牌优势在国内工程机械高端产品市场上占据主导地位；以中联重科、三一重工为代表的民营企业，依靠产权清晰、机制灵活和特有的管理模式成为行业重要力量，市场竞争力快速增强。相反，一大批规模较小和技术薄弱的企业则面临被淘汰的局面。

工程机械行业在上一轮高速发展过程中，实现了产能快速增长，在满足国民经济建设发展需要的同时，也带来了一些低端产品、通用型产品重复建设、重复生产，导致产业结构失衡。在市场需求发生深刻变化的情况下，行业内部结构性矛盾充分突出。经过近几年的调整，行业已进入转型发展新阶段。很多企业主动适应新的要求，加大结构调整力度，调整企业生产布局和产业格局，关闭和停建了一批不适应市场发展的生产单元，调减了一些低端低效益产品的生产，转向具有市场前景，具有高端化、满足需求多样化和细分市场需求特点的产品，大力发展服务型制造，初步实现了产业结构调整和优化升级。

徐工的G系列轮式起重机轻量化、智能化等性能指标达到国际领先水平；V系列装载机经济性、高效性、可靠性、环保性、舒适性、方便性全面提升，推动产业结构向中高端发展。

三一重工通过自主创新，不断升级挖掘机产品，向高端市场全面延伸，从通用型市场向专业细分市场重点发展，并且在深刻理解海外客户需求的基础上，完成了国际全系列产品布局。

柳工研发极限工况下的工程机械应用高原自适应发动机、发动机的自我保护功能、IPC集成功率控制系统、减振、降噪等技术，追求设备的可靠运行，使其在高温、高寒、高海拔、隧道、粉尘等极限工况下可维护和连续作业，有效提升产品的可靠性。

中铁装备先后研发设计出应用于铁路隧道的马蹄形盾构机、国内自主研制的最大直径土压平衡盾构机以及超大直径泥水平衡盾构机，实现了在铁路隧道工程领域应用盾构设备种类的多样化和技术含量的突破。

铁建重工的国产首台最小直径敞开式硬岩隧道掘进机（TBM）实现对坚硬岩层快速开挖、出碴、支护等作业"一条龙"，具有安全、快速、环保等特点，拓展了掘进机在工程领域的应用。

2016年，国内工程机械行业市场情况较上一年有所好转，以挖掘机为例，2016年销量同比增长24.8%，四年来首次出现正增长。但总体而言，行业的反弹仍受制于不确定因素，言"春天已经来临"还为时尚早。

2016年，延续数年的降势被扭转，主流产品得到不同程度增长。全年，挖掘机销量为70320台，同比增长24.79%；推土机销量为4079台，同比增长11%；压路机销量为11959台，同比增长15.12%；平地机和摊铺机也分别实现17.67%和9.02%的增长。

主要产品从年中开始的回升主要得益于政府年初开始推动稳增长政策，包括PPP推动的基建增长、房地产去库存等，到年中实现了真正的落地，这一过程率先带动挖掘机等工程机械需求复苏。

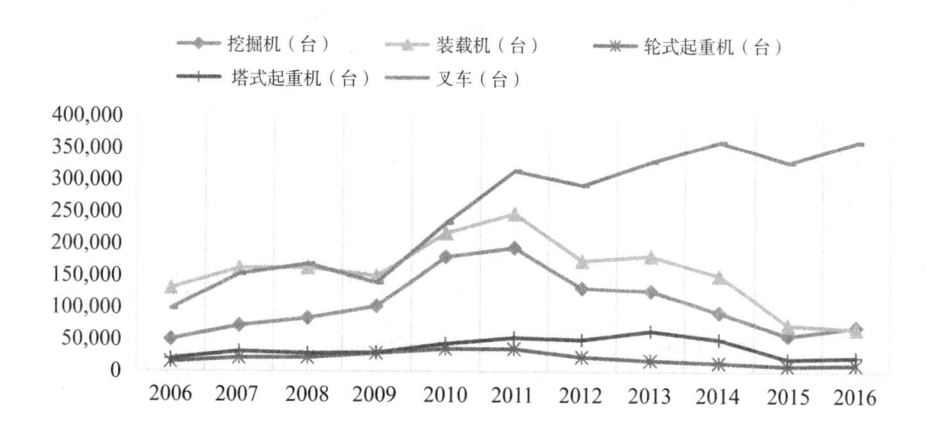

图1　2006—2016年工程机械行业主要产品情况（一）

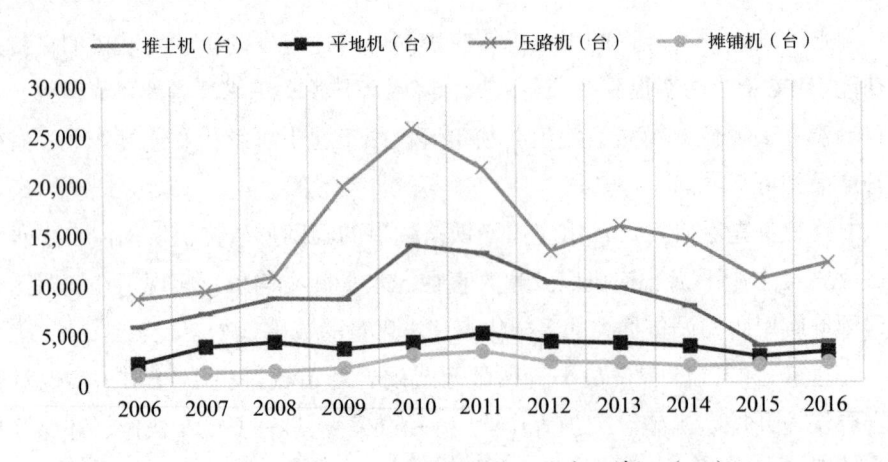

图2 2006—2016年工程机械行业主要产品情况（二）

据海关总署统计，2016年国内工程机械进出口贸易额为202.77亿美元，同比下降9.26%。其中进口金额33.17亿美元，同比下降1.50%；出口金额169.6亿美元，同比下降10.6%，贸易顺差136.44亿美元，同比缩小19.68亿美元。对比2012—2016年数据，全行业呈现进口逐渐趋稳，出口高位下降态势。

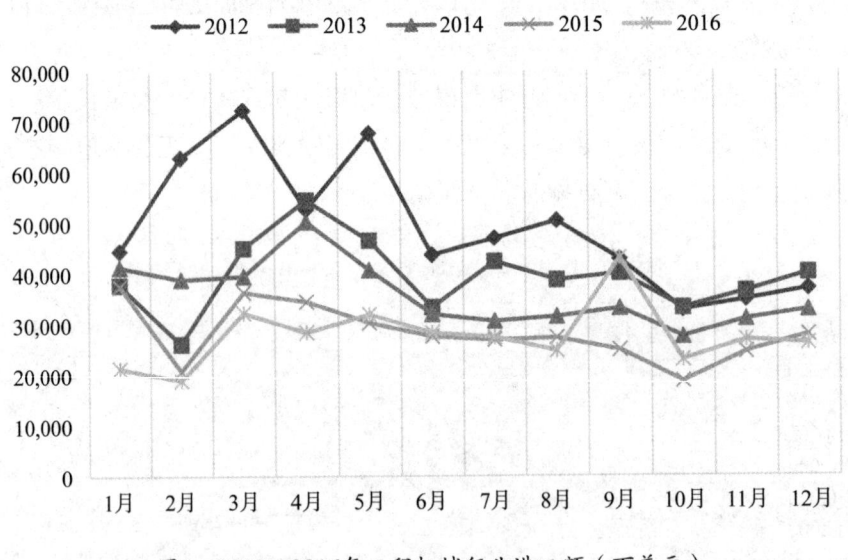

图3 2012—2016年工程机械行业进口额（万美元）

图4 2012—2016年工程机械行业出口额（万美元）

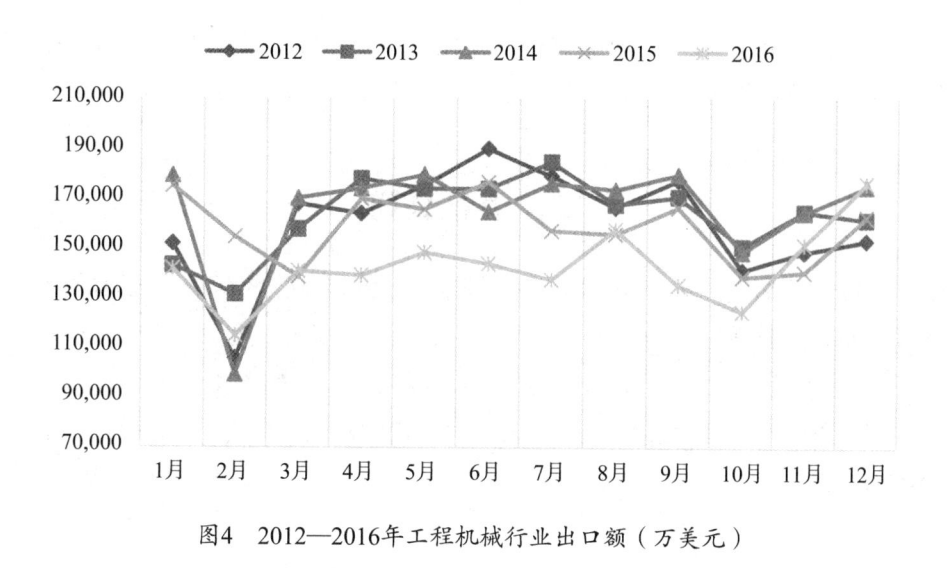

进口情况有所好转，全年仅下降1.5%，为2011年后降幅最小的年份。实现增长的产品主要为：挖掘机（同比增长35.3%）、摊铺机（同比增长38.8）、电梯及扶梯（同比增长7.39%）等；其中，履带挖掘机同比增加1.56亿美元。下降较多的产品主要有：履带式起重机（同比下降90.4%）、电动叉车（同比下降23.9%）、内燃叉车（同比下降36.8%）、凿岩机械和风动工具（同比下降20.7%）、隧道掘进机（同比下降65.2%）、塔式起重机（同比下降74.6%）、随车起重机（同比下降67.3%）等。

出口方面，2016年为1998年以来除受国际金融危机冲击的2009年之外降幅最高的年份。其中，工程机械零部件出口60.64亿美元，同比下降5.79%，占出口总额的35.8%；出口整机108.95亿美元，同比下降13.1%，占出口总额的64.2%。各类出口产品中，仅摊铺机、叉车实现增长，其余大类产品出口额均下降。装载机（同比减少2.52亿美元）、非公路自卸车（同比减少2.27亿美元）、电梯及扶梯（同比减少1.73亿美元）、其他汽车起重机（同比减少1.61亿美元）、履带挖掘机（同比减少1.46亿美元）、塔式起重机（同比减少1.05亿美元）等出口额比2015年减少一亿美元以上，为出口额同比下降较大的产品。

从进出口情况来看，行业面临的严峻形势并未有明显改善，国际市场低迷的总体态势依旧，未来类似于前几年的出口大幅增长局面的出现将是小概率事件。结合以往出口情况的变化，国际市场结构调整的趋势越发明显，传统产品出口在下降，高技术产品因适应市场变化而增长。在此情况下，如何调整结构，提质增效，落实供给侧改革仍是国内工程机械企业需要考虑的核心问题。

二、上市公司

2016年下半年，下游领域需求的拉动作用逐渐显现，带动主要企业的收入增长，扭转了长期以来的降势。主要企业中，全年仅三一重工、中联重科、北方股份同比负增长，而且即便三家企业，降幅也已大幅缩小，三一重工和中联重科在2015年营业收入同比下降22.70%和19.69%，2016年同比增长率下降至-0.85%和-3.85%。

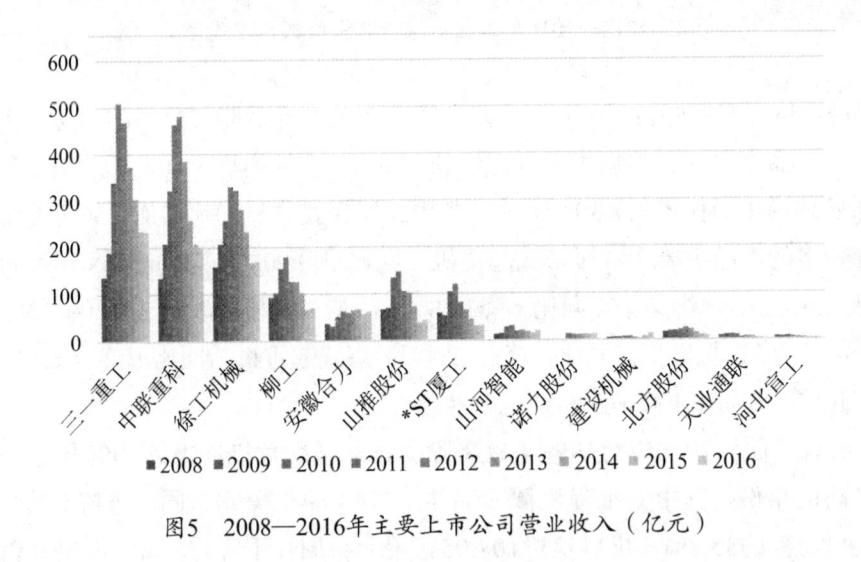

图5　2008—2016年主要上市公司营业收入（亿元）

13家上市公司平均净利润为-12.69%，比去年的-3.15%，继续下降9.54个百分点。基于行业下行的背景，包括期间费用在内的经营成本的高涨让越来越多的工程机械企业感受压力。

图6 2008—2016年主要上市公司毛利率（%）

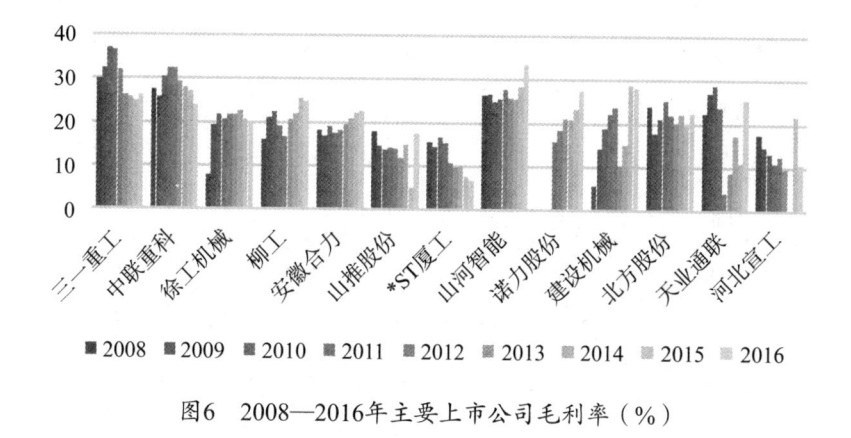

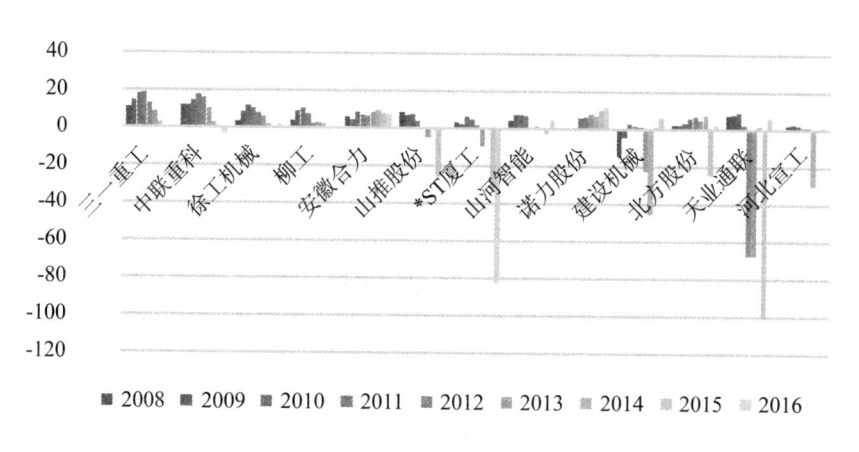

图7 2008—2016年主要上市公司净利率（%）

2016，主要上市公司毛利润总计为22.94亿元，仅比2015年增长0.59个百分点，而净利润总额仍然下降，-23.08亿元的净利润总额同比去年继续下降27.44%。不过净利润在全年的下降主要归因于中联重科和厦工，中联重科全年亏损9.05亿元，而厦工亏损达到26.7亿元。其他企业均已实现不同程度的盈利。

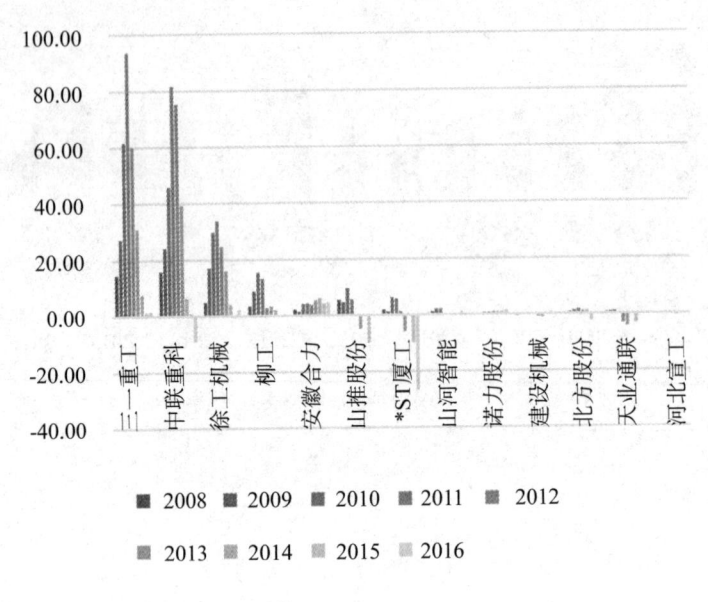

图8 2008—2016年主要上市公司净利润（亿元）

三、热点事件

（1）工程机械非道路国三标准进入实施阶段

	工程机械非道路国三标准正式执行
来源	搜狐新闻；2016年5月24日
事件	2016年4月1日，中国工程机械行业迎来又一强制性政策，根据环保部发布的《关于实施国家第三阶段非道路移动机械用柴油机排气污染物排放标准的公告》，除农用机械之外，所有制造、进口和销售的非道路移动机械不得装用不符合《非道路标准》第三阶段要求的柴油机（简称"非道路国三标准"）。
点评	工程机械非道路国三标准的强制实施是一场针对700万台在用工程机械设备的清查运动，据标准，将有超过240万排放超标的老旧设备将要退出市场。从政策本身看，国三标准只是对生产销售环节新增产能的一种控制；从行业来看，标准的实施将缓解产品市场饱和的压力，为行业整体升级扫清障碍。

（2）"9·21新规"发布

	《超限运输车辆行驶公路管理规定》将实施
来源	交通运输部；2016年8月30日
事件	《超限运输车辆行驶公路管理规定》（2016年第62号，简称"9·21新规"）自2016年9月21日起实施，"9·21新规"在《超限运输车辆行驶公路管理规定》（2000年第2号）的基础上，在超限认定标准、大件运输许可流程优化、大件运输车辆行驶公路管理加强等多方面做了修订。
点评	"9·21新规"重点针对超限超载车辆的治理，控制指标涉及到车货总高度和车货总质量，迫使传统成本更低的运输方式难以继续沿用，无疑使得大中型挖掘机、压路机、旋挖钻机等大型设备的运输成本骤升。如此，运费成为成本控制的重要考虑因素，产品本地化优势也会更加明显，各大企业的经验战略也将随之作调整。

机床工具

一、现状盘点

据国家统计局、海关和中国机床工具工业协会行业统计重点联系网络的信息和数据显示，2016年中国机床销售总额约为275亿美元，同比持平。其中，金属切削机床销售额约为164亿美元，同比下降4.1%；金属成形机床销售额约为111亿美元，同比增长6.7%。2016年中国工具销售总额约为40亿美元，同比下降11.1%。

近年来，中国机床工具行业发展过程中数控机床备受关注，如北一机床有数控龙门镗铣床、数控铣床、数控磨床、数控车床等；阿奇夏米尔工业电子有数控精密电火花成形机、数控高速走丝电火花线切割机、数控电火花穿孔机等；北京精雕、秦川机床工具集团有高端数控机床及数控系统等等。

政策方面，近年来，为扶持高端机床装备发展，有关部门发布了一系列的政策及规划，主要围绕产业升级和智能制造，未来将持续加大对高端数控机床、高速精密型机床的扶持力度。

目前，国内机床市场需求进入结构换档升级期。市场需求向自动化、成套、客户化定制方向发展，高档数控机床成为机床产业的制高点。研究显示，机床下游应用行业广泛，涉及汽车制造、船舶工业、航空工业、通用机械、发电设备、农业机械等。在机床众多的下游应用行业中，汽车零部件的加工约占总体的40%左右，是占比较大的行业。随着制造业升级和自动化程度提高，数控机床的需求前景乐观。

在政策与市场需求的共同刺激下，国内数控机床产业发展态势向好。从行业结构看，2016年，中国数控金属切削机床产量为78万台，同比增长2.2%，预计2017年数控金属切削机床产量将达到80万台。2016年，中国数控金属成形机床产量为31.8万台，同比增长4.3%，年度产量呈现U型增长态势，预计2017年中国数控金属成形机床产量将达到33.5万台。

机床类产品的销售主要受货币供应量和供需关系的综合影响,行业在经历十多年快速增长后,传统用户的机床保有量较大、机床仍有较长的在役时间。基于市场需求减少和需求升级的趋势以及企业运行质量下降,债务风险高企等问题,机床工具行业在中短期下行压力仍可能持续显现。

据海关统计,机床工具行业2016年进出口总计221.73亿美元,同比下降8.89%。其中,进口123.79亿美元,同比下降12.28%;出口97.94亿美元,同比下降4.2%。进出口逆差25.85亿美元。进口方面,主要产品增长几乎全线飘红,立式加工中心降幅最大,达23.4%;出口方面,全年增速降幅有所收窄,在多数产品出口下降的同时,卧式加工中心、激光加工机床和数控折弯或矫平机床保持住增长态势,但由于三者在总量中占比有限,对总量拉动作用有限。

表1 2016年主要产品进出口情况

种类		进口			出口		
		数量(万台)	总额(亿美元)	同比(%)	数量(万台)	总额(亿美元)	同比(%)
金属加工机床		6.74	73.71	-13.77	—	28.42	-5.66
加工中心		2.10	27.52		0.31	1.37	-30.96
其中:	立式加工中心	1.80	13.4	-23.4	0.25	0.89	-18.09
	卧式加工中心	0.23	10.88	-5.14	0.02	0.31	51.53
	龙门加工中心	0.05	2.27	-14.91	—	—	—
数控机床		1.28	27.65	-12.96	2.93	8.42	-12.03
其中:	数控卧式车床	0.34	3.51	-14.81	0.80	2.44	-12.24
	数控锻造或冲压机床	0.05	3.04	-17.4	—	—	—
	数控折弯或矫平机床	0.08	1.75	0.33	0.59	1.03	10.48
	数控电加工机床	0.15	1.54	-12.86	0.37	1.25	-15.38
激光加工机床		0.51	6.39	-11.76	6.69	3.92	15.76
数控装置		—	5.73	-8.36			
金切机床零附件		—	4.58	-16.24		3.78	23.15

2016年，中国金属加工机床进口额的32%由日本贡献，德国约占进口总额的26%。切削刀具的进口市场情况亦然，日本和德国位居前两名，分别占总额的31%、21%，排行前六的国家和地区约占总额的83.4%。

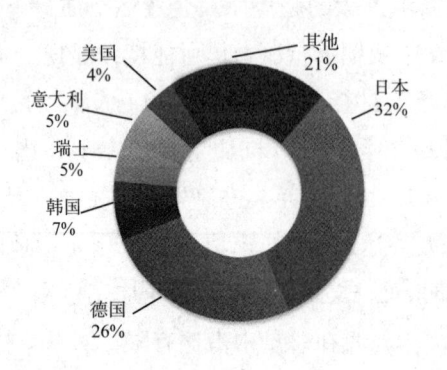

图1 2016年中国金属加工机床进口来源

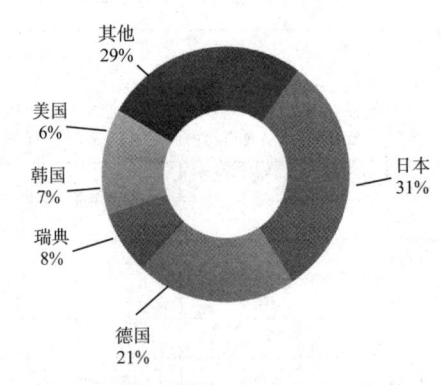

图2 2016年中国切削刀具进口来源

出口去向上，金属加工机床在美国排第一，约占出口总额的10%。向越南的出口额近几年快速攀升，其已经成为机床行业重要的海外市场之一。越南基础工业薄弱，大规模基础设施建设将带来装备市场的巨大需求。目前，越南本地装备制造业刚刚起步，对设备的需求主要通过进口满足。

金属切削刀具方面，同样美国消费第一，约占总额的20%，其他国家和地区分布较为平均。

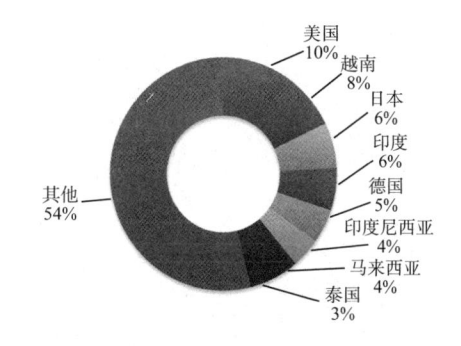

图3　2016年中国金属加工机床出口方向

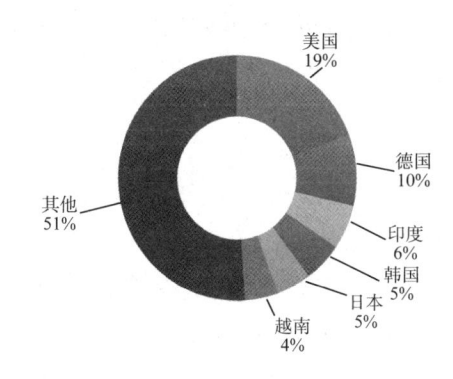

图4　2016年中国金属切削刀具出口方向

机床工具行业需求下滑主要体现为传统需求不足。2016年1—12月，全社会固定资产投资完成额累计同比增长8.1%，创1999年以来的新低，较2014年同期下降1.9个百分点。其中，制造业固定资产投资完成额累计同比增长4.2%，较2014年同期下降3.9个百分点。31个制造业的子领域中，固定资产投资增速下降的占全部的77.4%。这些子领域主要集中在纺织服装业、交通运输制造业、金属制品制造业、采矿设备制造业、化工产品制造业和金属冶炼制造业等。这些领域为机床工具主要的传统市场，其下行降低了机床工具的消费需求。

二、上市公司

2016年，行业整体回暖，主要上市公司共实现营业收入149.7亿元，同比增长8.21%。华明装备以72.47%的同比增长率一马当先，但仍有华东数控、昆明机床和沈阳机床负增长。

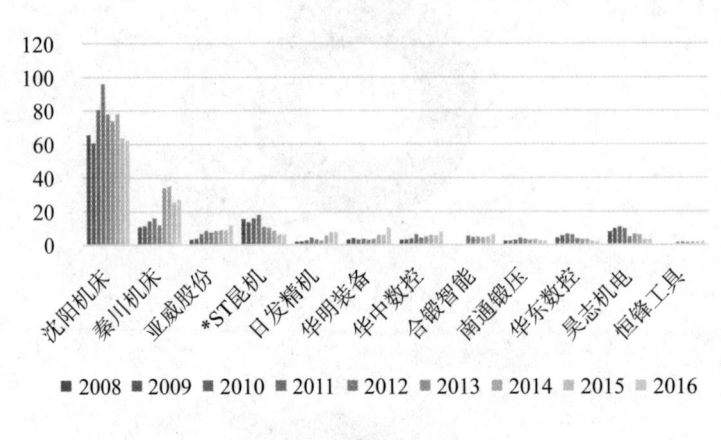

图5　2008—2016年主要上市公司营业收入（亿元）

2016年，12家主要上市公司的平均毛利率为25.58%，近六成企业高于30%。净利率的表现却不容乐观，恒峰工具作为工具行业的领先企业，净利率最高，达35.68%，但其他企业中，半数净利率小于1%，华东数控更是连续5年为负值，2016年进一步降至-171.72%，全年利润-2.88亿元，亏损额仅次于沈阳机床。沈阳机床的亏损持续两年，2016年亏损额从2015年的6.39亿元，增长至14.36亿元，净利率仅次于华东数控和昆明机床，达-23.02%。华中数控、秦川机床等老牌机床企业在2016年实现扭亏，但盈利仍然偏低。众企业中，只有亚威股份和华明装备净利润过亿元，分别达2.35亿元和1.16亿元，其他企业即便盈利，也多在5000万元的水平以下。

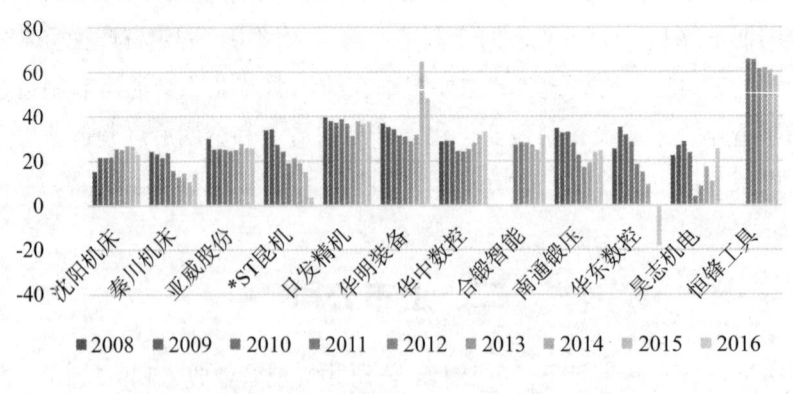

图6　2008—2016年主要上市公司毛利率（%）

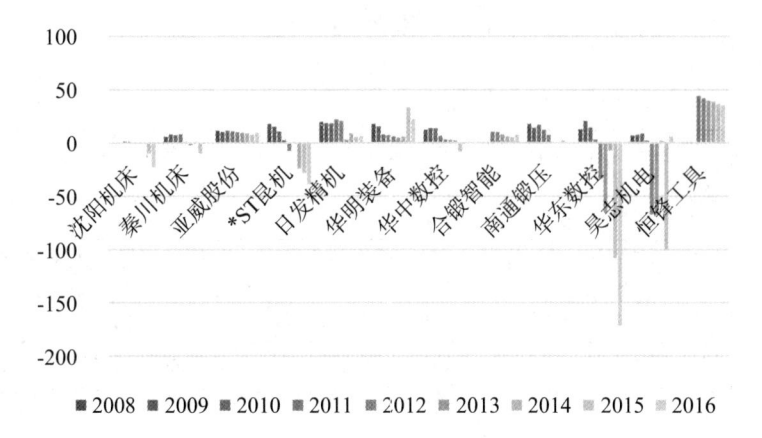

图7 2008—2016年主要上市公司净利率（%）

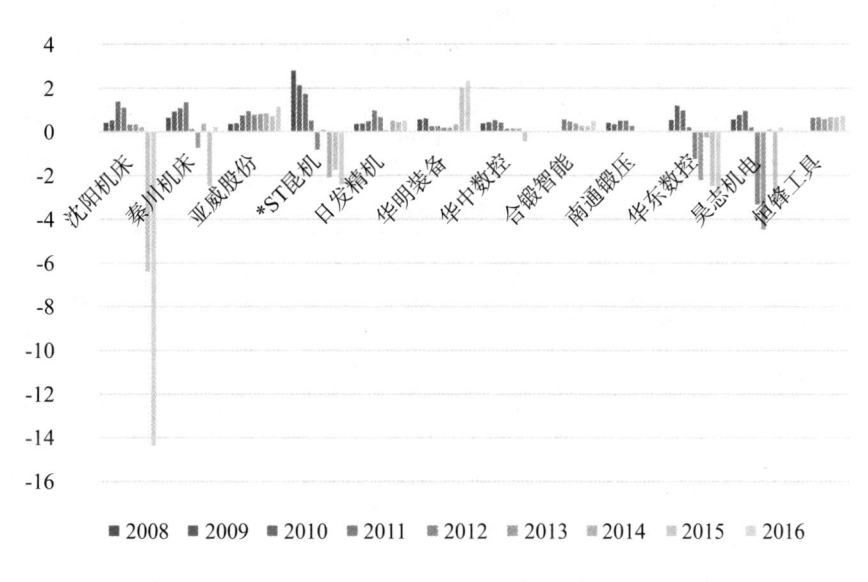

图8 2008—2016年主要上市公司净利润（亿元）

三、热点事件

（1）首台（套）保险补偿机制出台

	工信部关于印发《首台（套）重大技术装备推广应用指导目录（2015年第二版）》的通告
来源	工业和信息化部；2015年10月29日
事件	10月，工信部发布《首台（套）重大技术装备推广应用指导目录（2015年第二版）》，机床行业中增加了"数控车床"、"数控齿轮加工机床"、"数控磨床"、"特种加工机床"，以及部分"成形机床"的首台套项目。
点评	此举为财政部、工信部、保监会联合推动机床行业首台套重大技术装备走向市场的重要举措，中央财政补贴的介入及保险功能的发挥，利于降低部分企业的风险，增强购买方信心。

（2）六部委调整重大技术装备进口税收政策

	关于调整重大技术装备进口税收政策有关目录及规定的通知
来源	工业和信息化部；2015年12月7日
事件	12月1日，工信部发布通知，称《国家支持发展的重大技术装备和产品目录（2015年修订）》和《重大技术装备和产品进口关键零部件及原材料商品目录（2015年修订）》将自2016年1月1日起执行，生效日起，对符合规定条件的装备或产品免征关税和进口环节增值税。
点评	政策出台旨在扶持高端装备制造业发展，加快技术演进和革新的步伐，机床行业的部分高价值产品也将受其影响。

（3）我国第一项机床行业国际标准正式颁布

	我国第一项机床行业国际标准正式颁布
来源	模具工业杂志；2016年8月19日
事件	2016年8月9日，我国机床行业第一项国际标准IEC/TS 60204-34: 2016Safety of machinery Electrical equipment of machinesPart 34: Requirements for machine tools正式颁布成为国际标准，该标准由北京机床研究所牵头全国工业机械电气系统标准化技术委员会（SAC/TC231）组织行业骨干企业共同制定完成。
点评	标准的颁布标志机床行业第一项由中国主导制定的国际标准正式诞生，打破了一直以来欧美发达国家垄断机床行业国际标准的制定的局面，但也从侧面说明，中国与主流国家的技术差距仍巨大。

续表

(4) 机床工具企业承担"智能制造"相关项目

	《智能制造发展规划（2016—2020年）》正式发布
来源	工业和信息化部；2016年12月8日
事件	工信部发布"十三五"《智能制造发展规划（2016—2020年）》，明确了"十三五"期间我国智能制造发展的指导思想、目标和重点任务。
点评	目前，机床行业有沈阳机床集团、济南二机床集团有限公司、秦川机床工具集团、华中数控股份有限公司、宁波海天精工有限公司等20多家企业承担国家智能制造新模式示范项目和国家智能制造标准订制项目。智能制造为基于新一代信息通信技术的新型制造模式，其显著特点是能够有效缩短产品研制周期，提高生产效率和产品质量，机床企业应积极利用试点示范的机会寻求实质突破。

(5) 海天精工创纪录连拉29个"一"字板

	连拉29个"一"字板海天精工创纪录
来源	金融界；2016年12月15日
事件	自11月7日上市以来，海天精工不断刷新纪录，截止到12月15日，连续拉出29个涨停板，自发行价上涨20倍。
点评	此后，海天精工股价有降，但论涨幅仍为全年全部企业之最，为全年当之无愧的"妖股"之首。海天精工主营高端数控机床，供给侧改革、《中国制造2025》为高端机床发展带来了机遇，这固然可以增加投资者的信心，但与其归因于行业与企业的杰出表现，不如说主要与1.5元的发行价密切相关，因为股价便宜，封"一"字板也只需少量资金。归根结底是资本市场运作的结果。

农机行业

一、现状盘点

农机行业在历经了十年快速增长之后，发展态势如大部分机械行业逐渐变缓。2016年行业增速继续收窄，并创近年新低。全年，全国2000余家农机规模以上企业实现主营业务收入4516.39亿元，同比增长5.43%，与2012年的17.84%、2013年的16.31%相比，下滑明显。不仅是中国，实际上，全球范围内的农机市场基本呈现下滑状态。例如，美国农机市场2015年下滑30%；德国2015年第一季度就下滑了15%，全年为10%。2016年，全球主要市场未出现明显复苏迹象，颓靡的市场局势仍将延续。

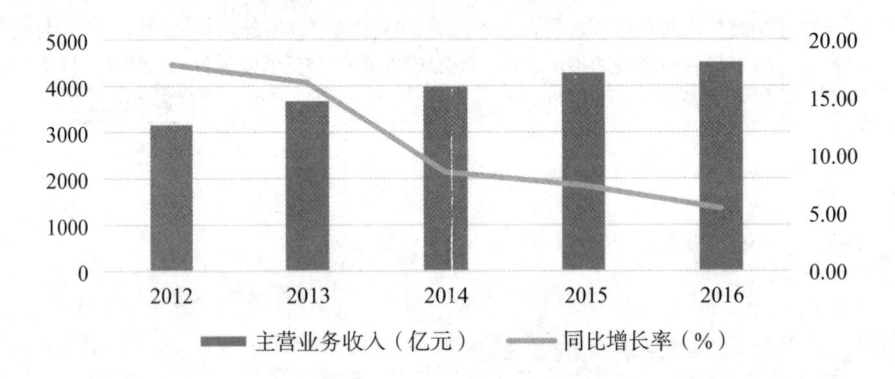

图1 2012—2016年农机行业主营业务收入及增速

对比其他机械行业，此前，中国的农机行业虽然仍处于下降通道，但在全部机械工业中运行状况尚属较好。2015年，7.39%的主营业务收入同比增长率在机械工业中仅次于食品包装机械行业，增幅高于机械行业3.32%，也高于汽车行业4.74%和机床工具行业3.25%，同期，工程机械主营业务收入更是下降了8.08%，内燃机行业也下降了3.31%。

研 究

然而，从2016年上半年的数据来看，农、林、牧、渔专用机械制造工业增加值增速为7.5%，较2015年同期下降约1.3个百分点。农机行业增速放缓与其长期靠补贴政策推动有关。然而，2016年农机补贴政策已经有了很大变化，年初发布的《2015—2017年全国通用类农业机械中央财政资金最高补贴额一览表》中提到的"缩范围、降定额"奠定了全年，乃至于今后数年的基调。从全年来看，农机工业增加值增速7.7%，比上年下降0.7%，同时，5.8%的主营业务收入增速比全国机械行业收入增速低1.64个百分点，1.39%的利润增速也比全国机械行业利润增速低4.15个百分点。收入和利润的双重乏力至少预示新一轮增长动力的不足。

2016年主要农机产品产量有升有降，拖拉机和收获机等产量继续下滑，农副产品加工机械等则实现不同程度的增长。

全年，全国共生产大型拖拉机6.30万台，同比下降18.92%；生产中型拖拉机56.70台，同比下降6.59%；生产小型拖拉机135.53台，同比下降2.85%。小型拖拉机市场目前已趋于饱和，2016年的产量仅为位于顶点的2011年的57.05%，而大中型拖拉机从近几年的趋势来看尚有一定量的增长空间。

图2 2009—2016年拖拉机产量

收获机方面，2016年全行业共生产玉米收获机9.50万台，同比下降24.17%，其中，生产玉米联合收获机4.1万台，同比下降43.54%。玉米联合收获机的销量下降13.78%，为5.9万台。背负式玉米收获机目前已基本退出市场。

与此同时，饲料收获机产量实现正增长，为5.02%；水田机械产量增幅更大，履带式水稻收获机全年产量达到10.56万台，同比增长29.58%。其中，适应南方丘陵山区的小型水稻收获机增长尤为迅速。由于水稻秸秆处理的需求和用户的变化，半喂入式水稻收获机也有明显增长，产量同比增加79.83%。

新产品对稳定增长发挥了积极作用。粮食烘干机产量达到1.4万台，增长超过30%；压捆机产值增长11.60%；青贮饲料收获机等也实现快速增长。

2016年，农机行业进出口总额为110.87亿美元，同比下降10.90%，增速低于全国机械行业。其中，出口88.09亿美元，同比下降13.37%；进口22.78亿美元，同比增长0.13%。对比往年数据，进口略微回升，出口进一步下降。

图3　2011—2016年中国农机行业进出口额及增速

2016年，农机主要产品出口多呈下降态势。在既缺乏高技术和高端产品引领，价格竞争优势也在逐步萎缩的背景下，目前拖拉机和收获机等主要产品出口依然只能集中在东南亚、非洲和独联体地区，以性能低端附加值不高的产品为主。

农机工业出口下滑同时也受到全球经济和农机市场持续低迷的影响。2016年世界农机市场尤其是欧美市场依然萧条，这对企业外销也制约明显。

表1　主要产品出口额及去向

产品	出口额（万美元）	同比增长率（%）	出口去向
植保机械	54606.64	-7.87	185个国家和地区
犁	1835.90	-9.05	137个国家和地区
圆盘耙	518.64	26.73	80个国家和地区；其中，谷物播种机主要销往印度和印度尼西亚，其他播种机主要销往欧美
播种机	1092.48	0	171个国家和地区
马铃薯种植机	29.20	-17.56	50个国家和地区

续表

产品	出口额（万美元）	同比增长率（%）	出口去向
联合收获机	20442.56	11.33	90个国家和地区；其中印度尼西亚占比最大，累计出口8747台5574.61万美元，单台价格0.6376万美元
棉花采摘机	2819.67	101.53	10个国家和地区
水稻插秧机	3711.42	13.23	43个国家和地区；印度尼西亚是水稻插秧机最大的出口国，2016年出口10354台，占出口总数的67.84%，其次是印度、韩国、伊朗
手扶拖拉机	7107.31	-18.18	110个国家和地区；主要出口国家有孟加拉国、印度、缅甸、斯洛文尼亚
轮式拖拉机	29985.89	-9.50	160个国家和地区；主要销往乌克兰、俄罗斯联邦、缅甸、埃及、蒙古
联合收割机的零件	9052.26	0	99个国家和地区

二、上市公司

作为拖拉机制造业的龙头企业，一拖股份的营业收入在2016年继续一马当先，总值达到88.7亿元，然而并未延续2015年的增长，全年同比下降8.18%。

除一拖股份，9家主要企业中，2016年实现负增长的还有天鹅股份、星光农机和智慧农业，降幅分别为33.51%、10.94%和2.66%，总额分别为2.52亿元、5.51亿元和18.3亿元。利欧股份涨势最好，2014—2016年，涨幅均超过50%，2016年达73.5亿元，同比增长67.43%，不过其增长主要来源于互联网业务的贡献，农机业务的增长并不十分突出。

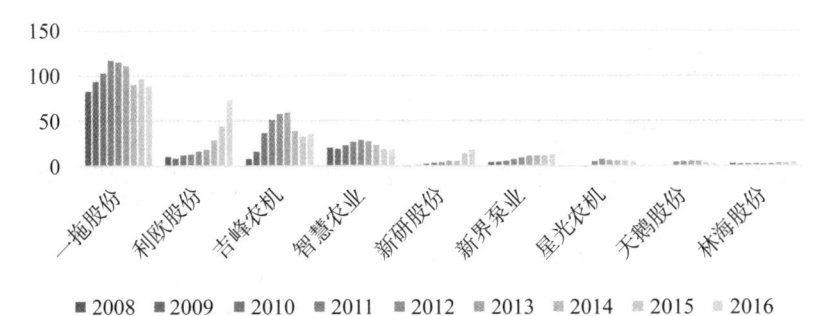

图4　2008—2016年主要上市公司营业收入（亿元）

9家企业毛利润共计50.45亿元，同比增长13.47%，比上年下降4.99个百分点，而净利润共计11.24亿元，同比增长17.18%。主要企业中，只有智慧农业亏损，其他公司均实现不同程度的盈利。其中，新研股份在2016年的净利润同样最高，达5.89亿元，同比增长145.62%。而一拖股份自2011年起的净利润负增长趋势终于被打破，全年实现净利润2.31亿元，同比增长59.16%。

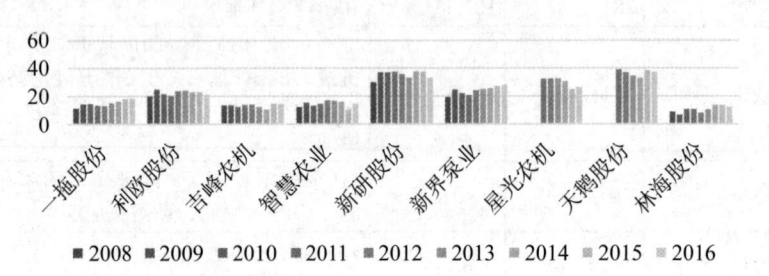

图5　2008—2016年主要上市公司毛利率（%）

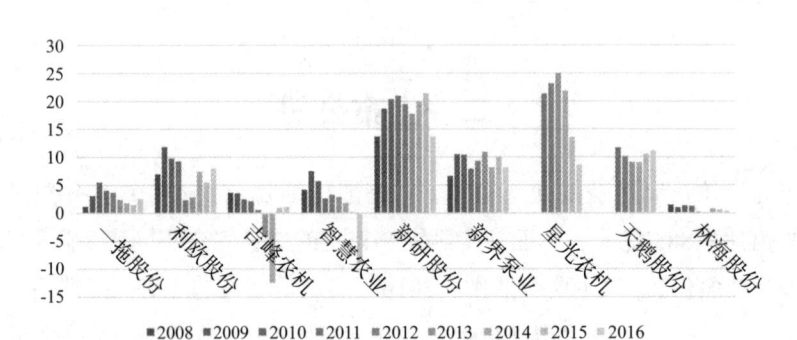

图6　2008—2016年主要上市公司净利率（%）

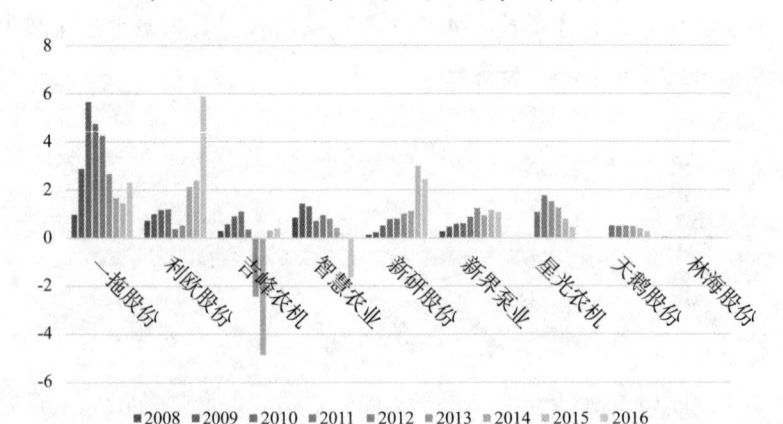

图7　2008—2016年主要上市公司净利润（亿元）

三、热点事件

（1）国二升国三上演大逆转

	关于实施国家第三阶段非道路移动机械用柴油机排气污染物排放标准的公告
来源	环境保护部；2016年1月15日
事件	环保部发文规定自2016年12月1日起，所有制造、进口和销售的农用机械不得装用不符合《非道路标准》第三阶段要求的柴油机。
点评	国二升国三可谓是今年农机行业最热的词汇。年初，在部分企业呼吁之下，环保部将国二升国三推迟8个月实施，由4月1日延长到12月1日。环保部此举让国二农机大库存企业舒了一口气。不过，环保部朝令夕改也引发非议。

（2）沃得农机逆势增长

	沃得农机2016年水稻机销售创行业纪录稳居龙头
来源	农机通；2016年12月24日
事件	沃得农机逆势增长，2016年水稻收获机达到全行业创纪录的3.6万多台，占据国内40%以上的市场份额。
点评	在今年农机行业主导产品整体下滑的形势下，水稻收获机市场成为唯一小幅增长的亮点。水稻收获机市场，江苏沃得今年创造中国企业水稻机产销量的历史纪录，此前尚未有国内企业产销量达到2万台，在其他水稻机企业因国二升国三销量下滑的情况下，沃得农机尚有此佳绩，自然赚足了眼球。

环保设备

一、现状盘点

2016年，国内环保装备行业继续保持高速增长，产业集中度不断提高，增速在机械制造业名列前茅。截至2016年11月底，环保专用装备产量818648台套，同比增长25.8%，增速位居129个机械制造细分行业的第5位；主营业务收入达2951.7亿元，同比增长7.9%；行业利润总额达到202.1亿元，同比增长9.1%。

环保设备产品以空气和水污染治理设备为主，分别占环保设备制造业总产值的40%以上，而固体废物设备、噪声与震动控制设备、环境监测仪器年产值较低，分别总产值的5%、6.5%、2.3%左右。

2016年，环保设备增长突出。1—12月，全国环境污染防治专用设备产量同比增长30.3%。其中，水污染防治设备产量同比增长29.65%，约为27.44万台；大气污染防治设备产量同比增长38.59%，约为49.07万台。

图1　2009—2016年环保设备主要产品产量

水污染防治设备的增长部分得益于"水十条"的深入贯彻，未来，预计水污染防治设备仍将是政策和市场关注的热点。而大气污染治理领域发展时间较长，行业较为成熟稳定，目前趋于饱和，未来的增长点主要在提标改造市场。

分布区域方面，环境污染防治专用设备的生产主要集中在华中、华东和华北地区，三者占比分别为39.15%、37.82%、19.47%。其中，河南、山东、北京、湖北、江苏五个省市产量最高，占全国产量的比重分别为19.82%、18.88%、15.23%、14.85、10.14%。

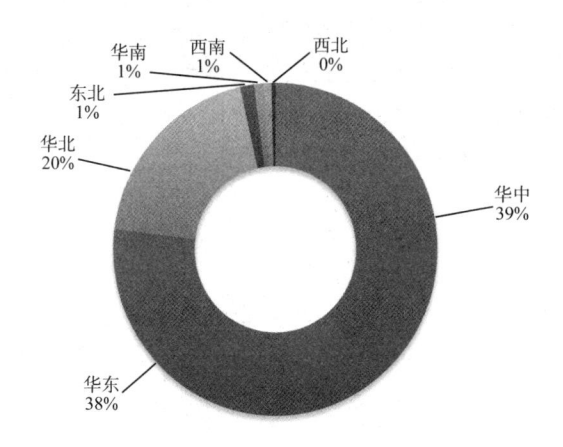

图2 环境污染防治专用设备产量分布

环保装备行业在规模扩大的同时，技术也在进步，突出表现为进口替代效应明显，自主产品的市场占有率逐渐提高，这导致环保设备进口额一直维持低速增长。2016年上半年，各月累计增速仍为负值，下半年虽然有所回升，但总体趋向仍然保持。不过，虽然替代效应渐显，但环保设备行业技术总体水平仍与发达国家存在一定差距，多数装备更新换代和科技成果产业化进程周期较长，企业在技术上多以引进、仿制为主，科研人员数量及经费均显不足。

出口方面，近年来市场表现良好，虽然2015年环保设备出口额同比下降2.9%，仅为9.6亿美元，多年来首次出现负增长，但2016年第二季度起就迅速回升，全年增长率超过30%。2015年的回落主要受外需疲弱和人民币实际汇率走高的影响，因而即便前三季度仍然实现出口额7.5亿美元，同比增长6.8%，但在11月和12月下滑较快，导致全年总体呈下行态势。

凭借"一带一路"战略带来的契机，环保产业"走出去"的步伐在未来还将加快，将有越来越多的优质中国企业出现在国际市场，国内企业的海外并购活动也将频繁上演。

二、上市公司

从主要上市公司来看，环保装备行业行情较好，主要企业2016年营业收入共计221.52亿元，同比增长16.06%，相比2011年增长86.39%。2011—2016年，龙净环保、菲达环保的营业收入的年复合增长率均超过17%，聚光科技、龙马环卫和天翔环境超过25%。从营业收入总额来看，龙净环保连续多年遥遥领先，2016年增长至80.2亿元，占主要企业比重达到36.20%。菲达环保次之，2016年营业收入为36.9亿元，同比增长9.17%。

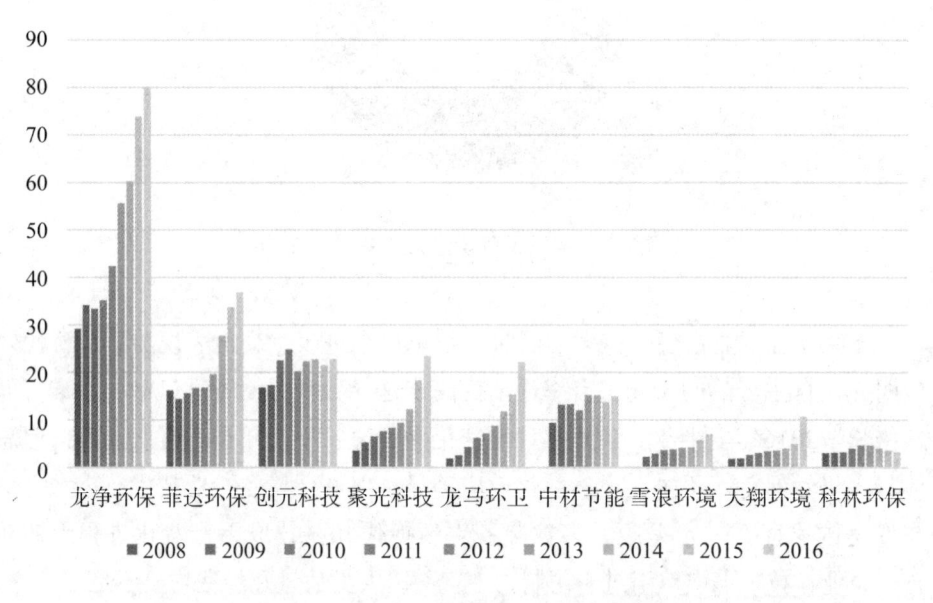

图3　2008—2016年主要上市公司营业收入（亿元）

主要企业盈利能力较好。9家企业2016年共实现毛利润57.49亿元，同比增长19.98%，扣除期间费用及其他费用，共实现净利润22.70亿元，同比增长27.88%。从历年数据来看，2011—2016年，主要企业毛利率均维持在24%～26%

之间，但净利率逐年上涨，2016年达到10.25%。分企业来看，聚光科技毛利率与净利率均最高，2016年分别达48.07%和19.15%。主要企业的利润率在2011—2012年间出现明显的滑落，多在2014年探底，经过最近两年的发展，到2016年利润率有不同程度的提高，创元科技、聚光科技涨幅均超过30%。

龙净环保利润率虽然并不突出，2016年净利率为8.37%，但由于较高的营业收入水平，净利润水平同样最高，2016年继续同比增长18.02%，达13.95亿元，在主要企业净利润总额中占比超过60%。

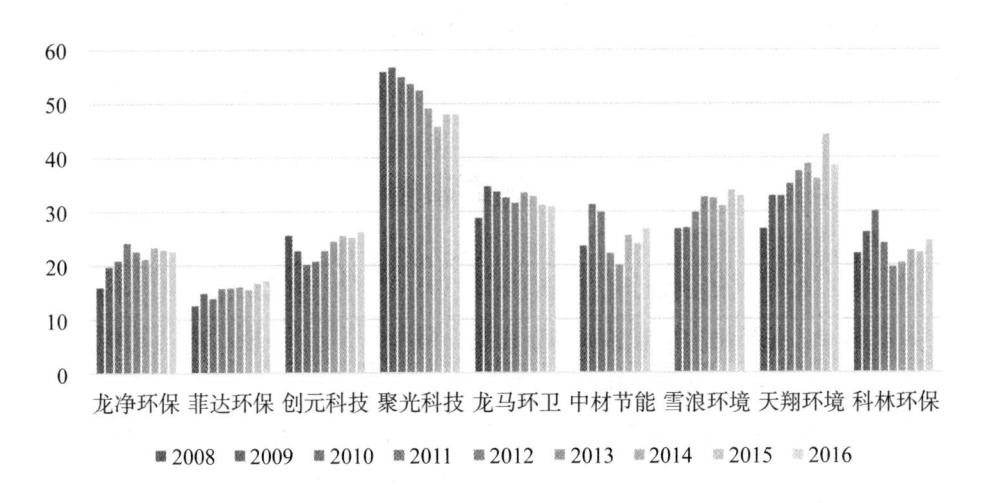

图4　2008—2016年主要上市公司毛利率（%）

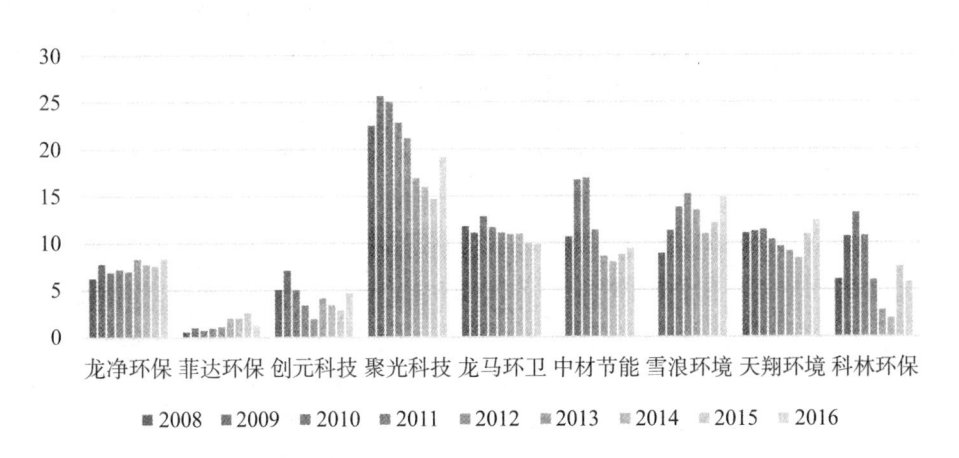

图5　2008—2016年主要上市公司净利率（%）

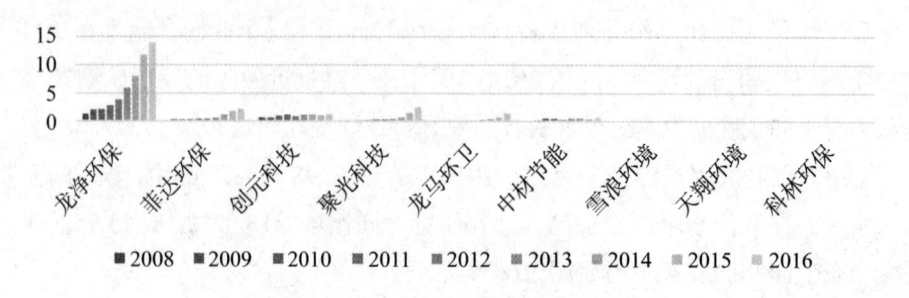

图6 2008—2016年主要上市公司净利润

三、热点事件

（1）"大气十条"施行

	《大气污染防治法》2016年1月1日起施行
来源	光明日报；2015年12月30日
事件	《中华人民共和国大气污染防治法》（简称"大气十条"）已于8月29日由十二届全国人大常委会第十六次会议修订通过，自2016年1月1日起施行。新修订的《大气污染防治法》明确提出防治大气污染应当以改善大气环境质量为目标，规定了地方政府对辖区大气环境质量负责、环境保护部对省级政府实行考核、未达标城市政府应当编制限期达标规划、上级环保部门对未完成任务的下级政府负责人实行约谈和区域限批等一系列制度措施，为大气污染防治工作全面转向以质量改善为核心提供了法律保障。
点评	与"水十条"类似，将助力大气污染防治设备的增长。

（2）"土十条"尘埃落定

	国务院关于印发土壤污染防治行动计划的通知
来源	国务院；2016年5月28日
事件	《土壤污染防治行动计划》（简称"土十条"）历经50余次修改后终于出台，共十条35款，231项具体措施。根据"土十条"，我国到2020年土壤污染加重趋势将得到初步遏制，土壤环境质量总体保持稳定；到2030年土壤环境风险得到全面管控；到2050年，土壤环境质量全面改善，生态系统实现良性循环。"土十条"还对土壤安全利用提出了具体要求，明确指出重度污染的土壤严禁种植食用农产品。
点评	继"大气十条"和"水十条"之后，"土十条"的发布让环境污染防治领域三大战役的"武器"全部齐备，"土十条"是我国当前和今后一段时期土壤污染防治工作的行动纲领，其出台实施将夯实我国土壤污染防治工作之基础，全面提升我国土壤污染防治工作能力。

工业机器人

一、现状盘点

2009—2016年，中国市场工业机器人销量年均复合增长率高达49%，2016年市场规模继续保持世界第一。据国际机器人联合会统计，全年总销量达9万台，占全球销量的31.72%，同比增长34.2%。

中国工业机器人近年来的发展状况与日本在20世纪八九十年代的发展高度吻合。2015年被称为中国机器人产业元年，2005—2015年间，中国仅用10年完成了日本20年的发展。

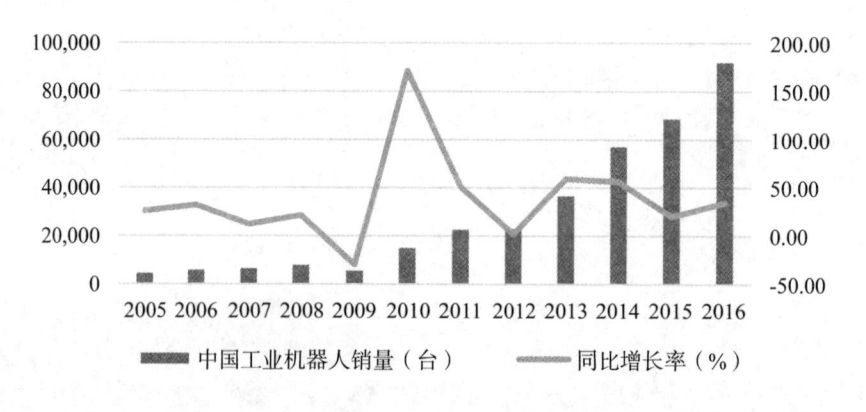

图1　2005—2016年中国工业机器人销量及增速

国产工业机器人同样保持稳定增长。2016年国产工业机器人销量继续增长，上半年累计销售19257台，按可比口径计算较上年增长37.7%；考虑到前期研发企业实现投产、新企业进入等因素，实际销量比上年增长70.8%，产业发展处于上升通道。全年销量则达35611台，同比增长60%，国产工业机器人销量占比进一步扩大到39%。

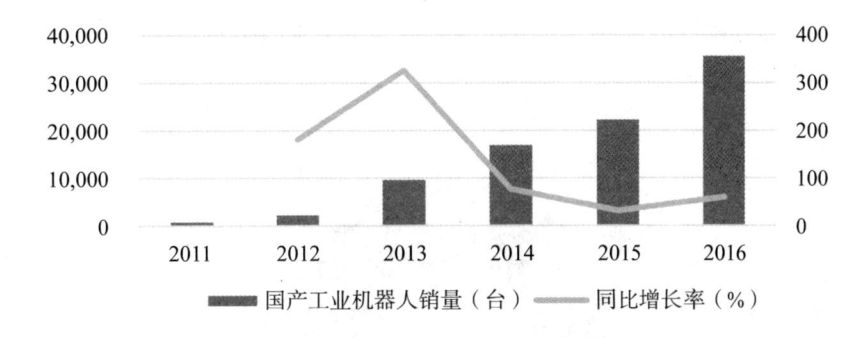

图2　2011—2016年国产工业机器人销量及增速

目前，工业机器人广泛应用于汽车、机械加工、电气/电子、橡胶及塑料、物流等诸多工业行业，其中，汽车行业依旧是最大的消费行业，高端的六轴工业机器人需求尤其旺盛，电器机械及器材制造业则次之，金属制造业居第三。

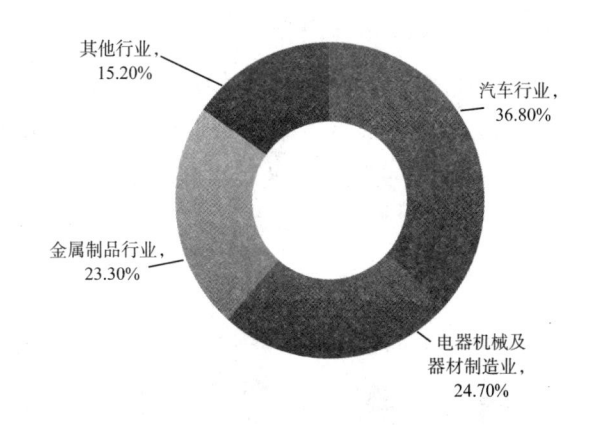

图3　中国工业机器人应用领域占比

而根据其具体应用环节，可分为焊接、装配、搬运、上料/卸料、铸造、冲压和喷漆等工业机器人品种。

2016年上半年，国产工业机器人呈现以下特点：从应用环节看，搬运与上下料机器人销量占总销量的60.1%，位居第一位，比重较上年提高7.3个百分点，同比增长94.3%；焊接和钎焊是国产机器人应用的第二大领域，销量同比增长20.9%，约占总销量的13.8%；加工机器人和装配及拆卸机器人增速也分别达到185%和117%。全年，销量构成的趋势继续延续，搬运与上下料机器人销量占比继续保持第一；焊接与钎焊机器人销量占比略微下滑，但仍居第二。值得一提的是金属铸造的搬运与上下料机器人成为全年的新亮点,市场需求急速扩大,销量增长近8倍。

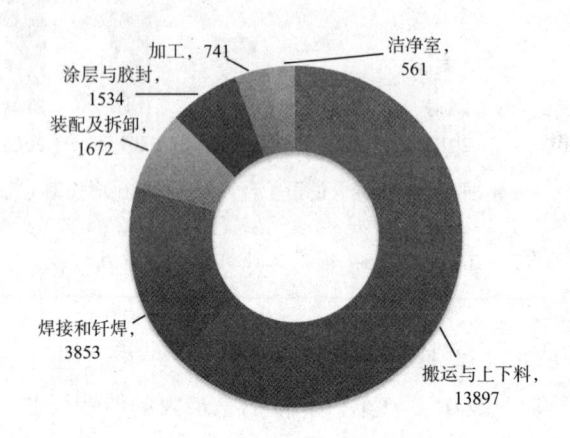

图4 2016年国产工业机器人销量(台)

2016年前三季度共累计进口38464台,同比增长6.71%,三个季度累计进口量为2015年总量的83.47%,经过最后一季度的回升,全年总量约增至5万台。同时,本土产品继续造成冲击,进口产品的平均单价降至1.69万美元/台以下。

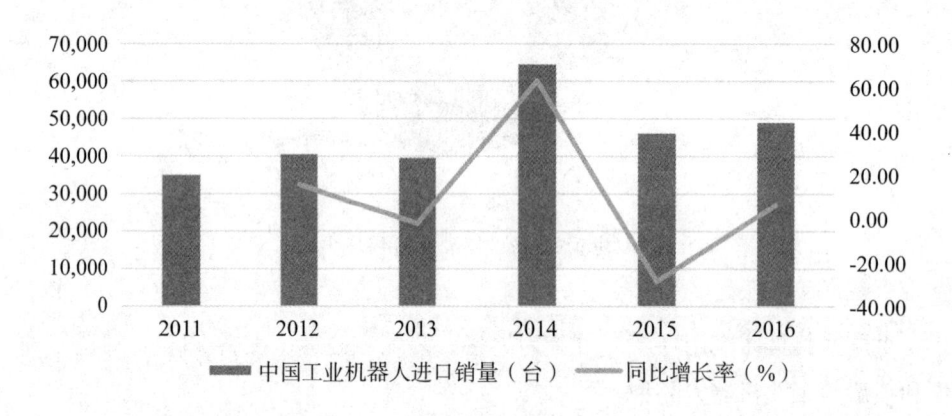

图5 2011—2016年中国工业机器人进口数量及增速

作为全世界唯一的工业机器人净出口国,目前,日本依然是中国工业机器人最大的进口国。2016年,日本共计生产机器人152702台,同比增长10.3%,其中出口销量约占76.5%,约有7万台工业机器人出口到包括中国在内的亚洲地区。2016年,中国进口的工业机器人70%以上来自日本,总量超过3万台。

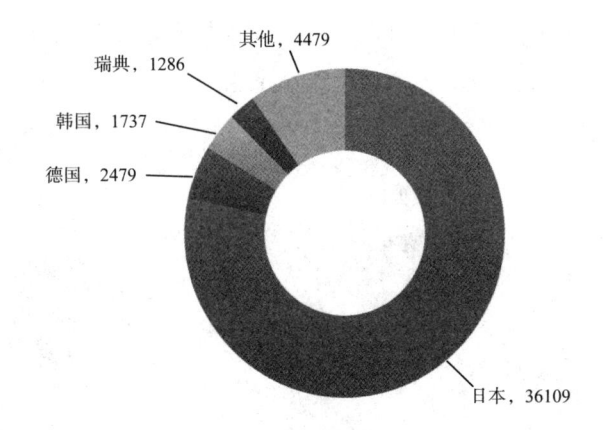

其他，4479
瑞典，1286
韩国，1737
德国，2479
日本，36109

图6 2016年中国进口工业机器人主要来源地（台）

出口方面，2015年中国工业机器人出口数量为11793台，同比增长21.10%。而2016年前三季度，出口量为10047台，同比增长44.04%，近与2015年的总量持平，全年约达到1.6万台。可以看到出口的增幅远于进口。然而，与此同时，出口工业机器人的平均价格却远低于进口工业机器人价格。截至2016年9月，出口工业机器人的平均价格为1.08万美元/台，比2015年同期降低31.4%，仅为进口工业机器人平均价格的63.9%。一方面，这由于进口机型以多关节、SCARA等高技术含量产品为主，单价也较高；另一方面，也表明中资企业在与外资的竞争中，尚处于劣势，价格战对外资厂商影响较小。

二、上市公司

工业机器人行业的上市公司多以工业机器人业务作为主要业务之外的扩充，目前行业内涌现出了新松机器人、华昌达、新时达、埃斯顿、智慧松德等主要企业。

（1）新松机器人

新松机器人自动化股份有限公司是以机器人技术为核心，致力于数字化智能制造装备的高科技上市企业，新松国际总部位于上海，在沈阳、上海、杭州、青岛建有机器人产业园。现拥有1500余人的研发创新团队，已形成以自主核心技术、关键零部件、领先产品及行业系统解决方案为一体的完整产业链，并将产业战略提升到涵盖工业生产全生命周期的数字化、网络化、智能化制造全过程。2016年，新松机器人实现营业收入20.3亿元，同比增长20.12%；毛利润6.78亿元，同比增长27.20%；净利润1.70亿元，同比下降11.46%。

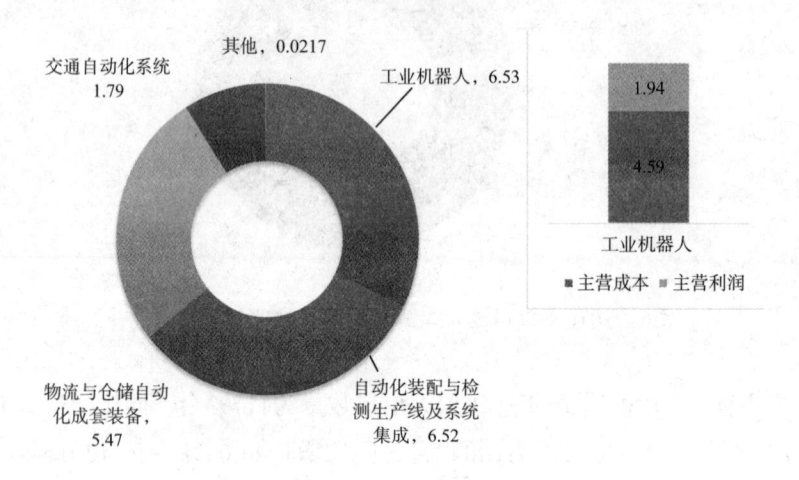

图7　2016年新松机器人主营构成（亿元）

表1　近年新松机器人主要事件

事件类型	主要内容
产品研发	2015年2月，研制成功国内首套应用于300mmIC生产线的自动物料搬运系统。 2015年4月，研制成功国内首套转盘式玻璃升降器装配检测装备。 2015年5月，新松公司第三代工业机器人控制器SNRC3研制成功。 2015年7月，新松公司CAN总线通用控制器研制成功。 2015年10月，新松公司新一代500KG重载机器人SR500B研制成功。 2015年11月，新松公司六轴并联机器人SRBL3A—Z6成功研制。 2015年12月，新松自主研发的复合型机器人批量应用，国际首创。 2016年7月，新松六轴并联机器人在中国国际机器人展全新发布。 2016年7月，国内首创中负载复合型机器人研制成功。 2016年10月，新松公司成功研制喷涂机器人SRPB16A
技术开发	2015年9月，联合中科院沈阳自动化研究所、东北大学成立东北大学机器人科学与工程学院
市场拓广	2015年5月，设立新松智能驱动股份有限公司，加强机器人全产业链布局。 2015年9月，宁波新松机器人科技有限公司项目正式签约落地。 2016年4月，新松工业机器人成功入驻台湾，打破了国外品牌机器人在台湾的垄断局面。 2016年6月，新松香港子公司正式成立，公司全球产业化布局进一步完善。 2016年6月，新松国际总部园区Robot Hub正式投入使用，全面开展区域以及海外营销工作

（2）华昌达

湖北华昌达智能装备股份有限公司的原有业务主要是汽车总装生产线生产和销售，长期服务于包括通用、大众、上汽、北汽、宝马、福特、沃尔沃、克莱斯勒、吉利、长安、日产、本田、丰田等全球汽车制造领导厂商。2013年公司投入研发费用1500多万元进行了包括AGV（自动导引运输车）系统和机器人集成应用等在内的项目研发。目前致力于为汽车行业客户提供先进的工业机器人、智能制造装备及系统集成解决方案。2016年公司营业收入为22.6亿元，同比增长29.14%；实现毛利润4.38亿元，同比增长41.29%；实现净利润1.16亿元，同比增长14.85%。

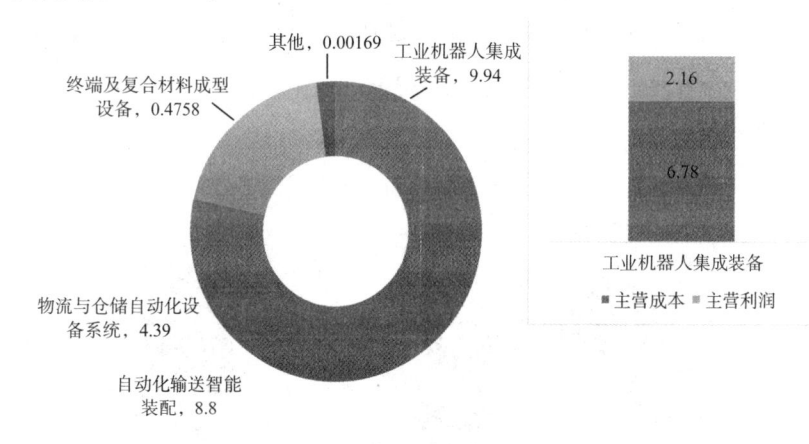

图8　2016年华昌达主营构成（亿元）

表2　近年华昌达主要事件

事件类型	主要内容
产品研发	2015年，在柔性总拼、高速滚床、机器人飞行滚边装备、Small Pallet、AGV、重载EMS等方向取得了突破。 2016年，继续在总拼、滚边、激光焊、分拼柔性切换系统等方面优化产品性能，新取得实用新型专利17项
技术开发	—
市场拓广	2015年2月，公司完成了对拥有68年历史的美国知名输送装备公司美国DMW的收购，实现进入北美高端客户市场的目标。 2015年12月，公司全资收购了美国W&H公司，为未来公司在物流仓储自动化方向的持续经营发展奠定了坚实的基础。 2016年，公司成功收购西安龙德科技发展有限公司；投资成立沈阳慧远自动化设备有限公司，致力于智能制造装备、生产线等产品的研发、生产及产业化推广

（3）新时达

上海新时达电气股份有限公司创立于1995年，以电气股份为母体，旗下国内拥有电气事业本部、上海新时达机器人有限公司、上海辛格林纳新时达电机有限公司等子公司；在海外拥有STEP Sigriner Elektronik GmbH（德国）、HONG KONG International STEP Electric Holdings Co.，Ltd.（香港）、SIGRINER Automation等子公司。公司分别在德国巴伐利亚与中国上海设立了研发中心，把全球领先的德国机器人技术引入中国。新时达机器人适用于各种生产线上的焊接、切割、打磨抛光、清洗、上下料、装配、搬运码垛等上下游工艺的多种作业，广泛应用于电梯、金属加工、橡胶机械、工程机械、食品包装、物流装备、汽车零部件等制造领域。2016年公司营业收入27.3亿元，同比增长80.79%；实现毛利润6.78亿元，同比增长27.20%；实现净利润1.70亿元，同比增长-11.46%。

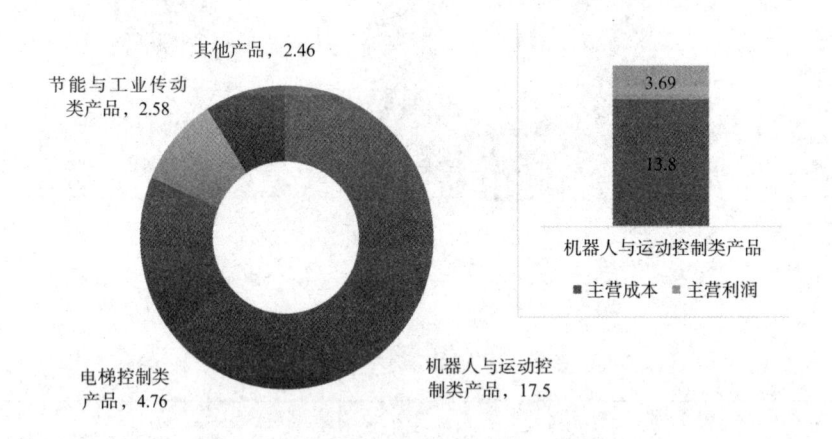

图9　2016年华昌达主营构成（亿元）

表3　近年新时达主要事件

事件类型	主要内容
产品研发	2015年5月，新时达大功率四象限起重变频器项目获得上海市科学技术奖； 2015年8月，机器人电控柜上下料系统获得上海市中小企业创新资金支持； 2015年12月，新时达SA1400型机器人、晓奥N330车身焊装线获得上海高端智能装备政府专项资金支持； 2016年8月，新时达C700驱动控制器被认定为上海市高新技术成果转化项目； 2016年11月，AS380驱动控制器获得上海高新技术成果转化项目自主创新十强； 2016年11月，新时达SA1400机器人获得首批工业机器人认证证书
技术开发	2015年8月，新时达中央研究院成立
市场拓广	2015年4月，收购上海晓奥享荣汽车工业装备有限公司51%股权； 2015年4月，公司的机器人APP资源整合平台正式上线； 2016年4月收购上海会通自动化科技发展有限公司100%股权和上海晓奥享荣汽车工业装备有限公司49%股权。

（4）埃斯顿

南京埃斯顿自动化股份有限公司创建于1993年，目前不仅成为国内高端智能装备核心控制功能部件领军企业之一，而且已在自身核心零部件优势基础上强势进入工业机器人产业，转身为具有自主技术和核心零部件的国产机器人主力军企业。2015年3月20日，埃斯顿自动化在深圳证券交易所正式挂牌上市，成为中国拥有完全自主核心技术的国产机器人主流上市公司之一。公司目前已形成了二大业务模块：智能装备核心功能部件模块，包括数控系统、电液伺服系统、交流伺服系统及运动控制解决方案；以及工业机器人及智能制造系统模块，包括机器人本体、机器人标准化工作站及智能制造系统。2016年，公司营业收入6.78亿元，同比增长40.37%；实现毛利润2.08亿元，同比增长26.83%；实现净利润0.76亿元，同比增长46.46%。

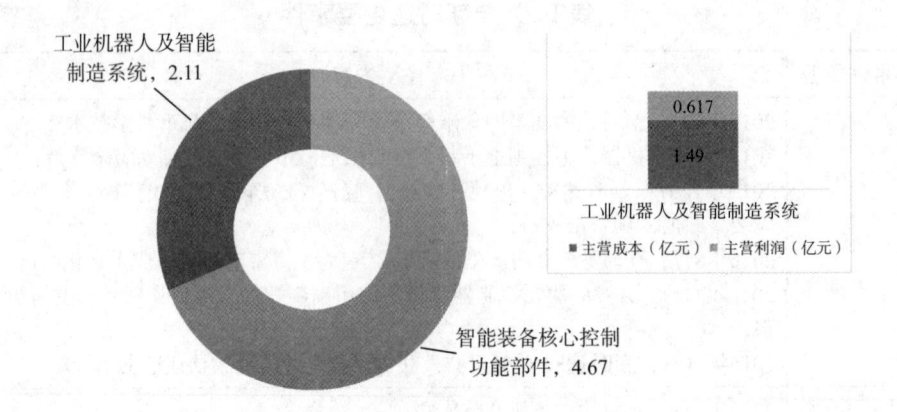

图10 2016年埃斯顿主营构成（亿元）

表4 近年埃斯顿主要事件

事件类型	主要内容
产品研发	2015年，基于ESmotion的运动控制完整解决方案形成一定的行业影响力；适用于高端行业多轴控制的内置EtherCAT总线伺服系统已经批量化投入市场；自主研发的二维视觉系统在3C行业开始批量销售。 2016年，开发出新一代转塔冲用水冷伺服电机并获得了成功应用；研发高集成度、模块化机器人专用伺服驱动器和电机并应用到公司机器人产品；研发成功3C和新能源行业运动控制解决方案并应用到该行业
技术开发	—
市场拓广	2015年，作为LP参与了上汽股权投资发起设立的台州尚颀产业并购基金，此举将促进公司工业机器人及智能制造系统业务进军汽车行业； 2016年2月，入股意大利Euclid Labs SRL，利用与其技术协同效应，实现机器人的智能化视觉应用； 2016年5月，投资设立埃斯顿（湖北）机器人工程有限公司，开拓湖北和华中地区机器人和智能制造系统业务； 2016年6月，与南京紫金科创等单位一起参与南京紫日东升先进制造产业并购基金； 2016年6月，收购上海普莱克斯自动设备制造有限公司，公司进入压铸机周边自动化机器人集成业务细分领域； 2016年7月，收购南京锋远自动化装备有限公司，公司进入汽车焊装自动化柔性生产线细分领域

（5）智慧松德

松德智慧装备股份有限公司创建于1997年，致力于为包装印刷、装饰印刷及其他相关领域的用户提供凹印、柔印成套设备和配套的技术支持。2014年起涉足自动化、智能专用设备及机器人生产线等业务。未来公司将投入更多资源布局工业4.0的相关行业，围绕"机器人、工业自动化、智慧工厂"开展运营和资本运作。2016年公司主营业务收入7.32亿元，同比增长42.97%；实现毛利润2.02亿元，同比增长24.69%；实现净利润0.74亿元，同比增长1.09%。

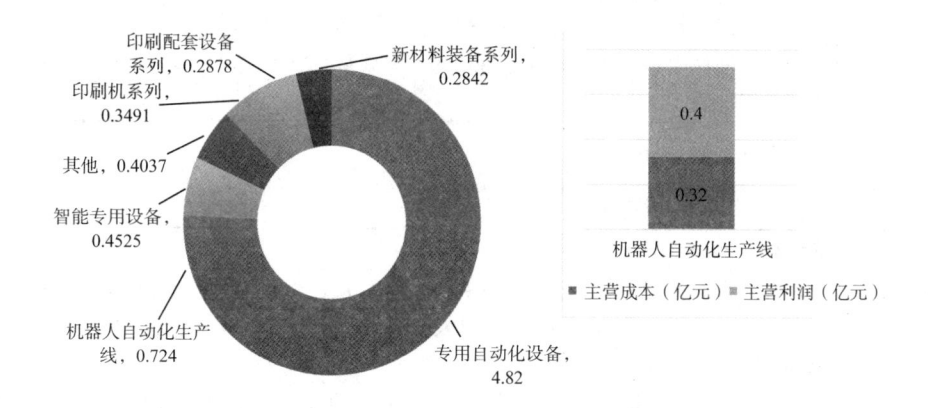

图11　2016年智慧松德主营构成（亿元）

表5　近年智慧松德主要事件

事件类型	主要内容
产品研发	—
技术开发	—
市场拓广	2014年8月份，智慧松德以9.8亿元收购深圳市大宇精雕科技有限公司（以下简称"大宇精雕"）100%股权，并由此涉足自动化、智能专用设备及机器人生产线等业务

三、热点事件

（1）世界机器人大会在北京举办

	2015世界机器人大会在北京举行
来源	中国新闻网；2015年11月23日
事件	2015年世界机器人大会23日在北京举行，大会共设有序厅、工业机器人展区、服务机器人展区、特种机器人展区、未来展区五个展区，云集全球200多名一流专家学者，12家国际机器人权威机构，举办了1场主论坛和12场专题论坛。
点评	大会固然是机器人界的大事，但遗憾的是没有国际级的国产机器人龙头企业活跃其中，中国已经成为全球最大的机器人消费市场是事实，可主要市场份额由外资企业占据同样也是现实，在满目琳琅的"未来科技"中流连忘返时，还应注意到并非中国智造。

（2）美的要约收购库卡

	美的集团：要约收购库卡集团
来源	中证网；2016年6月16日
事件	美的集团6月16日晚公告称，公司要约收购库卡集团事宜已经通过德国联邦金融监管局审核，并已于2016年6月16日发出要约收购文件，拟通过全面要约的方式获得库卡集团30%以上股份。
点评	截至2017年2月，收购工作已经完成，美的已持有库卡近95%的股份。虽然国产机器人产品目前主要服务于国内市场，但伴随技术精进和产品升级，中国出口的机器人将持续增加，同时由于中国企业掌握着进行技术型并购的金融手段，并受益于政府的官方支持，类似于美的的收购案例也将频频出现。在中国制造业转型升级的大风口下，借助应用市场的巨大需求，工业机器人将迎来东风。

案例
Case Study

均胜电子：不可能的并购

当全球经济迟迟无法走出自经济危机以来的疲弱态势时，围绕全球产业间的资源整合变得愈发频繁。当美的将德国库卡收入旗下引得欧美产业界一片哗然时，中国资本投资海外的节奏依然故我。如果说，韦尔奇执掌通用所进行的933次并购是对其原有多元化产业架构一种彻底清算的话，那么，如今中资在海外的购并则更注重技术价值。起码，王剑峰与他的均胜电子如是。

均胜电子总部位于浙江宁波，作为一家高科技公司，其在全球拥有超过20家生产及销售基地，9个研发中心；现有员工20000余名，研发人员逾3500人。公司主要致力于智能驾驶控制系统、汽车安全系统、工业自动化及机器人、新能源汽车动力管理系统以及高端汽车功能件总成等的研发与制造。而领先的创新设计、生产制造和品质管理能力，使均胜电子成为宝马、奔驰、奥迪、大众、通用和福特等汽车制造商的A级供应商，并屡获保时捷、大众、通用等汽车制造商优秀供应商奖。

一、命中注定

杭州美院毕业的王剑峰身上或许更加富于艺术气质，不过，当其家族创立的主营汽车电子紧固件企业遭遇经营重压而举步维艰之际，他不自觉地开启了向实业家的转型。

十几年来，王剑峰率领均胜电子走上一条通过跨国并购积累全球研发资源、提高生产制造能级的发展道路，从一家小型汽车功能件生产商变身为拥有多个国际品牌的中国汽车零部件主板上市公司。

2014年9月，宝马i系列电动车华丽登场，短短几天就宣称在中国大陆销售告罄，在全球市场也大有力压特斯拉之势。不过，这款电动车的核心部件——电池管理系统的供货商就是均胜电子。实际上，除了是宝马核心供应商之外，其客户还包括保时捷、奔驰、奥迪等几乎所有欧美高端汽车生产商。

2011年均胜电子实现销售收入33亿元，2012年达到53亿元，2013年为61亿元，2016中报显示，其营业收入59.51亿元；归属于上市公司股东的净利润2.45亿元，比上年增长30.32%。

二、并购哲学

2004年，王剑峰选择研发生产汽车清洁、进排气系统相关的功能件。但随着行业内同质化的低端产品竞争过度，如果不能尽快找到突破技术瓶颈、带领企业实现转型升级、走向国际化的途径，对于实力不足，缺少研发资源和高端客户的均胜电子而言，很难改变被"红海"所吞噬的结局。于是，王剑峰选择了跨国并购。

2007年，均胜电子曾尝试与德国普瑞公司建立合资企业未果。两年后，在金融危机重压下，普瑞挂牌出售。均胜电子终于等到了机会。德国普瑞是一家具有90多年汽车电子相关生产经验的老牌汽车电子厂商，客户涵盖了全球几乎所有知名的主流汽车厂商，奥迪MhlI系统、宝马IDRIⅦ系统即为其代表性产品。普瑞的产品线包括空调控制系统、驾驶员控制系统、ECU等核心汽车电子产品。

2011年，均胜与普瑞正式签字，均胜以74.9%股权控股普瑞，一年后，均胜收购剩余25.1%股权，收购价格为16亿元，包含普瑞98项技术专利。此案被誉为中国汽车零部件企业海外并购的成功典范。业界人士表示，均胜电子具有典型的外延及内涵成长双轮驱动特征，普瑞的并入将极大提升公司核心竞争力。

2012年，收购德国机器人公司IMA；2014年，收购德国内饰和方向盘总成公司QUIN；2016年，均胜电子以11亿美元完成了对德国TS与美国主被动安全技术供应商KSS公司的并购。均胜电子将TS汽车信息业务与原汽车电子业务整合，为整车厂提供更加完整的HMI解决方案。同时，借助对KSS的收购，公司成功进入汽车主被动安全领域。在王剑峰看来，每一次并购都是对现有业务全球化发展的延伸，每一次布局都是对产业链的升级。

三、走向高端

均胜电子的既定战略目标是成为全球优秀汽车生产商可信赖的合作伙伴，在细分市场上推动驾驶行为的变革，成为智能驾驶领域的创新者与领导者。

差异化战略、持续的资源投入和强有力的执行保证了均胜电子在国内汽车零部件细分市场的优势。在研发方面，除了储备优秀人才，公司携手同济大学、浙江大学、美国密歇根大学、德国维尔茨堡大学等高校及科研机构开展合作项目，产、学、研形成科技创新合力，如智能驾驶及新能源汽车电控联合实验室，创新设计与智能制造联合实验室，均胜新能源汽车研究院等。强大的研发能力成为均胜电子进入高端市场领域的有力背书，如在与大众同步开发的新一代发动机进排气系统中，均胜在轻量化、耐温、耐压和成本等重要指标方面击败国际一线零部件巨头，进而打破了外资或合资厂商对这一领域的垄断。很快，均胜在这三个细分领域做到国内市场占有率第一。

近年来，均胜将重点发展方向定为智能驾驶HMI、新能源汽车技术和工业机器人等新技术领域。目前，这三大业务板块增长迅速。

由原德国普瑞创新自动化（PIA）部门、均胜工装中心、德国IMA公司以及美国EVANA公司合并组建的均胜普瑞工业自动化及机器人有限公司（简称JPIA），在欧洲、亚洲和美洲均拥有研发、生产基地。公司以高度的自主创新能力、可靠的品质和以客户为导向的运营模式，可根据客户需求，定制开发应用于不同行业如汽车零部件、医疗、化妆品、电气工程和快消等领域的高度集成的全套数字化智能制造解决方案，将成为业务覆盖面更广的自动化专家。2015年一季度，该公司机器人业务的增长幅度高达240%，HMI产品系在北美市场业绩获得新提升，新能源汽车技术方面也与宝马、特斯拉和中国南车等达成良好的合作关系。

"均胜电子在产品结构、管理模式、客户资源、技术研发乃至成长模式上都与传统汽车零部件企业有鲜明的差异，公司拥有不可替代性的核心竞争力，作为A股汽车电子第一股实至名归。"这是某研究机构在一份分析报告中对均胜电子的评价。

潍柴集团：打造整体竞争力

潍柴控股集团有限公司，自2009年以来，通过实施一系列跨国并购，迅速成长为同时拥有整车整机、动力总成、豪华游艇以及汽车零部件四大业务板块的跨领域、跨行业经营的国际化企业集团。

目前，该集团全球拥有员工7.4万余人，资产总额1369亿元，2015年实现营业收入1075亿元，名列中国机械工业百强企业第二位。在面对2016年复杂的宏观经济形势和激烈的行业竞争中，潍柴集团1—10月份实现营业收入1002.2亿元，同比上升13.3%，发动机板块实现235.3亿元，同比上升7.4%，销售各类发动机30.1万台，同比上升24.8%。

集团旗下分子公司遍及欧洲、北美和东南亚等地区，拥有众多国内外领先品牌，潍柴动力重型发动机、法士特重型变速箱和株洲火花塞销量全球第一，法拉帝豪华游艇为全球第一品牌，凯傲叉车销量全球第二，汉德车桥位列重型车桥中国第一品牌，陕汽重卡位列中国重型卡车第一梯队，林德液压技术全球领先。

2009年至2015年，集团销售收入年均复合增长率19.4%，其中海外板块营业收入已占集团营业总收入的57%。跨国并购战略大大优化了企业产业结构，有效提升整体竞争力，助推了企业转型升级。

一、并购法国博杜安公司

2009年，潍柴以299万欧元收购了具有百年经营历史的发动机设计制造企业——法国博杜安公司，开启了企业跨国并购的序幕。随后，潍柴将博杜安产品技术引入国内并实现国产化，打造了"欧洲技术+中国制造"的投资模式。七年来，潍柴利用博杜安的产品和品牌，迅速填补了16-32L大马力高速柴油机空白，缩短了产品开发周期。通过市场整合，发挥法国博杜安在欧洲市场的桥头堡作用，向周边辐射，大幅优化了市场结构。通过技术整合，成立欧洲研发中心，搭建了集团船舶推进系统研发平台，开发了M26.2、M26.3等系列产品，提升了技术水平。通过供应链整合,实现了产品国产化,目前已完成20多个主要件的国产化,单台降低成本1800欧元,其中博杜安(潍坊)公司自成立以来连年盈利,年均复合增长率64.6%。这是潍柴国际化经营迈出的第一步,也是重要一步,为企业开展跨国并购和经营国际企业积累了宝贵经验。

二、重组意大利法拉帝集团

2012年,潍柴集团以3.74亿欧元战略重组意大利法拉帝集团,目前已持有法拉帝集团86.82%股权,借此直接进入全球顶级豪华游艇市场,控制了全球最优秀的游艇产业资源,成为全球领先的高端豪华游艇产品及推进系统供应商。通过并购,集团实现了产业结构调整的重大突破——由单纯依靠投资拉动开始转向由投资和消费双重拉动,完成了由陆地动力制造商向海上动力制造商、由经营中国品牌向经营全球知名品牌的跃升,企业抗风险能力进一步提高。重组法拉帝以来,潍柴从多个方面开展业务整合:

在调整产品结构方面,突破70~120尺现有游艇产品局限,推出新船型,赢得大笔订单;推进双方技术合作方面,共同探讨论证潍柴产品后续配套法拉帝游艇的可行性和计划;在加强品牌联合推广方面,拓展潍柴与法拉帝品牌协同效应;在促进市场渠道资源协同共享方面,法拉帝通过潍柴的渠道资源成功打入亚太市场,潍柴通过法拉帝的客户资源提升了海外业绩,实现了双赢;在市场营销能力提升方面,通过组建全新职业化销售团队、力推品牌销售模式、提升亚太市场地位、制定销售激励策略以及重构商务合作关系等一系列举措,法拉帝公司的市场营销能力大幅提升,新兴市场增速超过50%,总市场订单量增长48%。通过重组法拉帝游艇资源,潍柴实现了资源共享、优势互补,大大推进了集团国际化进程。

三、并购德国凯傲及林德液压

2012年,潍柴以7.38亿欧元收购德国凯傲集团25%的股份及林德液压公司70%股份,后续又对凯傲实施三次增持,持股比例达38.25%,成为凯傲实际控制人。此次并购,不仅标志着潍柴核心技术直接步入全球领先水平,还彻底改

案 例

变了国内高端液压产品长期依赖进口的局面，集团业务结构调整和国际化进程实现了全面提速。

2013年，潍柴投资5000万欧元在德国建设了林德液压新工厂，投产后，液压件产能由15万台（套）提升至25万台（套）。2015年5月，林德液压（中国）潍坊工厂建成投产，开启了高端液压产品中国造的新阶段。

潍柴集团在实施跨国并购中，有四条经验值得国内同行们借鉴：

一是跨国并购应以做强主业为目的。潍柴集团始终围绕主业开展跨国并购，不搞单纯的规模扩张和盲目多元化，力求新进入的战略业务拥有核心技术、具备协同效应、成长空间大等特点，为企业做强主业提供了强大保障，真正实现了生产经营、资本运营双轮驱动。

二是跨国并购要注意规避防范多重风险。在企业实施跨国并购过程中，面临国际宏观经济波动、产业协同、文化融合等多方面风险。潍柴每一次跨国并购，都是从产业发展角度出发，充分考虑各种潜在风险，聘请专业机构论证评估，与政府各级部门充分沟通，确保万无一失。

三是跨国并购要发挥文化引领作用。潍柴集团先后跨国并购多家企业，之所以能够实现平稳过渡、快速发展，关键在于企业坚持"战略导向、文化统领"，创新性地提出了以"责任、沟通、包容"核心文化理念统领全局，并将发展作为第一责任，用沟通化解矛盾，以包容博采众长。

四是跨国并购必须取得政府大力支持。在潍柴历次跨国并购中，各级政府都给予了极大支持，相关主管部门及时给予指导帮助，为企业顺利完成各项工作提供了有力保障。

"十三五"期间，潍柴集团将继续秉承"绿色动力、国际潍柴"使命，通过转变思维方式、培养核心能力、强化集团化建设等举措，实现从陆上动力向全领域动力、从一般技术向核心技术、从投资拉动向投资消费双重驱动、从国内发展向全球发展、从制造型企业向服务制造型企业"五个转型"，力争进军"世界500强"，成为以整车整机为龙头，以动力系统为核心，全球领先的国际化装备制造集团。

汉威：不只是传感器

汉威，一个从郑州交通路长大的科技企业"赛手"，经过坚持不懈的努力，持之以恒的奋斗，孜孜不倦的追求，从一家不起眼的民营小企业发展成为如今的物联网行业领跑者，凭借精湛技艺蜚声业界。

一、从做单一产品到做物联网生态系统

汉威电子成立于1998年，创始人任红军带领原始股东白手起家，从传感器开始坚定地走上了自主研发的创业之路。成立当年，汉威就推出了第一颗传感器——MQ-4天燃气检测传感器，能够检测可燃气体泄露，可以用在抽油烟机、家庭燃气泄露报警等方面。而仅仅五年后，汉威在气体传感器领域已成为行业第一。

由于气体检测是个细分领域，起初的市场规模并不大，尽管排名国内第一，汉威的年产值也只有800万元，而要想取得更大的收益，只能等待市场的成熟或者新机遇的到来。对此，汉威并没有消极等待，而是选择了企业内部的第一次系统化升级，即将整体业务向传感器的下游延伸，开始做气体检测仪表，从核心零件走向了生产整机。同时将传感器业务整体剥离出来，并成立了炜盛科技来承接。通过企业能级提升，到2004年，汉威的收入就从800万元增长到了2400万元。2008年，汉威在气体检测仪表领域已位列行业前三。

2009年，汉威电子在创业板挂牌，成为国内首批、河南首家在创业板上市的传感器公司。以企业上市为契机，汉威进行了第二次优化升级——涉足基于气体检测管理的小型系统集成业务。在此期间，汉威完成了工业安全监测监控系统和燃气管网巡检系统两项系统集成业务。

第一次升级，汉威电子从一个传感器零件供应商成长为一个零件+整机的双料供应商；第二次升级后，汉威不仅能够提供零部件和整机产品，还能够提供解决方案。也就是说，经过十几年的发展后，汉威电子内部已经形成了一个以传感器为核心的生态圈。而且在这个过程中，汉威电子的生命力和承载力不断

增强。或许正因为如此，才会有2013年汉威电子的第三次升级——将内部生态圈外延，打造以传感器为核心的物联网生态系统。这次升级后，汉威电子的产值和市值都得到了较大的提升。2015年，汉威电子实现营业收入近8亿元，市值一度冲到170多亿元。

十八年来，汉威销量增长了数百倍，为全球近百个国家和地区提供产品与服务。未来，遍布六大洲的营销服务网点和国际化布局的研发体系，将支撑汉威汇聚全球资源，以"中国动力"为牵引，全面拓展全球业务。

二、强化核心产品技术优势

对于汉威来说，掌握传感器核心关键技术并拥有自主知识产权，犹如基础之于大厦，成为企业快速发展最稳固的根基。作为业界的领军企业，汉威掌握了大量关于气体传感器材料、配方、生产工艺、型式设计等方面的专利技术，产品门类齐全，130余种不同规格的传感器可分别用于检测数十种可燃气体、毒性气体及其他气体，综合技术水平国内领先，部分传感器为国内独家生产。

"以传感器为核心"是汉威物联网的特色，这不仅仅因为汉威起家于传感器，更因为数据采集与感知本身就是物联网的基础。因此，汉威在传感器层面始终保持着较高的投入，不仅自己培育了很多新兴的物联网传感器项目，而且通过投资并购不断进行传感器种类的横向整合，不仅在压力、流量、红外等传感器方面表现出色，并成为国内少有的几家掌握MEMS传感器技术的公司之一，2016年推出的MEMS可燃气体传感器达到国际水平。

三次产业升级过程中，汉威始终坚持以传感器为核心的物联网解决方案供应商的产业发展定位。近来年公司进入的智慧城市、安全生产、环境保护以及民生健康等领域，都没有脱离汉威熟悉的业务领域。

未来，汉威将继续巩固自己在传感器领域的龙头地位，不仅自身将投入更多研发力量进行技术储备，不断推出具有突破性的传感器产品，同时将通过技术合作、资本整合等方式，吸纳外部资源，弥补自身的技术短板。

总之，汉威将坚持以传感器为核心的特色物联网应用于世界各地的各行各业，朝着国际化公司的方向努力。

三、多途径培育系统服务能力

从技术层面来看，物联网的整个产业链包括感知层、传输层、数据处理层和应用服务层。近年来，汉威坚持以传感器为核心的宗旨，通过投资、并购、自建团队等方式围绕物联网的技术架构进行全线布局，向物联网运营平台的方向不断提升能级。从2013年到2015年，汉威在传感器、智慧城市、安全生产、环境保护、民生健康等领域展开了大规模的投资、并购活动，对外投资的企业数量从十几家增长到近四十家。

在传感器领域，2013年投资苏州能斯达电子科技有限公司，布局生物传感器；2015年成立郑州易度传感技术有限公司，加大在压力传感器、加速度传感器层面的投入力度；2016年初，又收购了从事环境、食品、职业卫生评价、公共卫生评价等领域检测服务的第三方检测企业——郑州德析检测技术有限公司。

在智慧城市领域，先后收购了基于地理信息技术（GIS）平台与数据库系统的综合运营商——沈阳金建数字城市软件有限公司和广东龙泉科技有限公司以及数据采集与监控（SCADA）系统集成商鞍山易兴自动化工程有限公司等，并于2015年初成立了郑州汉威公用事业科技有限公司，成为民营资本进入公用事业的典范。

在安全生产方面，2011年与上海中科高等研究院共同出资设立上海中威天安公共安全科技有限公司的基础上，又收购了英森电气系统（上海）有限公司，并于2016年更名成立河南汉威智慧安全科技有限公司。

在环境保护领域，公司先后以控股的方式收购嘉园环保有限公司、河南雪城软件有限公司等在相关领域有一定实力的企业。

在民生健康领域，公司先后投资智能家居开发平台——浙江风向标科技有限公司以及健康管理工具平台——河南开云信息技术有限公司，同时还成立了北京威果智能科技有限公司，并推出了智能空气质量检测仪——AirRadio空气电台以及以此为控制中心的空气治理智慧套装。

物联网是一种系统性解决问题的手段，单一技术只能说是物联网的组成部分，不能满足解决系统问题的需求。因此，汉威希望能够在自己覆盖的领域，搭建一个从感知到应用的完整物联网生态系统平台。对此，任红军董事长说："软件技术和数据处理技术，因为比较轻，所以变化比较快。比如给客户开发一套应用软件，有些地方客户不满意，晚上回来团队加个班，第二天就可以改好。但是如果给客户开发一个物联网终端产品，比如智能硬件，他们不满意，一个月都不一定能改好。因为涉及的链条较长，比如材料、芯片、工艺等，并且其中很多方面都是跨行业的。而且这些行业之间本来就存在鸿沟，做传感器的人不一定了解芯片，做芯片的又不了解传感器，所以发展就不会那么快。因此汉威要构建物联网生态圈，希望能够弥补中间的缝隙。如果我们能够掌握上下游，可以很好地进行跨行整合。"

四、发展中构建创新与服务文化

创新，是高新技术企业生存和发展的生命线，汉威能够一直保持较高的增速，正是得益于其所打造的创新引擎，为企业发展提供了新动能，保持了鲜活、蓬勃的发展局面。近年来，国家不断加大"双创"的扶持力度，汉威的创新发展，也得到各级政府的大力支持。

技术创新方面，汉威的研发强度保持在5%~10%。郑州的国家级企业技术中心汉威研究院以及在北京、上海、深圳、美国、德国、新加坡的研发中心，围绕传感器、智能仪表、地理信息、云计算、大数据、移动互联等物联网技术、水、气、固废净化治理技术，节能技术等方面实施全面研发创新。

管理创新方面，汉威以体制驱动内部创新、创业，并建立容错、试错机制，同时构建专业研发资源共享平台，选择能够补全汉威产业生态圈的项目进行精准孵化。如此，既可以激励技术人员自主众筹创业，又可以从国内外积极寻找和吸纳与汉威产业相关、能形成产业互补和引领未来传感器及物联网领域尖端技术的创新型公司，围绕传感器、物联网、云计算构建完整的业务布局。

汉威自成立以来，一直遵循质量第一的原则，公司从上至下都坚持每个环节、每个工序严格要求，力争为客户提供优质、高效的产品及解决方案，确保产品和服务满足并超越客户需求。2003年，导入ISO9001质量管理体系，采用PDCA的改进方法促使公司的管理水平及产品质量不断得到提升；2011年，导入ISO14001环境管理体系、ISO18001职业健康安全管理体系，在提升产品质量的同时，关注社会环境，节约资源，确保员工健康安全。在主动服务方面，汉威售后服务团队"想客户所想、急客户所急"，主动出击，积极策划并组织实施售后服务出行计划，驱驰数千公里上门为客户进行产品检测维修和售后服务指导、培训，为客户解决生产管理中的实际难题，真正践行了"为客户创造价值"的承诺。

盛瑞传动：以高端突破实现转型升级

由传统汽车零部件制造商起家的潍坊盛瑞传动股份有限公司，近年来通过实施"以老养新、以新促老"以及"以我为主，整合世界资源为我所用"的企业发展战略，积极整合国际先进设计理念、工程技术、工艺装备和管理机制，集成全球优秀创新资源，矢志开展前置前驱8挡自动变速器技术的研发，迅速成长为国内同行业领先企业，成为多家国际知名发动机企业的配件供货商，改写了中国汽车行业高端自动变速器长期依赖进口的历史。

2015年，该公司实现销售收入9.09亿元，与上年持平，但实现利税0.91亿元，同比增长103.4%；2016年1—6月份销售收入6.26亿元，同比增长140%，利税2737万元，同比增长651%；研发强度多年保持在9%以上，目前，已形成10000台/月的产能，2016年生产变速器8万台（套）。

一、整合各种技术资源为我所用

曾长期属于中国汽车工业的空白项的8AT变速器，是众多国内企业难以触碰的国际高端产品。2007年，盛瑞下决心通过8AT变速器的突破，参与到高端市场的竞争，进而实现企业的能级的全面提升。2010年，江铃陆风汽车率先与盛瑞传动签订了合作协议。目前，盛瑞8AT变速器已先后实现了与江铃控股、奇瑞凯翼、北汽福田、北汽银翔、力帆等多家整车厂的14款不同车型的搭载匹配，其中四款整车实现上市销售。

盛瑞在开发8AT变速器的过程中，整合了德国的设计理念、英国的工程技术、韩国的工艺装备、日本的精细化管理机制，实现了中国本土制造。公司的国际合作源于项目，却没有止步于项目。在项目合作的基础上，为进一步形成"以我为主"的战略资源整合，公司分别在德国、英国、北京和青岛建立了研发分中心，形成了"三国五地"的研发格局，集成了全球最优秀的创新资源，打造了正向设计开发的完整创新链条，确保了创新与世界同步，为企业的转型升级和外部技术资源整合利用，进行了有益的探索与模式创新。

盛瑞从8AT研发开始，就坚持所有知识产权必须为我所有，所有研发活动必须全程参与的原则。八年的国际技术合作，盛瑞委派大批工程师长期驻德国、英国、韩国，现场学习国外先进的技术、完善的流程和科学的管理。而持续、高强度的研发投入，不计成本的人才培育，使平均年龄不到35岁的研发团队，具备了为客户提供"量体裁衣"式的交钥匙工程服务的创新能力。其中，13AT样机和混合动力8AT样机均达到国际领先水平。

二、协同发展，形成产业链竞争优势

围绕8AT产品产业化，盛瑞按照"统一思想、统一标准、统一行动"的理念，携手供应商同步开发，抱团发展，带动了行星排、阀板、离合器、轴承等一大批国内零部件企业成长，大大提升了配套企业的研发和制造能力，培育形成了一条逐步完整的自动变速器产业链。目前，位于潍坊高新区的盛瑞自动变速器配套产业园已开工建设，已有多家企业签订入园协议。

在大力推动8AT发展的同时，该公司坚持不懈做强做专原有重型柴油机零部件业务。为此，公司先后投资5亿元实施技术改造，形成了八大系列产品体系，与康明斯、菲亚特、约翰迪尔、纳维斯达等国际知名发动机企业建立了供货关系。公司坚持用老产品创造的利润为新产品开发提供持续的资金支持，同时，用新产品开发过程中形成的前沿理念、先进技术和管理经验提升老产品，使二者形成互相促进、协调发展的良性循环。未来三年，公司将把重型发动机零部件国内外市场结构调整为"四六"开，力争成为世界前五强发动机制造商的战略供应商。

目前，公司正加快推进互联网在市场开发、采购管理、物流集约化管理方面应用，用人机对话促进产品升级，用3D促进新产品开发。到"十三五"期末，盛瑞将力争成为年产100万台（套）具有国际竞争力的企业集团。

迈赫机器人在产业丛林中脱颖而出

迈赫机器人公司是一家专业从事工业机器人、高端智能制造装备以及自动化生产线系统解决方案的高新技术企业。公司坚持"整合资源、创新驱动"的发展理念,着力产品技术研发,其"自主移动液压双臂机器人"、"智能滑撬输送系统"等进入山东省重大科技专项;2010年以来,获发明专利七项,实用新型专利150多项。2015年,公司实现销售收入3.3亿元,利税8800万元,均比上年翻了一番。2016年1—6月,公司实现销售收入2.8亿元,同比增长24%,利税5160万元,同比增长60%。

随着中国经济环境发生的深刻变化,以提质增效为核心的转型升级成为制造业发展的必然趋势。而智能制造在全球的迅速兴起,使得围绕产业技术高地的争夺不断白热化。中国对供给侧结构性改革的国家战略意味着,提升装备水平、强调工业自动化、智能化是破解中国制造业水平低端化的重要途径和实现方式。迈赫机器人抓住机遇,在工业机器人及工业自动化领域及早布局,全情投入。五年来,公司销售收入增长了6倍,利税增长了6.5倍。

一、多种形式,推动创新

多年来,该公司积极整合创新资源,努力提高创新效率,在天津成立了"中汽迈赫(天津)工程设计研究院",下设智能与绿色工程设计所、机器人设计所、工业自动化设计所三个研究所。为提高研究院创新效率,迈赫创新实施了法人治理、独立经营,业绩与个人收入挂钩等制度,在人力资源、产品中试、市场营销、制造服务等环节均进行了适合市场需求、兼顾公平与效率的模式创新实践。在开展产学研合作方面,公司除了关注研发产品的市场前景外,注重整合高校即将成型的产品,避免由于研发周期长而错失市场机会。公司与山东大学联合研发的军用战场运输机器人、与哈尔滨工业大学联合研发的弹药拆解机器人等都取得了积极成果。几年来,公司通过与高等院校和科研机构合作创新，共取得科研成果150项，其中产业化35项。目前，公司新产品产值率达到80%以上。

二、吸引人才，用好人才

该公司认识到，人才是产业发展中最活跃的因素，也是企业实现盈利最有效的资本。为此，公司先后与清华大学、北京航空航天大学、山东大学等16所高等院校和科研机构建立了战略合作关系，采取项目共建、科研攻关、技术顾问等方式，聘请了30多名"星期天科学家"和"候鸟博士"。2015年，公司聘请的山大机器人研究中心主任所研发的四足液压机器人达到国际先进水平；在"万人计划"专家赵杰的指导下，公司成功研发液压双臂机器人，突破了全方位移动、工件识别等关键技术，填补了国内空白。在人才培养上，公司制定了《鼓励技术创新管理办法》，根据项目技术水平、预期收益，对技术人员给予优厚薪酬和奖励，2015年，最高奖励一次达到100多万元。公司还选派优秀人才到北京航空航天大学机器人研究中心等院所参与重大科研项目，跟班学习实践，技术员王刚经过5年学习，从一个刚出门的大学生成长为项目小组带头人，率队攻克了"机器人柔性焊接工作站技术"难题，获发明专利两项。公司成立以来，先后引进培养博士6人，高级工程师50人，中级技术人员200余人，中高级技术人员占职工总数的41%，为公司不断提升在智能制造领域的服务能力提供了有力支撑。

"十三五"期间，迈赫将与上海交通大学、山东大学、哈尔滨工业大学、北京理工大学联合创建迈赫机器人智能化实验中心，同时吸收日本安川、德国西门子公司等30多家国内外知名企业提供实物及资金帮助。公司将全力攻克机器人关键零部件之一的控制器技术，扩大自主移载式机器人在仓储物流行业的市场占有率，推广"液压双臂机器人"在轮胎行业的使用，开拓"四足液压机器人"在军事领域使用范围，积极开发家用服务型机器人，提高数字化工厂和智能家居设计产品的标准化水平。

鑫泰轴承：升级要靠"破釜沉舟"

国内轴承企业虽然数量众多，但由于受资金、技术、人力资源、研发能力等方面制约，市场竞争也主要体现在中低端产品市场层面。随着近年来内外部经济发展环境的深刻变化，国内轴承产业长期积累的深层次矛盾日益凸显，粗放式增长模式难以为继，已进入到必须以转型升级促发展的关键时期。

一、常规市场"消失"

作为一家集锻、车、热专业生产汽车轴承套圈及零部件的生产企业，位于河北邢台的鑫泰轴承锻造有限公司经过20多年的努力，发展成为国内知名的轴承锻造企业。

该公司拥有日本阪村产高速镦锻线3条及轴承专用锻造设备200多台套，年可生产外径40~350mm的轴承锻件25000吨，精车套圈2000万套；与国内外几十家知名轴承企业保持业务往来，是SKF、TIMKEN、NTN、NSK等多个行业国际巨头企业的战略合作伙伴。公司产品曾荣获第十一届、第十二届、第十三届国际锻造展览会"优质锻件奖"，2014年12月被评为"河北省优质产品"奖。公司先后被省政府及省有关部门授予"明星企业"、"科技明星企业"、"重合同守信用企业"和"AAA级信用企业"，通过了TS16949质量管理体系国际认证，被TIMKEN公司评为优秀供应商，并成为SKF公司和NTN公司的全球供应商。

应该说，做了20多年的鑫泰轴承锻造有限公司，作为中小配套企业，其发展史也可圈可点了。然而，随着全球经济走势的下滑，特别是中国经济进入"新常态"后，装备制造类企业所面对的常规需求"消失"，国内轴承行业也随之进入阵痛期：该公司也面临国内企业回款率低，应收款增多，给企业资金周转造成空前压力；国内钢材价格不稳，使生产成本控制难度加大，影响企业运营状况；由于市场不景气，总体业务量下降，造成人员流失，高级技术人才难以引进等困局。

在鑫泰轴承锻造有限公司董事长李金贵看来，市场最大的变化，就是原有的客户"自身不保"（因市场变化，也面临转型、升级），为其配套的轴承企业自然没有好日子过。

二、破釜沉舟提升能级

作为一家总资产1亿多元，300多员工，应收账款7000多万元，贷款6000多万元，销售收入多年维持在7000万元水平，大部分职工是农民，产品以中低端为主的企业，还能生存吗？

在李金贵看来，面对变化了的形势，鑫泰若要营造可持续发展的格局，就必须放弃短期利益，丢掉幻想，破釜沉舟，竭尽全力实施企业能级的全面提升——完成涅槃式企业产品、技术和市场的升级。否则，企业要么选择主动退出，要么只能接受被市场竞争所淘汰的结局。

2013年，该公司正式启动企业转型升级的具体实施工程，旨在通过数年的不懈努力，探索出一条"以品牌建设核心、产学研相结合、信息化为支撑、吸引高端人才、开发高端技术、引进高端设备、进入高端市场"的企业转型升级之路。

为有效推进企业转型升级，公司成立七个实施小组，制定了具体目标：高端市场开发、推行TS16949质量管理体系、抓好项目工程建设、全面提升装备水平、加大研发投入。

三、积极推进成效显著

如果说"休克疗法"体现出公司实施转型升级最大诚意的话，面对严峻的市场形势，他们采取了降成本、促研发、拓市场、抓管理等一系列具体措施。

在市场转型方面，公司通过多种途径开发高端市场和客户，向国外市场转型，向高、精、尖产品转型，先后与瑞典SKF、美国TIMKEN、日本NTN等多个国际高端客户建立供需关系。这些高端客户与公司携手推进铁路、精密机床及商用车项目，为企业带来了新的发展机遇，同时也提升了企业的国内外市场知名度，扩大了影响力，为进一步开拓国际高端市场，打下了坚实的基础。为了开发这些客户，该公司董事长一年在全球飞了70万公里。

案 例

  在技术转型方面，该公司瞄准国际高端需求，通过多种形式积极推进技术学新再创新，努力与国际先进水平保持同步，不断提升核心竞争力。几年来，该公司先后申请通过实用新型专利18项，2016年，又申报发明专利1项，实用新型专利6项，并建成"具有自检资质的质量检测中心"。由于措施得当，企业的自主创新能力得到极大提高，主导产品技术水平实现与国际水平同步，在高端市场竞争中赢得了主动地位。

  在装备水平提升方面，2013年以来，公司推行精益TPM管理，加大"机器换人"力度，2016年，开始建设"i5CNC智能化工厂"项目，并重点在锻造及热处理设备升级改造的过程中，引进国内外先进的质量检测设备，加大研发投入和提升检验条件。

  在提质增效方面，公司全面实施管理创新，坚持推行TS16949质量管理体系及精益TPM管理，加强培训力度，摒弃传统的管理方法，夯实发展基础，使企业管理从人员结构、部门配置到管理模式等方面努力与国际先进企业接轨。

  2015年，公司被TIMKEN公司授以"优秀供应商"，并通过了瑞典SKF公司和日本NTN公司认证；被河北省科学技术厅、河北省财政厅、河北省国家税务局及河北省地方税务局联合认定为"河北省高新技术企业"，轴承锻件被认定为"河北省优质产品"，连续多年被中国锻压协会认定为"展会推介产品"。

  目前，公司90%的产品对接国内外高端市场，效益水平显著提升。2017年，该公司将在经营模式、管理模式、商业模式等方面实施再创新，再引进智能设备100台套，检测设备50台套。

百年日企巨头剜心自救

142年历史、19万名员工、日本名门企业，这些标签都彰显着东芝曾经的历史，自从11年前收购西屋公司后，东芝这座昔日辉煌的大厦开始倒塌。如今东芝正在接连出卖优质资产来拯救自我。

始创于1875年的东芝，很长时间都是"日本制造"的代表，日本第一个电灯泡、第一台洗衣机、第一台冰箱，都诞生在东芝的车间。相形之下，日立、松下和索尼等日本其他家电巨头，不过是后起之秀。但140年辉煌之后，东芝似乎走到了崩溃的十字路口。

2017年2月15日，东芝董事长贺重范引咎辞职，在此前的2015年，由于财务造假，当时的东芝社长田中久雄、东芝副董事长佐佐木则夫和顾问西田厚聪相继辞职。

短短一年多出现了如此大的人事变动，东芝到底摊上了什么事？2月14日，原本定于当天发布的财务报表突然说要延迟一个月，原因是东芝美国核电业务发现新的疑似违规行为，于是转而发布了财务预期。据其预测，东芝2016财年全年的净利润将出现连续第三年亏损。从原先预计的盈利1450亿日元（87亿元人民币）下调至亏损3900亿日元（234亿元人民币），债务将超出资本1500亿日元（90亿元人民币）。此外，据2016年前三季度财报，其美国核电业务损失达7125亿日元（428亿元人民币），股本降至负1912亿日元（115亿元人民币）。这些天文数字级别的亏损足以创下历史纪录。

第二天，董事长贺重范宣布辞职，各方纷纷揣测原因正是因为核电业务亏损。在如此大的财务亏空下，东芝"壮士扼腕"，拟出售旗下芯片业务50%以上的股份，不排除全部出售的可能，并计划停止修建新的核电站。

一、剜心自救

东芝2016年一季度财报显示，芯片业务部门的净营业收入占总营业收入的30.8%。但运营利润芯片业务部门占据绝对优势，运营利润达到241亿日元，而整个东芝的综合业务利润才201亿日元（因为其他业务部门盈利基本都在亏损）。经济专家们一致认为，东芝只能尽快把最后一个具有竞争力的半导体部门卖掉，用于及时"止血"，今后才能继续坚持下去。但是，一旦把半导体部门卖掉，东芝究竟还剩下什么呢？

或许有人觉得不可思议，规模如此大的一家企业，怎么说不行就不行了？其实，东芝的衰败并不是单一原因。十年前收购美国核电巨头西屋电气已是埋下了祸根。当时共有15家公司及联合体参与了投标，竞购价格一路从25亿美元飙升至50亿美元，最终被东芝以54亿美元拿下。当时的社长黑天厚聪对此项收购甚为满意，直言这笔高价交易将在长期内带来回报。在他看来，这项投资实现收益甚至可在数十年后。

然而天有不测风云，2011年日本突发福岛核危机，核能的推广愈发艰难，甚至有些政府选择缩减发展核能或完全放弃，转而发展可再生能源。日本国内强烈的反核声音，使东芝核能业务大受影响，据日媒称，东芝损失或高达9000亿日元（约合547.5亿元人民币）。

2016年底，东芝通过西屋电气并购了美国核电工程企业——美国芝加哥桥梁与钢铁公司/石伟公司（CB&I、S&W），这成为东芝资不抵债的导火索。

二、财务造假

业绩不好怎么办，东芝的社长们想出了绝招——财务造假！

其实东芝的基建和核电亏损早已有之，根据第三方委员会针对造假发布的调查会计业务违规报告显示，2008年度至2014年度的4到12月，东芝虚报利润总计达到1562亿日元（相当于78亿元人民币）。此后东芝又发布了2014财年（截至2015年3月）合并财报及2009年3月至2014年12月的财报修订结果。受虚报利润问题等的影响，整个财年的净亏损额为378亿日元（约合人民币20.2亿元）。根据税前损益计算，过去财报利润减额合计增至2248亿日元。另外，2014年整个财年最终亏损378亿日元，收益恶化浮出水面。有媒体分析认为，2008年时值金融危机的关键时期，2011年又发生东日本大地震，东芝公司为稳住市场、股价和队伍的信心虚报成绩。

丑闻发生后，东芝高管经历了一次大清洗。

三、文化糟粕

有分析指出，东芝公司有特殊的企业文化，下级对上级的命令只能不折不扣地服从，"愚忠"害惨了这家企业。

在日本企业里，索尼被认为最接近美国企业。它的董事会透明度之高是日本企业中少见的。而通常的日本企业受家族式经营方式影响深重，融资多通过银行贷款方式实现，董事会透明度欠缺，股东利益会被淡化。而且，日本公司通常采用直接投资固定资产，再以固定资产作抵押向银行贷款以获取资金，有时还设立自己的金融公司进一步降低贷款成本。

因此，日本公司向来对为股东创造利润不敏感，它们更强调让公司有长远发展，允许许多长期不盈利的投资。

日本企业最优秀的例子是稻盛和夫的京瓷和索尼。稻盛和夫本人的品质自不必说，但他迄今为止也未找到合格的继任者。索尼的创始人井深大、"经营之圣"盛田昭夫两人亲如一家，同样，他们待悉心培养的接班人大贺典雄如同家人——这种关系让他们在彼此和公司的低潮、危机时刻坚定地互相扶持，最终取得成功。

著名管理专家李江涛教授指出，"日本金融的市场化、自由化阻碍了日本实体经济的发展，金融投机、金融短期化一度充斥着日本资本市场，导致企业资金链断裂，危机交叉蔓延，最终拖垮了日本经济和日本企业。"

目前，中国已成为世界上最强大的高科技机械、电子和工业生产工具的出口国之一。根据亚洲开发银行的数据，中国已经终结了日本主导亚洲高科技出口的时代。而长期占据市场领头羊位置的日本老牌巨头未能及时正视中国不断崛起的现状，从而在争夺消费者的竞争中逐步落入下风。

东芝的教训是没有转型的紧迫感，在竞争中被淘汰。这种"东芝病"，其实在很多国家的企业中都存在。

中国当下进行的"供给侧改革"，其中一个重要原因就是一些企业患上了类似的"东芝病"，生产已不符合市场需求，却仍在消耗原材料和能源，结果必然是产能过剩、亏损增加。改革就必须果断剥离这些亏损业务，并转型开拓新的业务，如果瞻前顾后犹豫不决，则很可能被市场所淘汰。

必须要看到，今天东芝在压缩产能，将家电业务甩给中国企业，实际上是断臂求生。这是中国企业的机会，但同时也是挑战。今天可能还在欣喜并购东芝的工厂，明天或许就会发现这其实是一个巨大的包袱。

可以说，如果没有强烈的危机意识，没有持续创新的能力，再过个5年或10年，中国家电企业能否避免东芝的梦魇还是个未知数。

附录
Appendix

附录1 装备制造企业排行

一、全球排行榜

表1 全球装备制造企业排行榜

排名	公司名称	主要装备制造业务及产品	营业收入（百万美元）	利润（百万美元）	全球500强排名
1	大众公司	汽车	236599.8	-1519.7	7
2	丰田汽车公司	汽车	236591.6	19264.2	8
3	戴姆勒股份公司	汽车	165800.2	9344.5	16
4	通用汽车公司	汽车	152356.0	9687.0	20
5	福特汽车公司	汽车	149558.0	7373.0	21
6	通用电气公司	汽车	140389.0	-6126.0	26
7	本田汽车	汽车	121624.3	2869.9	36
8	上海汽车集团股份有限公司	汽车	106684.4	4740.9	46
9	宝马集团	汽车	102247.6	7065.0	51
10	日产汽车	汽车	101536.0	4363.5	53
11	波音	航天与防务设备	96114.0	5176.0	61
12	西门子	电力设备、轨道交通设备等	87660.0	8338.0	71
13	日立	电气设备、工程机械等	83583.5	1434.0	79
14	东风汽车集团	汽车	82816.7	1479.8	81
15	现代汽车	汽车	81320.2	5674.9	84
16	博世公司	汽车零部件	78322.7	3541.9	87
17	空中客车集团	航天与防务设备	71492.9	2990.6	100

续表

排名	公司名称	主要装备制造业务及产品	营业收入（百万美元）	利润（百万美元）	全球500强排名
18	中国南方工业集团公司	电气设备、防务装备等	70080.9	1487.9	102
19	中国第一汽车集团公司	汽车	62852.4	3252.6	130
20	中国兵器工业集团公司	工程机械、电子设备等	61621.2	803.1	134
21	标致	汽车	60650.8	997.2	140
22	中国航空工业集团公司	航天与防务设备	60252.1	882.7	143
23	三菱商事株式会社	工程机械、汽车、航天与防务设备等	57688.6	-1244.4	151
24	北京汽车集团	汽车	54932.9	1097.5	160
25	雷诺	汽车	50280.2	3131.5	178
26	蒂森克虏伯	机械设备	48981.4	353.8	184
27	卡特彼勒	工程机械	47011.0	2102.0	194
28	洛克希德－马丁	航天与防务设备	46132.0	3605.0	197
29	起亚汽车	汽车	43792.4	2326.3	208
30	印度塔塔汽车公司	汽车	42091.9	1683.9	226
31	韩国现代重工集团	船舶	40883.2	-1193.7	237
32	江森自控有限公司	汽车零部件	40204.0	1563.0	242
33	中国中车股份有限公司	轨道交通装备	37837.2	1880.6	266
34	电装公司	汽车零部件	37688.3	2034.6	268
35	沃尔沃集团	汽车	37061.4	1785.7	272
36	三菱电机股份有限公司	电气设备	36604.0	1903.3	276
37	中国船舶重工集团公司	船舶	36012.2	1307.7	281

续表

排名	公司名称	主要装备制造业务及产品	营业收入（百万美元）	利润（百万美元）	全球500强排名
38	瑞士ABB集团	电力设备、电气设备等	35481.0	1933.0	286
39	中国机械工业集团有限公司	机械装备制造	35134.1	766.7	293
40	广州汽车工业集团	汽车	34440.3	497.9	303
41	日本三菱重工业股份有限公司	工程机械、汽车零部件等	33709.0	531.7	307
42	现代摩比斯公司	汽车零部件	33195.6	2701.9	310
43	采埃孚	汽车零部件	32339.8	1080.4	320
44	通用动力	航海、航天与防务设备	31469.0	2965.0	330
45	中国航天科技集团公司	航天设备、特种车辆等	30554.4	1854.2	344
46	中国船舶工业集团公司	船舶	30190.9	437.9	349
47	施耐德电气	电气设备	29551.1	1560.8	354
48	迪尔公司	工程机械	28862.8	1940.0	364
49	马自达汽车株式会社	汽车	28376.2	1119.7	373
50	中国航天科工集团公司	航天与防务设备	27867.3	1470.8	381
51	中国通用技术（集团）控股有限责任公司	重型机床等装备	27667.4	522.5	383
52	爱信精机	汽车零部件	27014.9	807.8	393
53	富士重工	汽车、航空设备等	26924.0	3637.2	395
54	铃木汽车	汽车	26494.2	971.8	405
55	浙江吉利控股集团	汽车	26303.8	286.6	410
56	BAE系统公司	航天与防务设备	25647.2	1402.5	415

续表

排名	公司名称	主要装备制造业务及产品	营业收入（百万美元）	利润（百万美元）	全球500强排名
57	美国诺斯洛普格拉曼公司	航天与防务设备	23526.0	1990.0	450
58	雷神公司	航天与防务设备	23247.0	2074.0	457
59	艾默生电气	电气设备	22304.0	2710.0	480
60	罗尔斯·罗伊斯公司	汽车	20969.1	126.8	499

资料来源：2016年《财富》世界500强排行榜，中工联创整理

注：榜单不包括计算机、通信设备厂商

二、中国排行榜

表2 中国装备制造企业排行榜

排名	公司名称	主要装备制造业务及产品	营业收入（百万元）	利润（百万元）	中国500强排名
1	上海汽车集团股份有限公司	汽车	670448.22	29793.79	5
2	中国中车股份有限公司	轨道交通装备	241912.64	11818.4	21
3	东风汽车集团股份有限公司	汽车	126566	11550	46
4	北京汽车股份有限公司	汽车	84111.53	3318.6	69
5	比亚迪股份有限公司	汽车	80008.97	2823.44	72
6	上海电气集团股份有限公司	发电设备、机床等	78009.45	2128.57	75
7	长城汽车股份有限公司	汽车	76033.14	8059.33	76
8	潍柴动力股份有限公司	汽车零部件	73719.92	1390.58	79
9	重庆长安汽车股份有限公司	汽车	66771.58	9952.71	86
10	中国船舶重工股份有限公司	船舶	59810.8	-2621.48	100
11	中国国际海运集装箱（集团）股份有限公司	集装箱	58685.8	1974	104
12	安徽江淮汽车股份有限公司	汽车	46415.82	857.58	131
13	特变电工股份有限公司	输变电设备	37451.96	1887.55	158
14	东方电气股份有限公司	发电设备	36017.94	439.07	160
15	北汽福田汽车股份有限公司	汽车	33997.49	406.41	166
16	郑州宇通客车股份有限公司	汽车	31210.87	3535.22	176

续表

排名	公司名称	主要装备制造业务及产品	营业收入（百万元）	利润（百万元）	中国500强排名
17	吉利汽车控股有限公司	汽车	30138.26	2260.53	186
18	新疆金风科技股份有限公司	风电设备	30062.1	2849.5	188
19	广州汽车集团股份有限公司	汽车	29418.22	4232.35	190
20	中国重汽（香港）有限公司	汽车	28304.89	205.95	199
21	中国船舶工业股份有限公司	船舶	27763.85	61.85	200
22	厦门金龙汽车集团股份有限公司	汽车	26834.9	535.2	203
23	一汽轿车股份有限公司	汽车	26663.84	52.95	206
24	中国航空科技工业股份有限公司	航空设备	26408.44	862.54	207
25	中船海洋与防务装备股份有限公司	船舶、防务设备	25519.24	98.32	216
26	哈尔滨电气股份有限公司	电气设备	25412.39	196.21	217
27	江铃汽车股份有限公司	汽车	24527.89	2222.06	224
28	中航飞机股份有限公司	航空设备	24115.77	400.05	226
29	中航动力股份有限公司	航空设备	23480.02	1033.34	232
30	三一重工股份有限公司	工程机械	23366.87	138.59	235
31	中联重科股份有限公司	工程机械	20753.35	83.47	261
32	国电科技环保集团股份有限公司	新能源设备	19970.16	-4639.62	270
33	天合光能有限公司	光伏组件	19711.4	496.86	271
34	超威动力控股有限公司	动力电池	18870.2	331.67	282
35	天能动力国际有限公司	动力电池	17804.07	610.94	297
36	东风汽车股份有限公司	汽车	16875.19	344.38	314
37	徐工集团工程机械股份有限公司	工程机械	16657.83	50.6	317

续表

排名	公司名称	主要装备制造业务及产品	营业收入（百万元）	利润（百万元）	中国500强排名
38	晶科能源控股有限公司	光伏组件	16076.48	683.75	330
39	扬子江船业（控股）有限公司	船舶	16014.35	2459.6	333
40	天地科技股份有限公司	环保设备、矿山机电产品	14347.27	1227.39	362
41	玉柴国际有限公司	柴油机	13625.17	338.42	374
42	晶澳太阳能控股有限公司	光伏电池、光伏组件	13525.41	623.71	378
43	五菱汽车集团控股有限公司	汽车、汽车零部件	13451.24	82.21	381
44	中国西电电气股份有限公司	输变电设备	13337.38	903.97	384
45	中航直升机股份有限公司	航空设备	12544.12	437.05	399
46	力帆实业（集团）股份有限公司	汽车、汽车零部件	12458	393.77	404
47	海马汽车集团股份有限公司	汽车	12180.96	162.46	411
48	浙江正泰电器股份有限公司	低压电器	12026.47	1743.3	414
49	经纬纺织机械股份有限公司	纺织机械	10395.1	457.95	465
50	英利绿色能源控股有限公司	光伏组件	9965.79	-5600.53	476
51	长春一汽富维汽车零部件股份有限公司	汽车零部件	9863.62	425.08	478
52	中国高速传动设备集团有限公司	传动设备	9845.7	1033.9	479
53	第一拖拉机股份有限公司	农业机械	9655.49	135.32	495

资料来源：2016年《财富》中国500强排行榜，中工联创整理
注：榜单不包括计算机、通信设备厂商

附录2 中国装备制造业相关数据

一、中国宏观经济数据

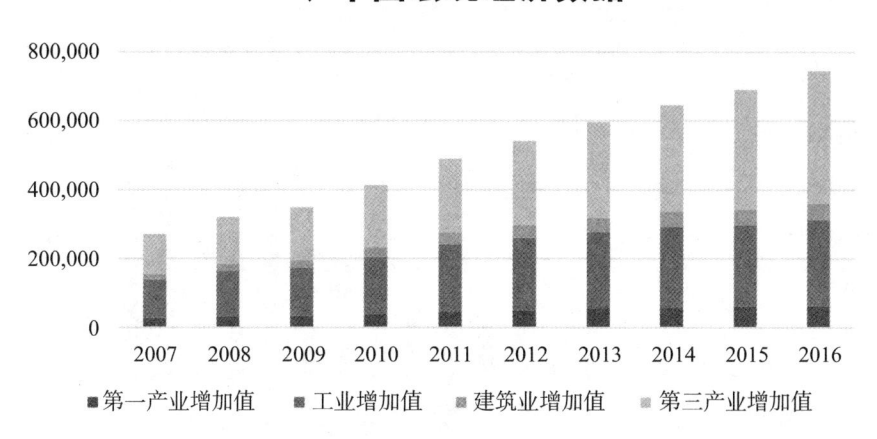

图1 2007—2016年GDP构成（亿元）

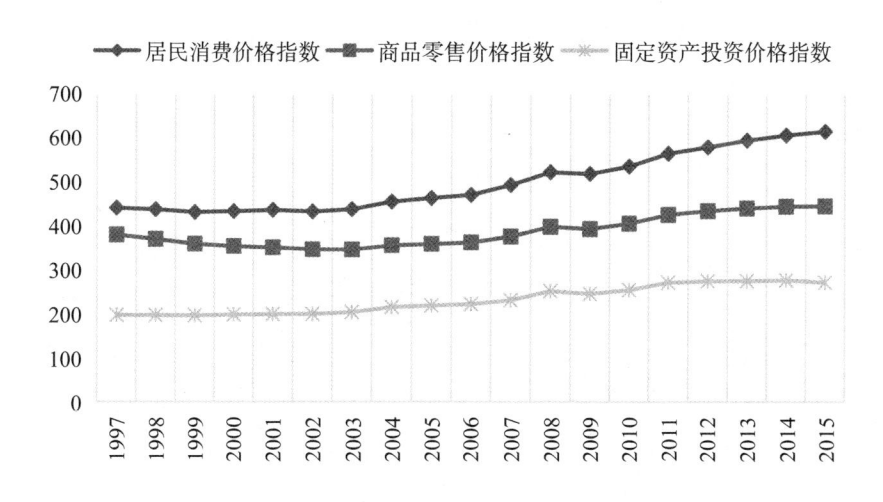

图2 1997—2015年主要经济指数（1978=100）

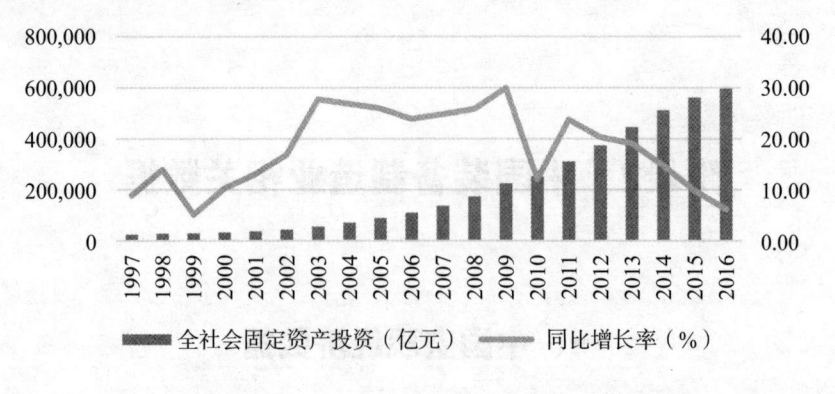

2016—2017装备工业蓝皮书

图3 1997—2016年全社会固定资产投资及增速

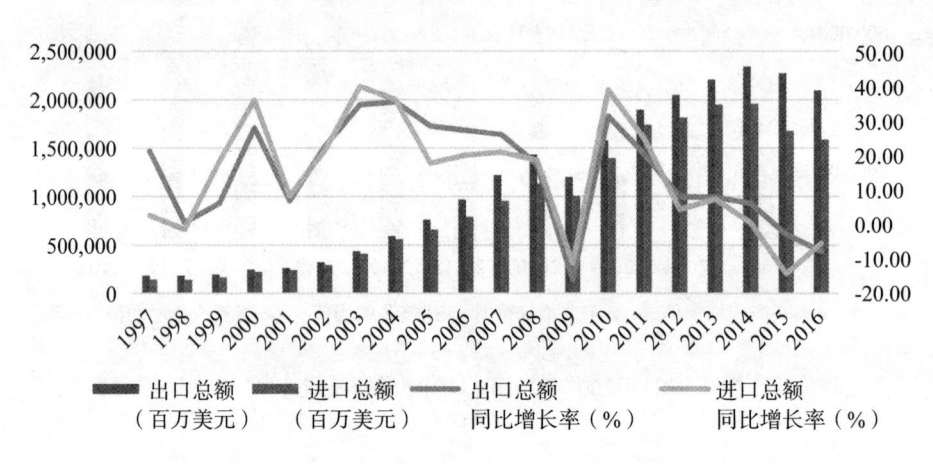

图4 1997—2016年进出口总额及增速

二、中国工业总体运行数据

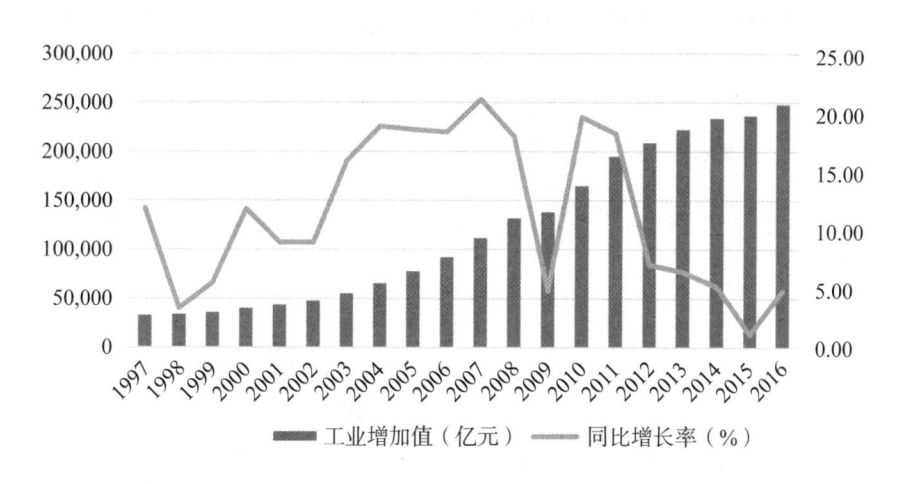

图5　1997—2016年工业增加值及增速

图6　1997—2015年工业生产者价格指数（1985=100）

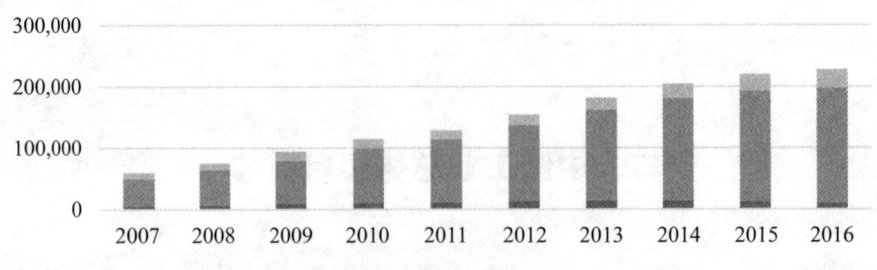

■ 电力、燃气及水的生产和供应业全社会固定资产投资
■ 制造业全社会固定资产投资
■ 采矿业全社会固定资产投资

图7　2007—2016年工业固定资产投资（亿元）

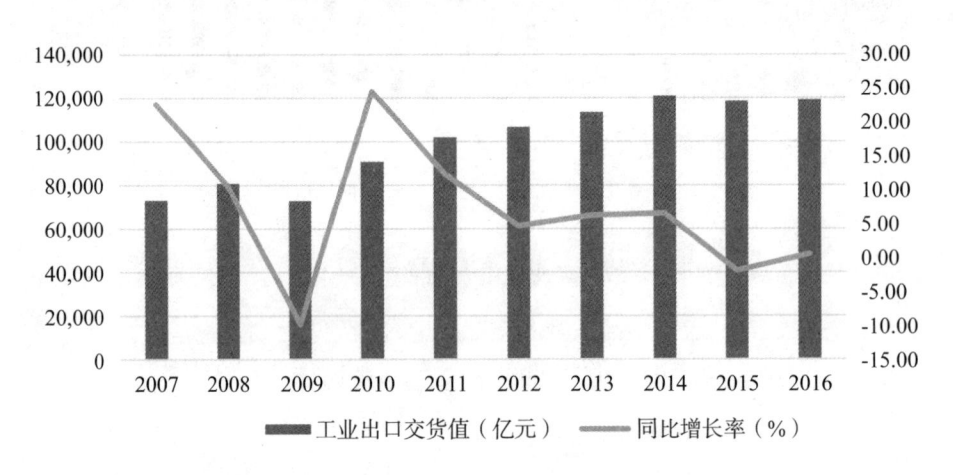

图8　2007—2016年工业出口交货值及增速

表1　2012—2016年工业企业主要经济指标

主要经济指标	2012	2013	2014	2015	2016
企业单位数（个）	333470	352546	361286	374359	379142
亏损企业（个）	40081	41842	42970	49264	45008
流动资产合计（亿元）	362373.4	408223.9	435017.6	460717.5	496173.7
应收账款（亿元）	82189.88	95693.44	105168	114546.9	125800.2
存货（亿元）	86475.76	95402.36	99565.7	100107.2	105241.8
产成品存货（亿元）	30183.15	32759.47	37109.6	38700.1	39752.1
资产总计（亿元）	744919.7	850625.9	925244.9	999741.1	1068297

续表

主要经济指标	2012	2013	2014	2015	2016
负债合计（亿元）	430830.7	491708.3	525865.5	561560.3	596034
主营业务收入（亿元）	915914.8	1029150	1094647	1103301	1151618
主营业务成本（亿元）	776396.3	877522.4	937493.4	945359.2	984902.9
主营业务税金及附加（亿元）	14435.08	15617.67	16894	17945.9	
销售费用（亿元）	22150.92	25339.61	27476.8	28740	30648.6
管理费用（亿元）	32405.14	36665.9	38823	41135.4	43897.4
财务费用（亿元）	10975.6	11802.8	13129.7	13371.2	12532.6
利息支出（亿元）	10567.12	11358.63	12313.3	12082.1	11280.5
利润总额（亿元）	55577.7	62831.02	64715.3	63554	68803.2
亏损企业亏损总额（亿元）	5922.08	5732.49	6917.8	9115.5	8173.6
应交增值税（亿元）	26503.87	30130.82	31507.6	31965	

三、中国装备制造业数据

1. 分行业总体运行数据

表2 2012—2016年分行业增加值同比增长率(%)

时间	金属制品业	通用设备制造业	专用设备制造业	汽车制造业	铁路、船舶、航空航天和其他运输设备制造业	电气机械及器材制造业	仪器仪表制造业
2016	8.2	5.9	6.7	15.5	3.2	8.5	9.4
2015	7.4	2.9	3.4	6.7	6.8	7.3	5.4
2014	11.6	9.1	6.9	11.8	12.7	9.4	9.4
2013	12.4	9.2	8.5	14.9	4.8	10.9	11.6
2012	12.2	8.4	8.9	8.4	4.6	9.7	12.6

表3 2014—2016年按月份分行业工业生产者出厂价格指数同比增长率(%)

时间	金属制品业	通用设备制造业	专用设备制造业	汽车制造业	铁路、船舶、航空航天和其他运输设备制造业	电气机械和器材制造业	仪器仪表制造业工业
2016-12	3.4	-0.1	-0.7	-0.8	0.5	0.7	0.3
2016-11	1.7	-0.4	-1	-0.9	0.3	-0.4	0.2
2016-10	0.2	-0.7	-1.1	-1	0.1	-1.4	0.1
2016-09	-0.5	-0.9	-1.2	-1.1	0.1	-1.6	-0.4
2016-08	-0.9	-0.8	-1.2	-1	-0.2	-1.4	-0.2
2016-07	-1.5	-1	-1.3	-1.1	0	-1.7	-0.2
2016-06	-2	-1.1	-1.3	-1.3	-0.2	-2	-0.1
2016-05	-2	-1.1	-1.1	-1.2	-0.4	-2.3	-0.1
2016-04	-2.6	-1.3	-1.2	-1.2	-0.6	-2.1	-0.3

续表

时间	金属制品业	通用设备制造业	专用设备制造业	汽车制造业	铁路、船舶、航空航天和其他运输设备制造业	电气机械和器材制造业	仪器仪表制造业工业
2016-03	-3.6	-1.4	-1.4	-1.2	-0.7	-2.2	-0.3
2016-02	-4.3	-1.7	-1.4	-1.2	-1.1	-2.4	-0.4
2016-01	-4.3	-1.6	-1.2	-1.1	-1	-2.7	-0.5
2015-12	-4.2	-1.4	-1.3	-1.2	-0.5	-2.8	-0.8
2015-11	-4	-1.4	-1.1	-1.1	-0.5	-2.6	-0.9
2015-10	-3.6	-1.3	-1	-1.1	-0.3	-2.4	-0.9
2015-09	-3.4	-1.2	-0.9	-1	-0.4	-2.3	-0.8
2015-08	-3.3	-1.3	-1	-1.2	-0.4	-2.3	-0.9
2015-07	-3	-1.3	-0.8	-1.1	-0.3	-2	-0.8
2015-06	-2.6	-1.1	-0.7	-0.9	-0.2	-1.6	-0.6
2015-05	-2.4	-1.1	-0.7	-1.1	0.1	-1.6	-0.5
2015-04	-2.2	-1.1	-0.7	-0.8	0.1	-1.5	-0.5
2015-03	-2	-1	-0.6	-0.6	0.2	-1.5	-0.5
2015-02	-1.9	-0.9	-0.6	-0.5	0.3	-1.9	-0.3
2015-01	-1.6	-0.9	-0.4	-0.5	0.1	-1.7	-0.1
2014-12	-1.4	-0.7	-0.4	-0.4	0	-1.2	0
2014-11	-1.2	-0.7	-0.4	-0.4	0	-1.3	0
2014-10	-1.2	-0.5	-0.4	-0.4	-0.1	-1.2	0.1
2014-09	-1.2	-0.5	-0.5	-0.4	-0.2	-1	0
2014-08	-1	-0.4	-0.3	-0.4	-0.1	-1	0.1
2014-07	-1	-0.3	-0.3	-0.4	-0.4	-0.8	0.2
2014-06	-1.2	-0.4	-0.3	-0.5	-0.2	-1.2	0.1
2014-05	-1.4	-0.5	-0.3	-0.5	-0.4	-1.1	0
2014-04	-1.7	-0.6	-0.1	-0.6	-0.6	-1.4	-0.1
2014-03	-1.8	-0.5	0	-0.7	-0.9	-1.6	0
2014-02	-1.7	-0.5	0.1	-0.8	-0.9	-1.4	-0.3
2014-01	-1.5	-0.4	0.2	-1	-0.7	-1.2	-0.3

表4 2012—2016年分行业固定资产投资额（亿元）

时间	金属制品业	通用设备制造业	专用设备制造业	汽车制造业	铁路、船舶、航空航天和其他运输设备制造业	电气机械和器材制造业	仪器仪表制造业
2016	10111.00	13061.00	12037.00	12037.00	2930.00	12782.00	1746.34
2015	9490.07	13363.93	12353.36	11527.48	3226.31	11307.13	1645.94
2014	8619.72	12131.56	11387.82	10098.65	3146.79	10363.93	1478.86
2013	7114.34	10467.44	10030.65	9272.06	2701.19	9165.08	1404.61
2012	5955.01	8505.47	8430.2	8004.2	2318.88	8258.74	1301.7

表5 2012—2016年分行业出口交货值（亿元）

时间	金属制品业	通用设备制造业	专用设备制造业	汽车制造业	铁路、船舶、航空航天和其他运输设备制造业	电气机械和器材制造业	仪器仪表制造业
2016	3705.8	4861.1	3223.5	3146.3	2933.9	10328.2	1352.7
2015	3811.8	4934.3	3133.1	3062.2	3098.9	9986.1	1301.2
2014	3907.3	5183	3217.8	3007.8	3000.4	10103.3	1286.7
2013	3597.2	4926.9	2979.6	2948.8	3399.2	9358.2	1198.3
2012	3306.3	4824.7	2498.4	2723.7	3939.6	9117.9	1084.5

2. 分行业工业企业主要经济指标

表6 2012—2016年分行业企业单位数（家）

时间	金属制品业	通用设备制造业	专用设备制造业	汽车制造业	铁路、船舶、航空航天和其他运输设备制造业	电气机械和器材制造业	仪器仪表制造业
2016	20762	23783	17522	14133	4899	23413	4183
2015	20498	24208	17091	13431	4807	22917	4133

续表

时间	金属制品业	通用设备制造业	专用设备制造业	汽车制造业	铁路、船舶、航空航天和其他运输设备制造业	电气机械和器材制造业	仪器仪表制造业
2014	19645	23301	16331	12407	4648	21999	3939
2013	18934	22495	15374	11599	4859	21368	3866
2012	18214	20943	14361	10569	4703	20350	3610

表7 2012—2016年分行业亏损企业单位数（家）

时间	金属制品业	通用设备制造业	专用设备制造业	汽车制造业	铁路、船舶、航空航天和其他运输设备制造业	电气机械和器材制造业	仪器仪表制造业
2016	2277	2907	2205	1584	658	2889	515
2015	2511	3122	2237	1751	691	3118	509
2014	2090	2467	1823	1402	585	2699	412
2013	1990	2389	1677	1358	672	2712	414
2012	2018	2166	1571	1373	683	2597	344

表8 2012—2016年分行业流动资产合计（亿元）

时间	金属制品业	通用设备制造业	专用设备制造业	汽车制造业	铁路、船舶、航空航天和其他运输设备制造业	电气机械和器材制造业	仪器仪表制造业
2016	14331	25722.1	22400.7	39434.6	10173.7	39932.9	5397.3
2015	13744	24765.1	20728.4	33028.3	9876	36480	4960.3
2014	12981.2	22970.8	20526.1	29678.8	8963.6	33353.1	4478.9
2013	12492.78	21987.58	18778.2	27237.74	12264.4	30320.1	4234.95
2012	11083.97	18964.33	15796.6	22874.64	11818.4	26881.34	3697.7

表9　2012—2016年分行业应收账款（亿元）

时间	金属制品业	通用设备制造业	专用设备制造业	汽车制造业	铁路、船舶、航空航天和其他运输设备制造业	电气机械和器材制造业	仪器仪表制造业
2016	4248.8	8287.5	7301.6	11149	2679.7	13878.7	1870.5
2015	3917.3	7989.4	6836	9075.3	2561.3	12387.1	1740.3
2014	3690.9	7390.3	6847.7	7396.3	2276.2	11121.5	1565.1
2013	3492.52	6852.69	6241.68	7028.4	2762	10239.77	1405.7
2012	2986.8	5793.09	4876.74	5172.77	2654.03	8989.5	1219.25

表10　2012—2016年分行业存货（亿元）

时间	金属制品业	通用设备制造业	专用设备制造业	汽车制造业	铁路、船舶、航空航天和其他运输设备制造业	电气机械和器材制造业	仪器仪表制造业
2016	3380.5	6226.6	5346.8	6181.4	2691.5	6936.2	1102.1
2015	3288.2	6161.3	5041	5581.6	2662.2	6476.2	1064.1
2014	3172.3	5997.2	4993.8	5500.6	2490.3	6350.2	1018.7
2013	3152.18	5631.18	4639.07	4754.83	3332.79	6029.32	987.95
2012	2803.38	5115.48	4209.97	4328.85	3217.1	5517.87	876.94

表11　2012—2016年分行业产成品存货（亿元）

时间	金属制品业	通用设备制造业	专用设备制造业	汽车制造业	铁路、船舶、航空航天和其他运输设备制造业	电气机械和器材制造业	仪器仪表制造业
2016	1405.4	2284	1816.1	2940.3	526.4	3089.9	386.2
2015	1389.9	2230.5	1786.3	2421.1	518.1	2951	366.3
2014	1262.4	2106.4	1720.1	2335.7	516	2801	323.9
2013	1137.83	1841.89	1505.9	1980.86	472.83	2497.91	294.45
2012	1018.04	1642.27	1427.71	1713.02	436.49	2340.98	258.54

表12　2012—2016年分行业资产总计（亿元）

时间	金属制品业	通用设备制造业	专用设备制造业	汽车制造业	铁路、船舶、航空航天和其他运输设备制造业	电气机械和器材制造业	仪器仪表制造业
2016	25970.7	42933	37286.7	67310.2	16906.7	63002.1	8542.4
2015	24682.1	41206.1	34346	57882.1	16321.4	56981.7	7793.6
2014	22817.9	37637.4	32970	52144.4	14909.4	51634.4	6923.8
2013	21390.04	35102.96	29609.08	46788.28	20025.59	46375.08	6509.13
2012	18705.08	29914.77	24517.89	39447.74	18894.36	40695.48	5563.01

表13　2012—2016年分行业负债合计（亿元）

时间	金属制品业	通用设备制造业	专用设备制造业	汽车制造业	铁路、船舶、航空航天和其他运输设备制造业	电气机械和器材制造业	仪器仪表制造业
2016	13013.9	22184.3	19592.6	39125.2	10112.1	35044.3	3718.2
2015	12658.3	21374	18115.7	33015.2	10033.7	32297.6	3445
2014	11937.7	20048.1	17728.4	29471.6	9380.1	29587.4	3179
2013	11429.25	19143.56	16417.47	26719.41	12991.53	26757.26	3088.21
2012	10208.92	16568.89	13517.69	22175.49	12680.84	23685.28	2687.02

表14　2012—2016年分行业主营业务收入（亿元）

时间	金属制品业	通用设备制造业	专用设备制造业	汽车制造业	铁路、船舶、航空航天和其他运输设备制造业	电气机械和器材制造业	仪器仪表制造业
2016	38443.4	47870.3	37376.9	80185.8	16408	73357.7	9355.4
2015	37016.7	47051	35599.8	70156.9	16280.5	69475	8703.3
2014	35271.2	46255.4	34783.9	66677	15568.4	66578.8	8185.7
2013	32842.94	42789.01	32057.48	60540	16545.12	61018.14	7681.88
2012	28760.42	36929.05	27278.65	50531.55	16013.6	53287.23	6533.3

表15 2012—2016年分行业主营业务成本（亿元）

时间	金属制品业	通用设备制造业	专用设备制造业	汽车制造业	铁路、船舶、航空航天和其他运输设备制造业	电气机械和器材制造业	仪器仪表制造业
2016	33620.3	40515.4	31612.5	67061.7	14090	62343.4	7596.7
2015	32323.8	39808.3	30169.8	58739.7	14024	59271.8	6993
2014	30813.4	39012.4	29349.7	55059	13432.3	56881.7	6625
2013	28516.2	35844.29	26804.78	50313.61	14306.69	52129.87	6225.6
2012	24828.55	30828.37	22590.6	41818.55	13755.62	45246.54	5242.45

表16 2012—2015年分行业主营业务税金及附加（亿元）

时间	金属制品业	通用设备制造业	专用设备制造业	汽车制造业	铁路、船舶、航空航天和其他运输设备制造业	电气机械和器材制造业	仪器仪表制造业
2015	227.3	295.5	224	1436.3	86.7	343.1	53.7
2014	210.4	283.2	210.5	1421.1	87.4	313.5	47.9
2013	196.28	259.73	189.67	1323.11	89.08	273.3	45.16
2012	169.54	208.22	155.91	1101.86	84.63	232.07	37.61

表17 2012—2016年分行业销售费用（亿元）

时间	金属制品业	通用设备制造业	专用设备制造业	汽车制造业	铁路、船舶、航空航天和其他运输设备制造业	电气机械和器材制造业	仪器仪表制造业
2016	793.1	1382.5	1144	2268.5	302.9	2506.4	359.6
2015	760.1	1340.7	1060	1980.1	300.2	2373.5	360.9
2014	705.5	1302.9	1019.3	2082	286.2	2329.2	298.4
2013	645.15	1217.84	947.81	1916.55	270.29	2095.21	266.27
2012	558.58	1041.41	838.64	1554.01	262.79	1813.69	231.21

表18 2012—2016年分行业管理费用（亿元）

时间	金属制品业	通用设备制造业	专用设备制造业	汽车制造业	铁路、船舶、航空航天和其他运输设备制造业	电气机械和器材制造业	仪器仪表制造业
2016	1383.7	2441.8	1963.9	3760.3	837.7	3281.3	616.5
2015	1314.7	2375.1	1865	3279.6	816.1	3000.6	591
2014	1203.9	2259.7	1784	3043.6	743.3	2748.9	531.4
2013	1155.68	2100.28	1649.76	2685.04	879.69	2502.66	492.18
2012	1001.49	1834.37	1418.86	2241.1	838.59	2169.13	429.2

表19 2012—2016年分行业财务费用（亿元）

时间	金属制品业	通用设备制造业	专用设备制造业	汽车制造业	铁路、船舶、航空航天和其他运输设备制造业	电气机械和器材制造业	仪器仪表制造业
2016	294.3	363.2	335.8	350.6	124	453.6	48
2015	320.6	411.8	342.1	358.5	128.5	505.1	52.4
2014	329	407.6	365.6	242.6	137	596.3	57
2013	324.46	372.21	319.77	240.73	129.46	589.4	56.78
2012	277.74	330.03	288.79	260.77	119.08	531.44	50.41

表20 2012—2016年分行业利息支出（亿元）

时间	金属制品业	通用设备制造业	专用设备制造业	汽车制造业	铁路、船舶、航空航天和其他运输设备制造业	电气机械和器材制造业	仪器仪表制造业
2016	232.5	315.5	332.1	360.4	123.7	508.3	52.6
2015	264.2	372	334.4	362.6	138.2	546.2	55.6
2014	264.8	373	336.3	369.4	148.3	565.2	57.3
2013	260.26	345.35	305.62	347.33	180.1	542.46	54.67
2012	240.98	309.92	273.3	320.32	183.06	507.73	51.15

表21 2012—2016年分行业利润总额（亿元）

时间	金属制品业	通用设备制造业	专用设备制造业	汽车制造业	铁路、船舶、航空航天和其他运输设备制造业	电气机械和器材制造业	仪器仪表制造业
2016	2180.5	3054	2169.6	6677.4	1020.9	4936.8	790.3
2015	2102.2	3042.8	2096.9	6071.3	1000	4389	738.3
2014	2005.2	3018.5	2167.9	5991	955.3	3947.3	686.7
2013	1878.31	2867.05	2147.28	5107.74	925.66	3451.73	647.16
2012	1624.39	2452.97	1884.89	4065.28	873.14	2978.87	542.54

表22 2012—2016年分行业亏损企业亏损总额（亿元）

时间	金属制品业	通用设备制造业	专用设备制造业	汽车制造业	铁路、船舶、航空航天和其他运输设备制造业	电气机械和器材制造业	仪器仪表制造业
2016	127.2	252.4	460.2	311.5	139.7	260.5	37.7
2015	143.9	251.1	347.6	339.3	174.3	324.9	38.4
2014	106.1	176.3	272.4	274.9	133.1	324.2	23.4
2013	89.12	169.41	214.85	216.45	116.93	355.17	23.44
2012	90.84	143.71	183.07	183.91	135.07	296.19	21.41

表23 2012—2015年分行业应交增值税（亿元）

时间	金属制品业	通用设备制造业	专用设备制造业	汽车制造业	铁路、船舶、航空航天和其他运输设备制造业	电气机械和器材制造业	仪器仪表制造业
2015	937.4	1325.5	976.4	2119.6	481.8	1817.2	287.5
2014	895.1	1276.7	946.4	1947.6	436.9	1707.6	264.5
2013	813.91	1191.11	899.76	1799.35	432.7	1513.15	248.77
2012	693.68	1007.17	753.83	1383.49	383.3	1245.32	202.68

3. 主要产品数据

为便于阅读，按数量级的不同，将主要产品数据分五部分呈现：

工业锅炉、水泥专用设备、金属冶炼设备、大气污染防治设备、中性拖拉机；

发动机、包装专用设备、挖掘机、大型拖拉机；

发电机组、交流电动机、电工仪器仪表；

汽车、基本型乘用车、载货汽车、铁路机车、复印和胶板印制设备；

小型拖拉机、金属切削机床、金属成型机床。

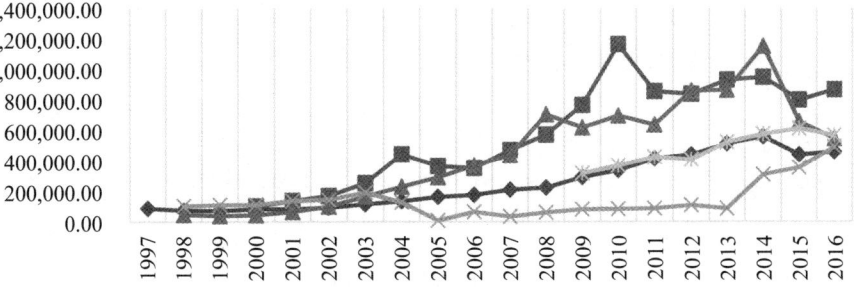

图9　1997—2016年主要产品产量（1）

图10　1997—2016年主要产品产量（2）

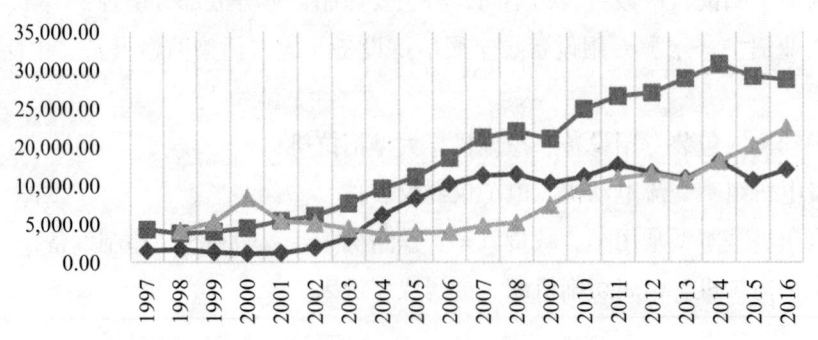

图11 1997—2016年主要产品产量（3）

图12 1997—2016年主要产品产量（4）

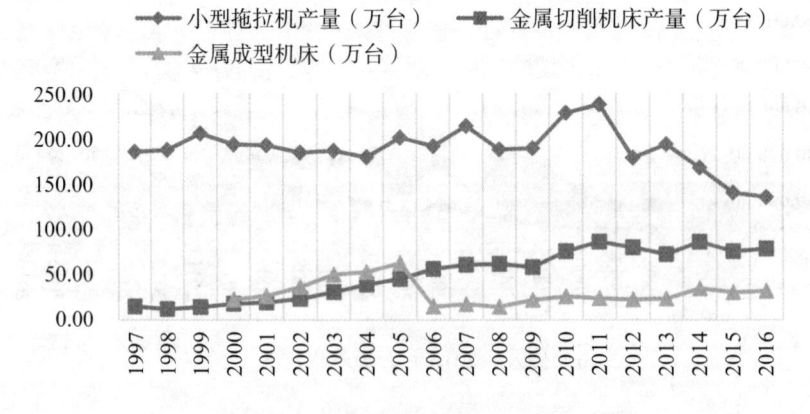

图13 1997—2016年主要产品产量（5）

参考文献

[1] Where Do Manufacturing Firms Locate Their Headquarters. Henderson J.V，Yukako O. Journal of Urban Economics．2008

[2] The razor's edge: distortions and incremental reform in the People's Republic of China. Young A. Quarterly Journal. 2000

[3] China's innovation system reform and growing industry and science linkages[J]. Kazuyuki Motohashi，Xiao Yun. Research Policy. 2007（8）

[4] Another look at the instrumental variable estimation of error-components models[J]. Manuel Arellano，Olympia Bover. Journal of Econometrics. 1995（1）

[5] Export Premium，Self‐selection and Learning‐by‐Exporting: Evidence from Chinese Matched Firms[J]. YongYang，SushantaMallick. The World Economy. 2010（10）

[6] The role of intermediaries in facilitating trade[J]. JaeBin Ahn，Amit K. Khandelwal，Shang-Jin Wei. Journal of International Economics. 2011（1）

[7] Networks versus markets in international trade[J]. James E. Rauch．Journal of International Economics．1999（1）

[8] Vertical Intra-Industry Trade and Foreign Direct Investment in East Asia. Kyoji Fukao. NBER Working Paper Series. 2003

[9] Trade，production sharing，and the international transmission of business cycles[J]. Ariel Burstein，Christopher Kurz，Linda Tesar. Journal of Monetary Economics．2008（4）

[10] Public infrastructure and the performance of manufacturing industries: short- and long-run effects[J]．Regional Science and Urban Economics．2002（1）

[11] 城市蔓延、多中心集聚与生产率[J]. 魏守华，陈扬科，陆思桦.中国工业经济，2016（08）

[12] 市场进入与经济增长——以中国制造业为例的实证分析[J]. 李坤望，蒋为.经济研究，2015（05）

[13] 经济圈制造业增长的空间结构效应——基于长三角经济圈的数据[J].苏红键,赵坚.中国工业经济,2011(08)

[14] 新经济地理学视角下的生产性服务业集聚及其影响因素研究——来自中国222个城市的经验证据[J].陈建军,陈国亮,黄洁.管理世界,2009(04)

[15] 进入退出、竞争与中国工业部门的生产率——开放竞争作为一个效率增进过程[J].李平,简泽,江飞涛.数量经济技术经济研究,2012(09)

[16] 企业产权变革的效率分析[J].刘小玄,李利英.中国社会科学,2005(02)

[17] 国有企业改制效果的实证研究[J].白重恩,路江涌,陶志刚.经济研究,2006(08)

[18] 从制度环境看中国企业成长的极限[J].张维迎.企业管理,2004(12)

[19] 中国工业企业技术效率分析[J].姚洋,章奇.经济研究,2001(10)

[20] 我国政府投资与产业结构合理化的实证分析[J].张大儒.经济体制改革,2013(04)

[21] 技术选择、产业结构升级与经济增长[J].黄茂兴,李军军.经济研究,2009(07)

[22] 我国产业结构合理化理论研究综述[J].黄中伟,陈刚.经济纵横,2003(03)

[23] 进口类型、行业差异化程度与企业生产率提升[J].余淼杰,李晋.经济研究,2015(08)

[24] R&D影响全要素生产率的行业异质性——来自中国制造业的经验证据[J].孙晓华,王昀,郑辉.管理工程学报,2014(03)

[25] 中国装备制造业在全球价值链的地位及升级趋势[J].林桂军,何武.国际贸易问题,2015(04)

[26] 德国"工业4.0"与中德制造业合作新发展[J].裴长洪,于燕.财经问题研究,2014(10)

[27] 美国重振制造业的举措及对我国的影响[J].朱颖,罗英.经济纵横,2013(04)

[28] 战略性新兴产业发展现状及地区分布[J].周晶.统计研究,2012(09)

[29] 装备制造产业R&D投入强度、创新动力及合作趋向研究——以辽宁省为例[J].唐晓华,刘春芝.社会科学辑刊,2005(03)

[30] 工业机器人产业专利竞争态势[J].陈小莉.科学观察,2016(02)

[31] 信贷市场分割、资本账户开放与经济增长——基于企业调查数据的研究[J].陈镜宇,李学林.国际经贸探索,2017(02)

[32] 吉利汽车从模仿到自主的创新路径[J].盛亚,蒋瑶.科研管理,2010(01)

[33] 一位数的日子如何过?[J].络合.中国经贸,2012(12)

[34] 全球价值链、企业异质性与企业的成本加成[J].盛斌,陈帅.产业经济研究,2017（04）

[35] 全球视角下汇率变动对产业结构影响的分析[J].王铮,王宇,胡敏,顾高翔.世界经济研究,2016（08）

[36] 资产价格、金融加速器与经济稳定[J].崔光灿.世界经济,2006（11）

[37] 智能工厂与装备制造业转型升级[J].缪学勤.自动化仪表,2014（03）

[38] 我国对外技术依存度究竟是多少?——基于全球化视角的测算[J].郭铁成,张赤东.中国软科学,2012（02）

[39] 基于微笑曲线理论视角下的工业4.0[J].张合伟,段国林.制造技术与机床,2016（09）

[40] 再论云制造[J].李伯虎,张霖,任磊,柴旭东,陶飞,罗永亮,王勇智,尹超,黄刚,赵欣培.计算机集成制造系统,2011（03）

[41] 传统产业改造和先进制造业发展[J].原磊,王加胜.宏观经济研究,2011（09）

[42] 发达国家先进制造业对外商投资的异质性政策研究[J].赵云峰.环渤海经济瞭望,2016（03）

[43] 从供给侧改革看先进制造业的创新发展——世界各主要经济体的比较及其对我国的启示[J].刘明达,顾强.经济社会体制比较,2016（01）

[44] 中国装备制造业2016年运行分析与2017年趋势展望[J].秦海林,关晓旭.世界制造技术与装备市场,2017（03）

[45] 流通业影响力与制造业结构调整[J].宋则,常东亮,丁宁.中国工业经济,2010（08）

[46] 流通新论[J].黄国雄.商业时代,2003（01）

[47] 教育对经济增长贡献的计量分析——科教兴国战略的实证依据[J].蔡增正.经济研究,1999（02）

[48] 中国资本回报率上升之谜[J].刘晓光,卢锋.经济学（季刊）,2014（03）

[49] 国际分工的代价:垂直专业化的再分解与国际风险传导[J].代谦,何祚宇.经济研究,2015（05）

[50] 制造业比重、生产的垂直专业化与金融危机[J].梅冬州,崔小勇.经济研究,2017（02）：96-110.

[51] 东道国制度安排、市场分割与FDI溢出效应:来自中国的证据[J].赵奇伟.经济学（季刊）,2009（03）

[52] 中国粗放型增长方式的成因与强化[J]. 李永友，沈坤荣. 学术月刊，2009（02）

[53] 国有产权、预算软约束和中国上市公司杠杆治理[J]. 田利辉. 管理世界，2005（07）

[54] 异质性企业与全球价值链嵌入:基于效率和融资的视角[J]. 吕越，罗伟，刘斌. 世界经济，2015（08）

[55] 民营企业之税收贡献[J]. 中国工商，2005（09）

[56] 产业融合理论以及对我国发展信息产业的启示[J]. 胡汉辉，邢华. 中国工业经济，2003（02）

[57] 服务贸易自由化是否提高了制造业企业生产效率[J]. 张艳，唐宜红，周默涵. 世界经济，2013（11）

[58] "中国制造2025"走向成功的关键[J]. 柯慕贤. 中国商界，2016（04）

[59] "税收贡献率"质疑——兼论政府媒体不是买卖[J]. 何不同. 税务研究，2005（05）

[60] 中国制造业转移的机制、次序与空间模式[J]. 胡安俊，孙久文. 经济学（季刊），2014（04）

后　记

离2015年《装备工业蓝皮书》的出版已经过去两年，其间，《中国制造2025》发布，中工联创业务繁忙，一年一本《装备工业蓝皮书》的出版习惯被打破，新版的《装备工业蓝皮书》时隔两年，经过近一年的努力才问世。在本书中，我们继续分享我们在装备工业中的所见所闻，以及一些观点、一点心得，不敢说真知灼见，但文字艰辛，倒也透露着我们以装备人自居的一点情怀。

自2015年以来，国内外环境仍然错综复杂，宏观经济增长已由高速滑落到中高速，《2017年国务院政府工作报告》也继续下调GDP增长目标至6.5%左右，创近十年来新低。在经济领域中，产业经济所遭遇的困难仍然堪称领域之最。自2016年下半年起，素有工程机械行业"晴雨表"之称的挖掘机行业万众瞩目，迎来"反转式"增长，下游公司订单激增、行业数据连创新高，似乎预示"寒冬筹尽"。

过去，地产需求主导挖掘机销量走势，如今非地产因素（基建、矿山、PPP项目等）抬头，补充足量的增量需求，但无论上涨的趋势延续至何时，国内大规模的投资需求都无法以零成本的方式长期维持，何况对更多的行业而言，规模速度被质量效应取代已成为新常态。

中国装备制造业积弊已久，中心的问题仍然是竞争力如何塑造的问题。在2015年的《装备工业蓝皮书》中，我们将《中国制造2025》置顶，《中国制造2025》的种种布局都以供给侧的结构性变革为切入点，重提竞争力问题。

尤其从"十三五"的开局之年至今，其精神实质被各地纷纷响应。但目前总体来看，几大工程遭遇不同，智能制造火热、绿色制造遇冷、强基工程曲高和寡、高端装备创新仍在艰难前行。

近两年来装备制造业最为显著的变化是智能制造逐渐站在了风口浪尖。作为新概念，内涵尚未有共识、外延尚未固定，各方合力就已经汇成潮流，政府加大产业扶持力度、行业不断重组整合，促使市场异常活跃。然而，根据经验，浪潮之后常是满地狼藉，这让我们担忧智能制造的火热是否意味着新一轮的非理性发展。在书中的不同部分，我们也表达了相关的观点，而市场将最终呈现一切。

至此，本书的编著告一段落。时光荏苒，今年也成为我们坚守装备制造业的第八个年头，其间，见证了行业的兴衰，也看到了众多企业的浮沉，未来风云变化，中工联创也仍然是铁打的磨盘。唯其热爱，不觉辛苦，与君共勉。

感谢各位读者、同人的支持和帮助。国家相关机构，如国务院发展研究中心、工信部等领导专家，中心的多位顾问，如陆燕荪、海锦涛、屈贤明、李佐军、胡春力、邢国均、魏志强、文学国、董峰、傅志山、张优怀、宗振华、董书礼、曹凤德等，不仅多次莅临中心具体指导，更为多个项目的成功完成提供了强大智力支持。

"四新经济"冲击下的装备制造业，突围、转型及创新，必不是坦途，不管未来是浴火涅槃还是守望踟蹰，我们都将恪守"咨询聚智、产业兴国"的发展理念，与各位坚守装备制造业的同人并肩前进。

时间仓促，本书不足之处，欢迎各位读者批评指正。

2017年8月9日